मीरां का जीवन

अरविंद सिंह तेजावत

लोकभारती प्रकाशन

लोकभारती प्रकाशन
पहली मंजिल, दरबारी बिल्डिंग, महात्मा गांधी मार्ग,
इलाहाबाद–211 001
वेबसाइट : www.lokbhartiprakashan.com
ई-मेल : info@lokbhartiprakashan.com

शाखाएं : 1–बी, नेताजी सुभाष मार्ग, दरियागंज,
नई दिल्ली–110 002
अशोक राजपथ, साइंस कॉलेज के सामने,
पटना–800 006
36 ए, शेक्सपियर सरणी, कोलकाता–700 017

पहला संस्करण : 2015

बी.के. ऑफसेट
नवीन शाहदरा,
दिल्ली–110 032 द्वारा मुद्रित

MEERA KA JEEVAN
Criticism by Arvind Singh Tejawat

ISBN : 978-93-5221-027-5

मूल्य : ₹ 350

नेहा और शुभ के लिए...

भूमिका

मीरां का जीवन महानता, चमत्कार, किंवदंतियों, संघर्ष, प्रतिरोध, सौभाग्य एवं दुर्भाग्य की मिली-जुली कहानी प्रस्तुत करता है। मारवाड़ के एक साधारण गांव एवं परिवेश से उठकर मीरां उस समय के सबसे शक्तिशाली राजपरिवार का हिस्सा बनती है किंतु दुर्भाग्य से मीरां को वैधव्य का अभिशाप भोगना पड़ता है। उसे सती करने के प्रयास किए जाते हैं किंतु वह प्रतिरोध का साहस दिखाती है एवं संघर्षमय जीवन की चुनौती को स्वीकार करती है। एक महान व्यक्तित्व की भांति चातुर्य का परिचय देते हुए मीरां दरबारी षड्यंत्रों का डटकर मुकाबला करती है एवं राजनीतिक मोर्चे पर हार के बावजूद सांस्कृतिक मोर्चे पर मीरां की उपलब्धियां सदियों-सदियों तक वंदनीय बन जाती हैं।

मीरां का जन्म भले ही राजपरिवार में हुआ हो किंतु उसके व्यक्तित्व का वास्तविक साक्षात्कार लोक के माध्यम से ही किया जा सकता है। यह कम विडम्बनापूर्ण नहीं था कि राजकुल की एक स्त्री को राजसत्ता से प्रताड़ना मिली किंतु लोक ने उसे प्यार दिया। एक परंपरावादी एवं रूढ़िवादी जाति में जन्म लेकर भी मीरां नवचेतना से युक्त थी। इन तथ्यों के बावजूद हिंदी आलोचना ने मीरां के साथ न्याय नहीं किया। दुर्भाग्यवश मीरां के प्रशंसक इसे समझ नहीं पाए एवं मीरां को महान भक्त सिद्ध करने के क्रम में—कृष्ण के प्रति पूर्ण समर्पण से लेकर मीरां के पागलपन तक की बात हुई परंतु इन बातों ने यह जरूर सिद्ध कर दिया कि लोक मीरां को किस हद तक प्रेम करता है। मीरां राजनीतिक व सामाजिक आंदोलन की प्रणेता थी, जिसने न केवल मध्यकाल में सामंतवाद के सामने चुनौती प्रस्तुत की वरन् स्त्री विद्रोहों का शुभारंभ भी किया।

प्रस्तुत पुस्तक से यदि मीरां संबंधी आलोचना में कुछ भी अतिरिक्त जुड़ सका तो इसे मैं अपना सौभाग्य समझूंगा। अंत में

गुरुजनों एवं मित्रों को धन्यवाद जिन्होंने इस पुस्तक को पूरा करने में प्रेरणादायी एवं सहयोगात्मक भूमिका निभाई। गुरुदेव मैनेजर पांडेय व मैडम चंद्रा सदायत, प्रो. रामबक्ष एवं हिमांशु पंड्या का हृदय से आभारी हूं जिन्होंने अच्छे एवं बुरे समय में मेरा साथ दिया। साथ ही मम्मी-पापा, नेहा-शुभ, दोनों दीदी एवं आमोद महेश्वरी का हृदय से धन्यवाद।

—अरविंद सिंह तेजावत

26 जनवरी, 2015
हरियाणा केंद्रीय विश्वविद्यालय

अनुक्रम

अध्याय : एक

मीरां का जीवन-संघर्ष 11

अध्याय : दो

पुरातात्त्विक स्रोत सामग्री 54

अध्याय : तीन

साहित्यिक स्रोत सामग्री 78

अध्याय : चार

किंवदंतियां, परंपराएं एवं रीति-रिवाज 104

अध्याय : पांच

ऐतिहासिक विवरण एवं आलोचनात्मक ग्रंथ 119

अध्याय : एक

मीरां का जीवन-संघर्ष

मीरां का जन्म मारवाड़ के मेड़ता प्रदेश में हुआ था परंतु मेड़ता प्रदेश में जन्म का ठीक-ठीक स्थान कौन-सा है, इसे लेकर विद्वानों में पर्याप्त मतभेद पाया जाता है। नाभादासजी का प्रसिद्ध ग्रंथ 'भक्तमाल' संवत् 1642 के पीछे बना और संवत् 1769 में प्रियादासजी ने उसकी टीका लिखी।[1] प्रियादास की टीका में 'मेरता' को मीरां की जन्म-भूमि बताया गया है।[2] राघौदास सुंदरदास के शिष्य थे। राघौदास के 'भक्तमाल' पर नाभादास के 'भक्तमाल' का प्रभाव देखा जा सकता है। नाभादास के समान राघौदास ने भक्तमाल में मीरां का उल्लेख किया है परंतु नाभादास के समान राघौदास भी मीरां के जन्म-स्थान व जन्म-तिथि को लेकर मौन हैं। राघौदास के भक्तमाल पर चतुरदास अथवा छत्रदास ने टीका लिखी। इस टीका में उन्होंने मीरां पर दस सवैये लिखे हैं। प्रथम सवैये में उन्होंने मेड़ता नगर को मीरां की जन्म-भूमि बताया है।[3] दादूपंथ से संबंध रखने वाले चारण ब्रह्मदास ने अपने भक्तमाल में मीरां का संबंध मेड़त्यां कुल से स्थापित किया है।[4]

सुखसारणकृत 'मीरांबाई री परची' में मीरां के जन्म-स्थान से संबंधित एक दोहा तथा एक चौपाई मिलती है। दोहे में मेड़ता को मीरां की जन्म-भूमि बताया गया है जबकि चौपाई में राव रतन सिंह को मीरां का पिता एवं राव दूदा को मीरां का दादा बताने के साथ-साथ अनौपा का उल्लेख मीरां की बहन के रूप में हुआ है।[5] यह भी उल्लेख किया गया है कि कुड़की नगर 'राव रतन' द्वारा बसाया गया है। राव रतन सिंह को कुड़की नगर जागीर में मिला था परंतु यह मीरां के जन्म के बाद की घटना है।

परवर्ती ग्रंथकारों में श्यामलदास ने मीरां का संबंध मेड़ता से निर्धारित करते हुए लिखा है कि ''मेड़ता-जोधपुर के राज्य में एक कस्बा है जिसके नाम से एक परगना 'मेड़ता की पट्टी' कहलाता है।''[6] उर्दू मिश्रित हिंदी में लिखित श्यामलदास का ग्रंथ सन् 1886 में मुद्रित हुआ था। ग्रंथकार को मीरां की जन्म-तिथि एवं जन्म-स्थान का ठीक-ठीक अनुमान नहीं था।[7]

मुंशीकृत 'मीरांबाई का जीवन-चरित्र' बंगीय हिंदी परिषद् ने प्रकाशित किया था। 'मीरांबाई का जन्म, ब्याह और वैधव्य' शीर्षक के अंतर्गत मुंशीजी ने मेड़ता के समीप कुड़की गांव को मीरां की जन्म-भूमि बताया एवं लिखा कि मीरां की परवरिश मेड़ता में राव दूदा के संरक्षण में हुई। मुंशी ने मीरां को अपने पिता की इकलौती संतान बताया।[8] मुंशी देवीप्रसाद ने राठौर-सिसोदिया वैवाहिक संबंधों का जो वंशवृक्ष पुस्तक में दिया है उसमें मीरां का जन्म 1504 ई. बताया गया है।[9]

हरविलास सारडा, 'महाराणा सांगा' नामक पुस्तक में लिखते हैं कि मीरां का जन्म 1498 में हुआ था।[10] सारडा द्वारा समर्थित इस तिथि का उल्लेख मुंशी देवीप्रसाद एवं गौरीशंकर हीराचंद ओझा दोनों ही करते हैं। मुंशी मीरां के जन्म के प्रसंग में एक पाद टिप्पणी में लिखते हैं—"हरविलास सारडा के अनुसार इनका जन्म 1498 ई. के आसपास माना जाता है।" इसी प्रकार गौरी शंकर हीराचंद ओझा ने उदयपुर राज्य के इतिहास में लिखा है—मीरांबाई मेड़ता के राठौड़ राव दूदा के चतुर्थ पुत्र रत्नसिंह की, जिसको दूदा ने निर्वाह के लिए 12 गांव दे रक्खे थे, इकलौती पुत्री थी। उसका जन्म कुड़की गांव में वि.सं. 1555 (ई.सं. 1498) के आसपास होना माना जाता है। बाल्यावस्था में ही उसकी माता का देहांत हो गया, जिससे राव दूदा ने उसे अपने पास बुलवा लिया और वहीं उसका पालन-पोषण हुआ।"[11] ओझा उपयुक्त कथन के समर्थन में सारडा की पुस्तक 'महाराणा सांगा' से संदर्भ ग्रहण करते हैं।

हरिनारायण पुरोहित मीरां के जन्म-स्थान के संबंध में मुंशीदेवी प्रसाद का संदर्भ देते हुए लिखते हैं—"मुंशी देवीप्रसाद (स्वर्गवासी) ने 'महिला मृदुवाणी' ग्रंथ में मीरांजी का जन्म गांव 'चोकड़ी' लिखा है। परंतु इनकी जन्म-भूमि का स्थान 'कुड़की' ही सर्वसम्मति से माना जाता है और सुप्रसिद्ध है।"[12] कुड़की के संदर्भ में वे बताते हैं कि—"कुड़की गांव जोधपुर की पूर्व सीमा पर मेड़ता से कोई 18 मील पर है। गांव कुछ तो पहाड़ पर है और कुछ तलहटी पर है। छोटा सा क़िला पहाड़ पर है। उसी में जागीरदार रहते थे। परंतु अब कुड़की गांव में रत्नसिंहजी का वंशज कोई भी नहीं रहता है। वहां पर चांदावत खांप के राजपूत रहते हैं।"[13] हरिनारायण पुरोहित के अनुसार—"मीरांजी का जन्म हुआ, सं.वि. 1555 में। भक्त-जन नदी से प्रगट होना कहते हैं। अन्य मत में जन्म वि.सं. 1561 सावण सुदि 1 को हुआ।"[14]

मीरां के जन्म-स्थान से संबंधित पूरे विवाद में तब एक नया रुचिकर तथ्य जुड़ गया जब सर्वेक्षण के दौरान मेवाड़ के झाला राजपूतों[15] ने यह दावा किया कि मीरां का जन्म मेवाड़ के झाला सामंत के यहां पर हुआ था उनका तर्क था कि राजपूती प्रथाओं के अनुसार विवाह के पश्चात् बेटी की प्रथम संतान का प्रसूति कार्य पीहर में किया जाता है। यदि मीरां रत्नसिंह की एक मात्र एवं प्रथम संतान थी

तो यह संभव है कि मीरां का जन्म उसके ननिहाल में हुआ हो। सुखसारण ने 'मीरांबाई री परची' में 'बैन अनौपां और न भाई' लिखकर मीरां की अनौपा नामक बहन का उल्लेख करते हुए बताया है कि मीरां का कोई भाई नहीं था परंतु पुरोहित हरिनारायण के अनुसार—"मीरांजी के पूर्व रत्नसिंहजी उनके पिता के एक पुत्र हुआ था, उसका नाम गोपालजी था। वह कुछ समय पीछे मर गया।"[16] संभव है मीरां पिता की इकलौती संतान न हो तब भी मीरां का जन्म उसके ननिहाल में होना संभव है क्योंकि पीहर में बेटी की प्रथम संतान का प्रसूति कार्य अनिवार्य शर्त नहीं थी वरन् अन्य संतानों की प्रसूति हेतु भी पीहर को सर्वोपयुक्त माना जाता रहा है।

मीरां का ठीक-ठीक जन्म कहां हुआ था यह प्रश्न पहले से ही इतना उलझा हुआ है कि चाहते हुए भी एक और विवाद खड़ा करने का मन नहीं करता। मीरां का जन्म मेड़ता में हुआ हो चाहे नहीं हुआ हो! मीरां के जन्म के ठीक-ठीक स्थान का प्रश्न इतना महत्त्वपूर्ण नहीं है जितना कि मीरां के अवदान की चर्चा करना और यह जांच करना कि आखिर वह क्या वजह थी कि पूरे भारतवर्ष में मीरां को बेशुमार प्यार एवं प्रसिद्धि मिली।

मीरां के जन्म-स्थान एवं जन्म-तिथि का प्रश्न जितना उलझा हुआ है उतना ही उलझन भरा प्रश्न है मीरां नाम की व्युत्पत्ति। विवाद यह भी है कि मीरां शब्द में रां सानुनासिक (रां) है अथवा निरनुनासिक (रा)।

डॉ. पीतांबरदत्त बड़थ्वाल ने 'सरस्वती पत्रिका' में एक बहस प्रारंभ की थी, जिसे उनके गुरुभाई नरोत्तम स्वामी, शिष्य चंद्रबली पांडेय, राजस्थान के हरिनारायण पुरोहित, गुजरात के के.का. शास्त्री और बंगीय परिषद् के ललिताप्रसाद सुकुल आदि विद्वानों ने बागे बढ़ाया।[17] डॉ. बड़थ्वाल ने इस विषय पर चर्चा करते हुए लिखा है कि—"फारसी में मीरां, मीर का बहुवचन है, पर साधुओं के लिए यह प्रयोग उचित ही है।"[18] बड़थ्वाल के मत का सार है कि मीरां शब्द में रां सानुनासिक (मीरां) है, मीरां शब्द फारसी भाषा के शब्द से व्युत्पन्न है एवं यह किसी मुसलमान फकीर द्वारा दिया गया उपनाम था। मीरां शब्द का अर्थ है परमात्मा एवं बाई शब्द का अर्थ है पत्नी। अतः मीरांबाई का अर्थ हुआ 'परमात्मा की पत्नी'।

हरिनारायण पुरोहित ने 'मीरां बृहत्पदावली' (प्रथम भाग) की भूमिका में लिखा है कि "मीरां नाम संभवतः 'मीरां साहिब' (अजमेरी) के कारण ही रखा गया था।" निश्चित रूप से यही व्युत्पत्ति होती है। मीरां नाम पर हमने एक विस्तृत लेख भी लिखा है। पुरोहितजी ने जिस लेख की चर्चा की है वह 'संतवाणी' नामक पत्रिका में छपा था जिसके अनुसार मीरां मूलतः अरबी-भाषा का शब्द है, अमीर का संकुचित रूप मीर है एवं मीर का बहुवचन मीरां। इस प्रकार मीरां मारवाड़ी, अथवा मेवाड़ी का शब्द नहीं है, अतः संस्कृत, पाली या प्राकृत से उनकी व्युत्पत्ति ढूंढ़ना निरर्थक प्रयास है।[19] पुरोहितजी ने मीरां शब्द में रां को सानुनासिक माना।

डॉ. बड़थ्वाल ने मीरां शब्द को फारसी भाषा से तो पुरोहितजी ने इसे अरबी से व्युत्पन्न बताया तो कुछ विद्वान मीरां शब्द की व्युत्पत्ति संस्कृत से मानते हैं। ललिताप्रसाद सुकुल ने मीरां को मीरता से संबद्ध करते हुए निष्कर्ष दिया कि राव दूदा द्वारा बसाया गया मेड़ता नगर मूलतः मीरता कहलाता था। मीरता नगर के मीर शब्द के आधार पर राव दूदा ने अपनी पौत्री का नाम मीरा रखा। सुकुलजी मीरा शब्द को मीर शब्द से व्युत्पन्न मानते थे परंतु उनका यह मीर अरबी-फारसी का मीर शब्द न होकर संस्कृत का मीर शब्द था जो जलराशि का अर्थ देता है।[20] सुकुलजी ने मीरां शब्द में रां को निरनुनासिक माना।

स्वामी आनंदस्वरूप 'मीरां सुधा-सिंधु' में लिखते हैं—"इस प्रकार समय बीतने पर (वि.सं. 1559 के लगभग) एक दिन मंगल मुहूर्त में बालिका ने जन्म लिया। क्षण-भर में यह शुभ समाचार सर्वत्र फैल गया। राजपुत्र के समान इस राजकुमारी का जन्मोत्सव मनाया जाने लगा। चारों ओर वाद्यध्वनि होने लगी। नगर-भर में मंगलाचार होने लगे। जन्म के समय बालिका के अपूर्व तेजोमय मुखमंडल को देखकर उसका नाम 'मिहिरां बाई' (मिहिर—सूर्य) रक्खा गया। राज-ज्योतिषी द्वारा पुत्री की जन्म कुंडली में पड़े अपूर्व ग्रहों और लक्षणों को सुनकर माता-पिता के आनंद का पार नहीं रहा।"[21]

स्वामीजी का अनुसरण करते हुए पंडित केशवराम काशीराम शास्त्री ने भी मीरां शब्द को संस्कृत से व्युत्पन्न माना। शास्त्रीजी ने अतिरिक्त संभावना के रूप में मीरां शब्द की व्युत्पत्ति का आधार मारवाड़ी अथवा गुजराती भाषा को भी बताया।[22] शास्त्रीजी की नजर में मीरां शब्द में रां सानुनासिक है।

मीरां शब्द की व्युत्पत्ति के संदर्भ में एक अन्य उल्लेखनीय मत डॉ. गोपीनाथ शर्मा का है। डॉ. शर्मा के अनुसार—"विद्वानों ने भाषा के आधार पर मीरां शब्द की व्युत्पत्ति 'मीर', 'पीर', 'मिहिर', 'बीरा' आदि शब्दों से की है, यह संकेत करते हुए कि इन संतों की मनौती से उनका नामकरण किया गया हो। ये बहुत बड़ा भ्रामक तर्क है, क्योंकि राजपूत समाज में मीरां शब्द प्रचलित नाम था। मालदेव की लड़की मीरांबाई का विवाह वागड़ के एक राजकुमार से हुआ था। उस युग में नामकरण खेती से संबंधित शब्दों से पश्चिमी राजस्थान में राजपरिवार में किए जाते थे। राव आस्थान के पुत्र का नाम हेड़क था। हेड़क खेत जोतने वाले बैलों के लिए काम आता था। जयमल्ल के लड़के का नाम बीजड़ था, जो बीजों का द्योतक है। राव चुंडा की स्त्री का नाम इंडी था जो कांटेदार छोटे खेत में जाने के मार्ग के लिए प्रयुक्त होता है। सातल की पत्नी का नाम फूला था, जो मक्की को भूनकर बनाए जाते हैं। राव गांगा की पत्नी का नाम जेवड़ा था। इस शब्द का प्रयोग गाय-बैल की रस्सी के लिए किया जाता है। इसी परंपरा में मीरां का नाम मेर से लिया गया था। मेर का अर्थ फसल से है। पश्चिमी राजस्थान में अच्छी फसल होना खुशहाल जमाने का सूचक होने से मेर

को लेकर नामकरण किया जाना स्वाभाविक था। 'मीर' और 'पीर' शब्द से मीरां शब्द का कोई संबंध नहीं था। राठौड़ों की संतान के उस युग के नाम कृषि से संबंधित भी होते थे, क्योंकि कृषि से जुड़े नाम शुभसूचक होते थे। 'मीरां' नाम भी ऐसे कृषि जीवन से चुनकर लिया गया हो, जिसमें पुत्री-स्नेह व मांगलिक भावना की कामनाएं निहित थीं।''[23] डॉ. शर्मा मीरां शब्द में रां को सानुनासिक मानते थे परंतु मीरां के शोधार्थी डॉ. सी.एल. प्रभात ने मीरां शब्द में रां को निरनुनासिक माना। डॉ. प्रभात ने लिखा कि—''भारत के विभिन्न क्षेत्रों में लिपिबद्ध प्राचीन और कतिपय मध्यकालीन प्रतियों में सुरक्षित 'मीरा' शब्द के विभिन्न रूपों का, वर्ण-विन्यास की दृष्टि से तुलनात्मक विवेचन किया और विभिन्न प्रदेशों के लिपिकर्ताओं और उनके समकालीन आलेखन की लिपिगत प्रवृत्तियों को ध्यान में रखकर इस शब्द के मूल और सही उच्चारण को खोजने की कोशिश की। इन प्रतियों में 'श्री गुरु ग्रंथ साहिब' की वह प्रति भी सम्मिलित है, जो 'भाई बानो' द्वारा तैयार की गई थी।...'विद्या सभा' (अहमदाबाद) की प्रतियों और महाराष्ट्र के संतों के कुछ पुराने गुटके भी इस प्रश्न पर प्रकाश डालते हैं। उन पर भी विचार किया गया है। इस संदर्भ में सबसे महत्त्वपूर्ण और विचारणीय तथ्य यह है कि इन समस्त प्राचीन प्रतियों में 'मेड़तणी मीरा' के पदों में उनका नाम 'मीरां' नहीं, 'मीरा है। 'रा' पर बिंदी वहां नहीं है। जिन प्रतियों में 'मीरां' शब्द है भी, यानी 'रा' पर बिंदी है, उनमें 'राम' को 'रांम' और 'नाम' को 'नांम' लिखा मिलता है।''[24] डॉ. प्रभात को मीरां शब्द के अरबी-फारसी-मूल की अवधारणा पर आपत्ति नहीं थी।[25] परंतु वे मीरां शब्द में निरनुनासिक 'रा' को उपयुक्त मानते थे।

मीरां का संबंध वैष्णव परिवार से था। मीरां के दादा राव दूदा ने मेड़ता नगर बसाने के साथ ही वहां विष्णु के एक लोकरूप चारभुजानाथ के मंदिर की नींव रखी गई थी। अत: अनेक विद्वान इस मत से सहमत नहीं हो पाते कि मीरां शब्द का मूल स्रोत अरबी-फारसी है! प्रसंगवश उल्लेखनीय है कि अरबी-फारसी से प्रेरित मीरां नाम का होना एकमात्र उदाहरण नहीं है। मीरां की ददिया सास महाराणा रायमल की पत्नी का नाम मेहताब कंवर था।[26] तो महाराणा सांगा की एक पुत्री रंबा कंवर थी।[27] मीरां के देवर महाराणा उदयसिंह के एक पुत्र का नाम कुंवर खानसिंह था जो पंवार राजकुमारी लालकंवर का पुत्र था।[28] अत: मीरां शब्द की व्युत्पत्ति के स्रोत अरबी-फारसी में ढूंढ़ना उचित ही है।

मीरां के अनेक आलोचकों की आलोचना मीरां के जन्म-स्थान, जन्म-तिथि एवं मीरां शब्द की व्युत्पत्ति जैसे अनेक प्रश्नों में इतनी अधिक उलझी रही कि मीरां संबंधी आलोचना के अनेक विचार योग्य विषय उपेक्षित रह गए। मीरां के जन्म-स्थान, जन्म-तिथि एवं मीरां शब्द की व्युत्पत्ति का ठीक-ठीक पता लगाने से कहीं अधिक आवश्यक है मीरां के वास्तविक जीवन का साक्षात्कार करना एवं मीरां के

जीवन में कथित रूप से घटित उन घटनाओं की छानबीन करना जिन्हें मीरां से संबंधित किया जाता है।

नाभादास के 'भक्तमाल' पर प्रियादास द्वारा लिखी गई टीका में कहा गया है कि मीरां को पिता के घर में ही गिरिधारीलाल से प्रेम हो गया था। राघवदास के भक्तमाल पर छत्रदास ने टीका लिखते हुए यही बात दोहराई और कहा कि मीरां को हरि से प्रीति पीहर में ही हो गई थी। सुखसारणकृत 'मीरांबाई री परची' में मीरां को पूर्व जन्म में राधा के गांव बरसाना की ब्राह्मण कन्या बताया गया है।[29] ब्रजमंडल में प्रचलित एक किंवदंती के अनुसार मीरां बरसाने की किसी गोपी का अवतार थी।[30]

'मीरांबाई री परची' में सुखसारण ने अपने समय में प्रचलित किंवदंतियों के आधार पर मीरां की कृष्ण-भक्ति को पूर्व जन्म का संस्कार बताया।[31] इसी प्रकार मेवाड़ एवं मारवाड़ अंचल में प्रचलित किंवदंतियों के अनुसार मीरां में कृष्ण-भक्ति का बीजांकुरण बचपन में ही हो गया था।[32]

ब्राह्मण भक्त-कवियों एवं कथावाचकों द्वारा मीरां में कृष्ण-भक्ति के बीजांकुरण को दो रूपों में प्रचारित किया गया। प्रथम यह कि मीरां की कृष्ण-भक्ति को पूर्वजन्म का संस्कार बताया गया एवं दूसरे यह कहा गया कि मीरां में कृष्ण के प्रति प्रेम और भक्ति का बीजांकुरण बाल्यावस्था से ही हो गया था। ब्राह्मण भक्त कवियों एवं कथाकारों द्वारा प्रचारित-प्रसारित दोनों ही बातें झूठी हैं। मीरां का कृष्ण-भक्त बनने का कारण न तो पूर्वजन्म का संस्कार था एवं न ही बचपन का प्रेम। मीरां के लिए कृष्ण-भक्ति एक परवर्ती आवश्यकता थी। मीरां के पति भोजराज की मृत्यु पर मीरां को सती होने के लिए प्रेरित किया गया परंतु मीरां ने सती होने से साफ इनकार कर दिया।

मीरां ने कृष्ण को अपना पति घोषित करते हुए कहा कि वह किसी ऐसे कुंवर को अपना पति नहीं मान सकती जो जन्म लेता है और मर जाता है। मीरां ने सांवरे स्वरूप कृष्ण को अपना पति स्वीकार किया जिसकी पत्नी बनने पर मीरां का चुड़ला (सुहाग) हमेशा-हमेशा के लिए अमर हो गया क्योंकि कृष्ण अजर-अमर है।[33] मीरां यदि कृष्ण को अपना वर (पति) घोषित नहीं करती तो उसे सती होने के लिए बाध्य होना पड़ता।

राव दूदा, राव बीरमदेव, राव जयमल्ल समेत मेड़तिया कुल के लगभग सभी सदस्य विष्णु (चारभुजानाथ) के भक्त थे। ऐसे में मीरा को बचपन से ही कृष्ण-भक्त मानना अनुचित है। मीरां को पारिवारिक परंपरानुसार चारभुजानाथ की आराध्या होना चाहिए था न कि कृष्ण का परंतु मीरां चार भुजाओं वाले विष्णु को अपना आराध्य न मानकर मोर मुकुट वाले कृष्ण को अपना आराध्य मानती थी।[34]

मीरां के लिए कृष्ण की स्वघोषित पत्नी बनना विष्णु की पत्नी बनने की अपेक्षा अधिक सुविधाजनक था। पुराणों के अनुसार विष्णु के एक मात्र पत्नी लक्ष्मी थी।

अतः मीरां के लिए विष्णु की दूसरी पत्नी बनना संभव न था परंतु कृष्ण का व्यक्तित्व एवं चरित्र मीरां के लिए संभावना से युक्त था। वह कृष्ण को आसानी से अपना पति घोषित कर सकती थी।

जहां तक किंवदंतियों का प्रश्न है, जो मीरां को बचपन से ही कृष्ण का भक्त घोषित करती हैं उनके संबंध में यह जान लेना ठीक रहेगा कि किंवदंतियों का अपना विशिष्ट समाजशास्त्र होता है। किंवदंतियों को ऐतिहासिक साक्ष्य के रूप में उद्धृत करने से पूर्व उनके उत्पत्ति-स्रोत एवं उनके उद्देश्य को भली प्रकार जांच लेना आवश्यक है। बाल्यावस्था में मीरां में कृष्ण-भक्ति के प्रेमांकुरण की कथाएं ज्यादातर ब्राह्मण भक्त कवियों द्वारा लिखित भक्तमालों तथा उन भक्तमालों पर लिखी गई टिकाओं में मिलती हैं। बचपन में मीरां में कृष्ण-भक्ति के प्रेमांकुरण की किंवदंतियां भी प्रायः उन क्षेत्रों में अधिक लोकप्रिय हैं जहां ब्राह्मण धर्म का व्यापक प्रसार है। मेवाड़ के आदिवासी अंचलों में प्रायः ऐसी किंवदंतियां नहीं मिलती हैं। ऐसा जान पड़ता है कि मीरां से संबंधित प्रचलित तमाम किंवदंतियों का प्रचार-प्रसार बाद में सोद्देश्य किया गया है। मीरां को ब्राह्मणवादी संस्कारों से युक्त समाज में आत्मसातीकृत करने के लिए ऐसा करना आवश्यक था। इन किंवदंतियों का सच इतना ही है कि लोक ने मीरां को कृष्ण का अनन्य भक्त माना। परंतु मीरां को बाल्यावस्था से ही कृष्ण-भक्त मानना सर्वथा अनुचित है।

मीरां एवं कुंवर भोजराज का विवाह मेवाड़ के सिसोदियों एवं मारवाड़ के राठौड़ों द्वारा लिया गया राजनीतिक निर्णय था। साथ ही यह धारणा भ्रांत है कि मीरां स्वयं को कृष्णभक्त मानती थी। अतः कुंवर भोजराज से विवाह करना नहीं चाहती थी। नाभादास के भक्तमाल पर प्रियादास द्वारा प्रणीत 'भक्तिरस-बोधिनी टीका' में 'राना के सगाई भई, करी ब्याह सामा नई' लिखा गया है एवं बताया गया है कि भांवरों (शादी के फेरों) के समय मीरां का मन 'सांवरे सरूप' (कृष्ण) में ही रमा रहा अर्थात मीरां का मेवाड़ कुंवर से विवाह, उसकी इच्छा के विरुद्ध किया गया।[35]

राघौदास के भक्तमाल पर छत्रदास द्वारा प्रणीत टीका में भी ऐसी ही अभिव्यक्ति है। लिखा गया है कि ''रांनहि जाइ सगाइ करावत ब्याहन आवत भावत नांहीं ॥/फेर फिरावत बा न सुहावत, यौं मन में पति साथि न जांहीं। / देन लगे पितमान आभूषन, नैंन भरे जल मोहि न चाहीं।'' सुखसारणकृत 'मीरांबाई री परची' में इसका विस्तार से वर्णन किया गया है।[36]

सुखसारण के अनुसार मीरां स्वयं को कृष्णार्पित मानती थी। मीरां कृष्ण के अलावा किसी अन्य से विवाह के विरुद्ध थी किंतु माता के दबाव डालने एवं समझाने पर उसने मेवाड़ कुंवर से विवाह करना मंजूर किया। मीरां की माता यह जानती थी कि महाराणा से बैर (शत्रुता) का अर्थ है महाविनाश को आमंत्रण देना। सुखसारण के अनुसार पतिव्रता नारी का एक ही पति होता है एवं दूसरे पति की

कल्पना भी व्यभिचार के समान है, चूंकि मीरा पतिव्रता थी अत: उसके लिए मेवाड़ कुंवर से विवाह व्यभिचार के समान था।[37] उसने अपनी कृति 'मीराबाई री परची' में मीरां का विवाह मेवाड़ कुंवर के साथ विवाह से पूर्व ही स्वप्निल मूर्च्छावस्था में कृष्ण के साथ कराकर यह प्रमाणित करने का प्रयास किया है कि मेवाड़ कुंवर से मीरां का विवाह मात्र औपचारिकता थी।[38] मूर्च्छित स्वप्नावस्था में कृष्ण से मीरां के विवाह के संदर्भ में मीरा के नाम पर अनेक पद भी, प्रचलित हैं।[39]

मीरां से संबंधित मेवाड़ के मारवाड़ में ऐसी अनेक कथाएं प्रचलित हैं जिनसे ध्वनि निकलती है कि मीरां का मेवाड़ कुंवर भोजराज से विवाह नाटक मात्र था।[40] प्रचलित किंवदंतियों के अनुसार भांवर (विवाह के फेरे) के समय मीरां ने विवाह मंडप में अपने साथ कृष्ण को विराजमान कर दिया था एवं भांवर भी वस्तुत: कृष्ण की मूर्ति के साथ ही लिए गए न कि मेवाड़ कुंवर के साथ।[41] स्वप्निल मूर्च्छावस्था में कृष्ण के साथ मीरां के विवाह एवं भांवर लेते समय मंडप में मीरां व कुंवर भोजराज के मध्य कृष्ण की मूर्ति को विराजमान करने का प्रपंच ब्राह्मण भक्त कवियों एवं परवर्ती कथाकारों द्वारा मीरां की शुचिता बनाए रखने के लिए रचा गया है। यह भी ध्यान देने योग्य बात है कि इस प्रकार की किंवदंतियां एवं कथाएं जिसमें मीरां की शुचिता को बनाए रखा गया है मेवाड़, गोड़वाड़, मारवाड़, गुजरात एवं शेष भारत के उन क्षेत्रों में अधिक स्वीकार्य हैं जहां ब्राह्मण धर्म का व्यापक प्रसार-प्रचार है। मेवाड़ के आदिवासी अंचलों में ढूंढ़ने पर भी मीरां से संबंधित ऐसी किंवदंतियां नहीं मिलती हैं जिनमें मीरां की शुचिता की प्रयत्नपूर्वक रक्षा की गई हो। ब्राह्मण भक्त कवियों एवं परवर्ती कथाकारों द्वारा यह भी प्रचारित किया गया कि मीरां का कुंवर भोजराज से विवाह मात्र औपचारिकता थी एवं विवाह के पश्चात् मीरां का कुंवर भोजराज से किसी प्रकार का कोई दैहिक संबंध न रहा।[42] यह प्रचारित किया जाता है कि कुंवर भोजराज की मृत्यु का कारण उसके द्वारा मीरां को दिए हुए वचन को भंग करके मीरां की देह को छू लेना था, परिणामस्वरूप ईश्वरीय कोप ने कुंवर भोज को तेज ज्वर का दंड दिया एवं उसकी मृत्यु हुई।[43]

मध्यदेश कुंवर भोज एवं मीरां के परस्पर संबंधों की प्रकृति पर राजपूताने में ही नहीं वरन् गुजरात, मध्यदेश, ब्रजमंडल एवं देश के अन्य प्रदेशों में ढेर सारी किंवदंतियां एवं कथाएं मिलती हैं। इन किंवदंतियों एवं कथाओं में साम्यता के साथ-साथ विरोधाभास भी दृष्टिगत होते हैं। प्राय: प्रदेश एवं पात्र के अनुसार कथा का स्वरूप एवं कथ्य बदल जाता है। किंवदंतियों एवं कथाओं पर संबंधित प्रदेश की लोक चेतना का प्रभाव स्पष्ट दिखाई देता है।

भक्त कवियों के विवरण, किंवदंतियों एवं कथाओं की प्रकृति, उद्देश्य एवं उनके उत्पत्ति-स्रोत के अध्ययन के पश्चात् यह विश्वासपूर्वक कहा जा सकता है की इनका आधार शुचितावादियों द्वारा रचा गया प्रपंच है। इस प्रपंच का शिकार मीरां की

वे स्त्री अध्येता भी हुई हैं जो मीरां से वैचारिक प्रेरणा ग्रहण करती हैं। इन स्त्री अध्येताओं में शहरी जीवन व्यतीत करने वाली स्त्रियों से लेकर ग्रामीण परिवेश में पली-बढ़ी वे समस्त स्त्रियां शामिल हैं जो सांस्कृतिक आत्मसातीकरण का शिकार हुई हैं। वस्तुत: 500 वर्षों के इस लंबे अंतराल में मीरां का ही आत्मसातीकरण किया जा चुका है, ऐसे में मीरां की स्त्री अध्येताओं का भ्रमित होना आश्चर्यजनक नहीं है।[44] कुमकुम संगारी का मीरां के सामंत पति कुंवर भोजराज के प्रति आक्रोश तो समझ में आता है किंतु उनका यह कहना अनुपयुक्त है कि—"She breaks the code of marriage by remaining sexually unavailable to her husband, and by her obsessive religiosity from the moment she is wed. She claims to have already married Krishna in a dream (Mai mahane supne me paran gaye Gopal, BM : 70) In those versions of the legend in which she is persecuted by her husband, there is an indication of the magnitude of her decision. Her indifference to her husband and passion for Krishna is read' as adulterous by both husband and father-in-law;...[45] पति के प्रति मीरां का प्रेम उसकी शक्ति थी। स्वाधिकारों की चेतना स्त्री को स्वतंत्रता के लिए संघर्ष हेतु प्रेरित तो करती है किंतु पुरुष के प्रति घृणा नहीं सिखाती। मीरां ने स्वाधिकार रक्षा एवं स्त्री स्वतंत्रता के लिए संघर्ष तो किया किंतु पति से घृणा नहीं की। वास्तव में चित्तौड़गढ़ में मीरां की हैसियत एवं स्थिति मीरां के उसके पति के साथ संबंधों पर निर्भर थी। पति के साथ कटु अथवा असहज संबंधों की स्थिति में कुंवरानी मीरां को निश्चय ही चित्तौड़गढ़ से निष्कासित कर दिया जाता। मीरां के देवर, महाराणा उदय सिंह ने पत्नी जेवंता बाई से असहज संबंधों के कारण उसे कुंभलगढ़ निर्वासित कर दिया था। महारानी करमेती भी महाराणा सांगा की मृत्यु के पश्चात् रणथंभौर दुर्ग चली गई थीं। महाराणा मेवाड़ एवं मेवाड़ कुंवर से वैर लेकर मीरां का चित्तौड़ दुर्ग बने रहना संभव न था। मीरां चतुर एवं शिष्ट थी अत: उसने ऐसा कोई कार्य नहीं किया जिससे उसे चित्तौड़ दुर्ग छोड़ने पर विवश होना पड़ता।

कुंवर भोजराज एवं मीरां के संबंध सामान्य थे। ख्यातों, भक्तमालों एवं इतिहास-ग्रंथों में मीरां का कुंवर भोजराज के साथ विवाह का उल्लेख तो मिलता है किंतु कुंवर भोजराज के किसी दूसरे विवाह का जिक्र नहीं है। मेवाड़ एवं मारवाड़ में प्रचलित किंवदंतियों में प्राय: कुंवर भोजराज के मीरां के साथ एकमात्र विवाह की ही चर्चा मिलती है। अपवादस्वरूप ही किसी किंवदंती में कुंवर भोजराज के दूसरे विवाह की चर्चा हो। उल्लेखनीय है कि कुंवर भोजराज के दादा महाराणा रायमल ने ग्यारह शादियां की थीं[46] एवं उसके पिता महाराणा सांगा ने अट्ठाईस।[47] पारिवारिक जीवन के समानांतर महाराणाओं और कुंवरों के अनेक प्रेम-प्रसंग चला करते थे। भोजराज के भाइयों ने अपने जीवनकाल में अनेक शादियां[48] कीं। उसके भाई रत्नसिंह, विक्रमादित्य एवं उदयसिंह ने क्रमश: चार, चार एवं बीस शादियां कीं।

कुंवर भोजराज जैसे शक्तिशाली सामंत के लिए दूसरा विवाह करना अथवा किसी प्रकार के प्रेम-प्रसंग में लिप्त होना विशेष कठिन नहीं था परंतु कुंवर द्वारा ऐसा किए जाने का कोई प्रमाण प्राप्त नहीं होता है।

मीरां के अतिरिक्त महाराणा परिवार की अनेक रानियां, युवरानियां एवं राजकुमारियां भक्त के रूप में प्रसिद्ध थीं। मीरां की एक सास झाली रानी की ख्याति भक्त के रूप में थी जिसके बारे में माना जाता है कि इसने मीरां मंदिर के सामने स्थित रैदास की छतरी का निर्माण करवाया था। भक्तमाल में नाभादास ने झाली रानी का उल्लेख भक्त के रूप में किया है। ऐसा नहीं लगता कि कुंवर भोजराज की जीवितावस्था में मीरां को कृष्णोपासना से रोका गया हो अथवा कुंवर भोजराज के लिए यह ईर्ष्या का विषय रहा हो। यह स्पष्ट किया जा चुका है कि मीरां में कृष्ण-भक्ति का बीजांकुरण बचपन में नहीं वरन् कुंवर भोजराज की मृत्यु के पश्चात् हुआ था अतः ऐसा कोई कारण नजर नहीं आता जिसके आधार पर यह घोषित किया जाए कि कृष्ण-भक्ति के कारण कुंवर भोजराज एवं मीरां के आपसी संबंध सामान्य नहीं थे।

नाभादास के भक्तमाल पर प्रियादास की भक्तिरस-बोधिनी टीका में मीरां व कुंवर भोज के वापसी संबंधों का वर्णन है।[49] वैष्णव कवियों का कृष्णप्रेम सर्वविदित है अतः प्रियादास द्वारा मीरां को कृष्ण की अनन्य भक्त साबित करने एवं कुंवर भोज को खलनायक घोषित करने का कारण समझा जा सकता है। वैष्णवदासकृति 'भक्तमाल का दृष्टांत' में 'राना' का उल्लेख तो है किंतु यह 'राना' मीरां का पति कुंवर भोजराज ही है यह स्पष्ट नहीं है। 'राना' मीरां का देवर महाराणा विक्रमादित्य भी हो सकता है। मीरां का पति भोजराज कुंवर था 'राणा' अथवा महाराना नहीं।[50]

राघौदासकृत भक्तमाल एवं उसकी टीका में 'मीराबाई को बरनन' शीर्षक के अंतर्गत 'राना' का उल्लेख तो है किंतु वैष्णवदासकृत भक्तमाल के समान राघौदासकृत भक्तमाल में भी यह स्पष्ट नहीं है कि जिस राणा का वर्णन किया गया है वह मीरां का पति कुंवर भोजराज है अथवा मीरां का देवर महाराणा विक्रमादित्य। जबकि राघौदास के भक्तमाल पर छत्रदास द्वारा लिखित टीका में मीरां के उसके पति के साथ असहज संबंधों की चर्चा है।[51]

वैष्णव भक्त कवियों ने मीरां को कृष्ण का अनन्य भक्त माना एवं उसका वर्णन उसी रूप में किया! ऐसा प्रतीत होता है कि भक्त कवि मीरां के व्यक्तित्व एवं महाराणा परिवार के संबंध में कवि सीमित जानकारी ही रखते थे। चित्तौड़ दुर्ग के वातावरण एवं दुर्ग की आंतरिक राजनीति से इन भक्त कवियों का विशेष परिचय नहीं था एवं न ही वे मीरां एवं उसके पति के परस्पर संबंधों की प्रकृति को जानते थे।

मीरां का सुखद वैवाहिक जीवन चल ही रहा था कि एक दुर्घटना ने मीरां के जीवन को ही बदल दिया। यह दुर्घटना थी उसके पति कुंवर भोजराज की मृत्यु।

आधारभूत सामग्री के अभाव में यह कहना तो कठिन है कि कुंवर भोजराज युद्ध में लड़ते हुए मारा गया अथवा उसकी सहज मृत्यु ज़्वर के कारण हुई परंतु इतिहासकार इस बात से सहमत हैं कि कुंवर भोजराज महाराणा सांगा की जीवितावस्था में ही परलोक सिधार गया था।[52] पति भोजराज की मृत्यु पर राजपरिवार की ओर से यह इच्छा प्रकट की गई कि मीरां को अपने पति की चिता के साथ जलकर सती हो जाना चाहिए। मीरां को यह स्वीकार नहीं था। 'मीरां' ने सती होने से स्पष्ट इनकार करते हुए कहा कि वह केवल कृष्ण को अपना पति मानती है। वह किसी मेवाड़ कुंवर की मृत्यु पर सती नहीं होगी एवं कृष्ण की आराधना के लिए जिंदा रहेगी।[53]

जोधपुर स्थित राजस्थान प्राच्यविद्या प्रतिष्ठान के संग्रह में सुखसारण द्वारा रचित 'मीरांबाई री परची' की उपलब्ध अप्रकाशित प्रति में उक्त घटना का उल्लेख है।[54] परंतु जोधपुर के निकट चौपासनी गांव में स्थित राजस्थानी शोध संस्थान के संग्रह में सुखसारण द्वारा रचित 'मीरांबाई री परची' की उपलब्ध दो हस्तलिखित प्रतियों में से किसी एक प्रति में भी उक्त घटना का उल्लेख नहीं मिलता है। राजस्थानी शोध संस्थान, चौपासनी, जोधपुर की त्रैमासिक शोध पत्रिका 'परंपरा' का एक विशेषांक 'मीरांबाई री परची व परची काव्य' नाम से प्रकाशित किया गया था। इस विशेषांक में उक्त प्रतियों के आधार पर सुखसारण द्वारा रचित 'मीरांबाई री परची' का प्रथम बार प्रकाशन किया गया। दुर्भाग्यवश उक्त पत्रिका के संपादन के दौरान 'मीरांबाई री परची' के उन अंशों को हटा दिया गया जो मीरां को राजपरिवार द्वारा सती किए जाने के प्रयासों से संबंधित थे एवं जिन अंशों में मीरां ने कृष्ण को अपना पति घोषित करते हुए सती होने से इनकार किया था। राजपूत सामंतों द्वारा संचालित किसी शोध संस्थान की त्रैमासिक पत्रिका में ऐसा होना आश्चर्यजनक नहीं है। यह अवश्य आश्चर्यजनक है कि प्रगतिशील माने जाने वाले भक्तमाल के रचयिताओं नाभादास, प्रियादास, वैष्णवदास, राघौदास, छत्रदास जिन्होंने अपने ग्रंथों में मीरां का उल्लेख किया है, में से किसी एक ने भी राजपरिवार द्वारा मीरां को सती किए जाने के प्रयासों का वर्णन नहीं किया है। ऐसा लगता है मीरां की मृत्यु से लेकर अब तक मीरां से संबंधित जितने भी वर्णन उपलब्ध हैं उनमें मीरां को सती किए जाने के प्रयासों से संबंधित थे एवं जिन अंशों में मीरां ने कृष्ण को पति घोषित करते हुए सती होने से इनकार किया था। मरने की घटना का प्रयत्नपूर्वक सायास उल्लेख नहीं किया गया है। दूसरी ओर जहां कहीं इस घटना का उल्लेख है वहां उसे तोड़-मरोड़ कर प्रस्तुत किया गया है।

मीरां के काव्य के संदर्भ में अंत:साक्ष्य का प्रश्न जटिल है तथापि मीरां के काव्य में प्राप्त अंत:साक्ष्य के अलावा मीरां को महाराणा परिवार द्वारा सती होने के लिए प्रेरित करने के प्रयासों का प्रथम उल्लेख मीरां की मृत्यु के लगभग दो सौ

वर्षों पश्चात् नागरीदासकृत सिंगार-सागर के अंतर्गत पद-प्रसंगमाला में मिलता है।[55] नागरीदास वल्लभ संप्रदाय में दीक्षित था। वल्लभ संप्रदाय के लोग मीरां की भक्ति के स्वरूप को नापसंद करते थे। परंतु नागरीदास ने पद-प्रसंगमाला में मीरां के संबंध में जो छः प्रसंग एवं तत्संबंधी पद लिखे हैं, उनमें मीरां की मुक्त कंठ से प्रशंसा की गई है। अपने छोटे भाई बहादुर सिंह द्वारा पैतृक जागीर—किशनगढ़ छीन लिये जाने के कारण नागरीदास को मुगलों की शाही सेवा में प्रविष्ट होना पड़ा था। शाही सेवा में रहने के कारण नागरीदास पर मुगल-विचारों का प्रभाव था। अतः अनुमान किया जाता है कि नागरीदास मुगल बादशाहों के समान सती प्रथा का विरोधी रहा होगा।[56]

मेड़तणी मीरां मारवाड़ के मेड़तिया राठौड़ों को मेवाड़ के सिसोदिया महाराणा से जोड़ने वाली कड़ी थी, अतःइस बात की संभावना कम ही है कि मेड़तिया राठौड़ मीरां को सती करने के पक्षधर रहे होंगे परंतु इस संभावना से इनकार नहीं किया जा सकता कि मेवाड़ राठौड़ों के विरोधी सामंत मीरां को सती कर देना चाहते थे। ऐसा करने से मेड़तिया राठौड़ों को महाराणा सांगा से जोड़ने वाली कड़ी समाप्त हो जाती एवं साथ ही साथ मेड़तिया राठौड़ों का मेवाड़ की राजनीति में प्रभावी हस्तक्षेप भी समाप्त हो जाता। मीरां यदि सती होने से बची रही तो इसका कारण मीरां द्वारा किए गए प्रभावी प्रतिरोध के अलावा मेड़तिया राठौड़ों का मेवाड़ की राजनीति में उपस्थित प्रभाव भी था। साथ ही मेवाड़ व मारवाड़ के इतिहास-ग्रंथों में ऐसे अनेक उदाहरण मिलते हैं जब राजनीतिक उद्‌देश्यों की पूर्ति हेतु रानियों अथवा कुंवरानियों को सती होने से रोका गया। उल्लेखनीय है कि (मुंदियाड़ री ख्यात) मीरां को सती न किया जाना राजनीतिक दृष्टि से मेड़तियों के लिए लाभदायक था। मीरां के काव्य एवं उपलब्ध स्रोत सामग्री से ऐसा कोई प्रमाण नहीं मिलता जिससे अनुमान लगाया जा सके कि विधवा मीरां का महाराणा सांगा से किसी प्रकार का कोई विरोध था। महाराणा रत्नसिंह के साथ भी मीरां के सहज संबंधों की कल्पना की जा सकती है। खानवा के युद्ध में महाराणा सांगा की मृत्यु होने पर उसके जीवित पुत्रों में सबसे ज्येष्ठ रत्नसिंह मेवाड़ का महाराणा बना था। वह मारवाड़ के राव बाघा की बेटी धनकंवर का पुत्र था[57] धनकंवर राठौड़ थी एवं मीरां भी। मारवाड़ का राव सुजा धनकंवर का दादा था जो मीरां के दादा राव दूदा का ज्येष्ठ भ्राता था। इस प्रकार मेड़तणी मीरां एवं नए महाराणा रत्नसिंह की मां धनकंवर आपस में चचेरी बहनें थीं। राठौड़ों का भांजा होने के कारण रत्नसिंह मेड़तिया राठौड़ों से समर्थन की उम्मीद रखता था। अतः विधवा मीरां के साथ महाराणा रत्नसिंह के सहज संबंधों का अनुमान है। मीरां के काव्य एवं विभिन्न भक्तमालों, वार्ता-साहित्य एवं परवर्ती स्रोत सामग्री के विश्लेषणात्मक अध्ययन से ऐसा कोई संकेत नहीं मिलता जिससे अनुमान लगाया जा सके कि विधवा मीरां का महाराणा विक्रमादित्य से पूर्ववर्ती

महाराणाओं महाराणा सांगा तथा महाराणा रत्नसिंह के साथ किसी प्रकार का विवाद था। सच कहें तो इस समय तक मीरां का मेवाड़ की राजनीति पर कोई विशेष प्रभाव नहीं था।

महाराणा सांगा की मृत्यु के समय विक्रमादित्य एवं उदयसिंह जो हाड़ी रानी करमेती का पुत्र था रणथंभौर की जागीर का मालिक था। बूंदी के राव भांडा के दूसरे पुत्र नरबद की पुत्री करमेती के पुत्रों को महाराणा सांगा ने अपने जीवनकाल में ही रणथंभौर की जागीर दे दी थी।[58] साम्राज्य के दो टुकड़े कर देना महाराणा सांगा की महान भूल थी। इस भूल की कीमत उसके पुत्र रत्नसिंह को अपनी जान गंवाकर चुकानी पड़ी। 'वीर विनोद' में लिखा है, रणथंभौर के साथ पचास-साठ लाख का मुल्क था। इतने बड़े देश और मज़बूत व नामी क़िले का छोटे भाइयों के हाथ में रहना रत्नसिंह को नहीं भाया; इसी भीतरी आशय से माजी हाड़ी को किसी तरह चित्तौड़ बुला लेना ठीक समझ, कोठारिया पूर्णमल्ल चहुवाण पूर्णमल्ल को उन्हें लेने के लिए रणथंभौर भेजा और कहलाया कि "आप हमारे सिर पर तीर्थ हैं, और विक्रमादित्य व उदयसिंह मेरे भाई हैं; इसलिए उन्हें लेकर आपको यहां पधारना चाहिए;" ...मा साहब (करमेती हाड़ी) ने इस बात को रत्नसिंह का कपट समझ, उत्तर दिया कि "विक्रमादित्य और उदयसिंह अभी बच्चे हैं, और उनकी संहाल रखने के लिए श्रीहुज़ूर वैकुंठवासी ने मेरे भाई सूर्यमल्ल को हुक्म दिया है,...गरमी के दिनों में महाराणा रत्नसिंह शिकार को बूंदी की तरफ़ रवाना हुए। उधर से सूर्यमल्ल अपनी मां की आज्ञानुसार आते थे सो रास्ते में ही मिलाप हो गया,...तब झुंझलाकर घोड़े को झपटाया और तलवार का एक वार सूर्यमल्ल पर किया; फिर तो पूर्णमल्ल ने भी एक तीर मारा जो छाती फोड़ निकल गया; सूर्यमल्ल ने दौड़कर पूर्णमल्ल को कटार से मारा; महाराणा ने पूर्णमल्ल की मदद करके दूसरा वार सूर्यमल्ल पर करना चाहा, परंतु इसने कटार का एक हाथ उनकी छाती में ऐसा मारा कि महाराणा भी इस संसार को छोड़ गए।[59]

महाराणा सांगा जैसे शक्तिशाली एवं प्रभावशाली महाराणा की मृत्यु एवं इसके थोड़े ही दिनों बाद उसके योग्य एवं बहादुर पुत्र मेवाड़ के नए महाराणा रत्नसिंह की मृत्यु ने मेवाड़ में शक्ति शून्यता की स्थिति पैदा कर दी थी। रत्नसिंह की मौत के पश्चात् विक्रमादित्य मेवाड़ का महाराणा बना। विक्रमादित्य किशोर वय का अबोध बालक था जो अक्सर नादानियां किया करता था।[60] इस समय के मेवाड़ की परिस्थिति एवं वातावरण का सजगता के साथ अध्ययन किया जाए तो मीरां एवं महाराणा विक्रमादित्य के आपसी संबंधों एवं चित्तौड़ दुर्ग में मीरां की हैसियत का उचित अनुमान हो जाएगा।

महाराणा सांगा के समय चित्तौड़ दुर्ग में जो रौनक रहा करती थी वह रौनक उसकी मृत्यु के साथ ही समाप्त हो गई थी। महाराणा विक्रमादित्य अभी बालक था

एवं चित्तौड़ की राजगद्दी मिलने के साथ ही वह उद्दंड हो गया था। सामंत अवज्ञाकारी हो चले थे एवं वे चित्तौड़ दुर्ग महाराणा की चाकरी बजाने के स्थान पर अपनी जागीरों में लौटने लगे थे। पर्याप्त सैनिकों के अभाव में चित्तौड़ दुर्ग असुरक्षित हो गया था। राजपरिवार का कोई भी वरिष्ठ व्यक्ति जीवित नहीं बचा था। पुरुषजनों में सबसे वरिष्ठ स्वयं महाराणा विक्रमादित्य था जो अभी किशोर था। जीवित स्त्रियों में पदक्रम के अनुसार सबसे वरिष्ठ महाराणा विक्रमादित्य की राजमाता मां करमेती थी एवं उसके पश्चात् मेवाड़ कुंवर की विधवा युवरानी मीरां। रत्नसिंह की चार पत्नियों में से तीन को सती किया जा चुका था। इस प्रकार मेवाड़ राजघराने के सबसे प्रभावशाली लोगों में तीन नाम थे—हाड़ी रानी करमेती, मेड़तणी मीरां, एवं हाड़ी रानी का पुत्र महाराणा विक्रमादित्य। चित्तौड़ दुर्ग में हाड़ी रानी अपने पुत्रों महाराणा विक्रमादित्य एवं उदय सिंह के साथ सूरजगोखड़ा के महलों में रहती थी। मीरां का निवास-स्थल कुंवरपदा के महल थे। महाराणा विक्रमादित्य की अल्पवयस्कता के कारण शासन की समस्त शक्तियां हाड़ी रानी करमेती एवं मेड़तणी मीरां के आसपास ध्रुवीकृत हो रही थीं। राठौड़ों की शक्ति एवं समर्थन से युवरानी मीरां का राजनीतिक तौर पर प्रभावशाली बनना राजमाता करमेती के लिए असह्य था। स्वाभाविक तौर पर मेड़तणी मीरां हाड़ी रानी करमेती के मध्य संघर्ष आरंभ हो गया। मीरां काव्य में यह संघर्ष देखने को मिलता है।[61]

मीरां को सती करके जलाकर मार दिया गया होता तो मेवाड़ की राजनीति में मेड़तिया राठौड़ों के हस्तक्षेप की संभावना समाप्त हो गई होती। मीरां ने सती होने से इनकार कर दिया था अत: जीवित मीरां मेड़तिया राठौड़ों को मेवाड़ की राजनीति में हस्तक्षेप का मंच उपलब्ध कर रही थी। मेड़तिया राठौड़ों की चित्तौड़ दुर्ग में उपस्थिति एवं मेवाड़ की राजनीति में उसके हस्तक्षेप के कारण राजमाता करमेती के लिए अपने पुत्र महाराणा विक्रमादित्य के नाम पर शासन का संचालन कठिन हो रहा था। राजमाता करमेती एवं महाराणा विक्रमादित्य यह चाहते थे कि मीरां की हत्या कर दी जाए अथवा चित्तौड़ दुर्ग में मीरां के लिए ऐसी परिस्थिति पैदा कर दिए जाए कि मीरां का चित्तौड़ दुर्ग में रुके रहना असंभव हो जाए। वे चाहते थे कि परिस्थिति से बाध्य होकर मीरां अन्यत्र चली जाए। मीरां द्वारा ऐसा करने पर मेड़तिया राठौड़ों के लिए चित्तौड़ दुर्ग एवं राजमहलों की परिधि में घुसने की वजह समाप्त हो जाती एवं राजमाता करमेती व महाराणा विक्रमादित्य स्वयं को अधिक सुरक्षित महसूस करते। मीरां को ज़हर दिया जाना, मीरां को डसने के लिए सांपों एवं बिच्छुओं को उसके शयन कक्ष में छोड़ना, मीरां को काल-कोठरी में कैद किया जाना एवं इसके अतिरिक्त राजमाता व महाराणा द्वारा मीरां पर किए गए अन्य सभी अत्याचारों की मूल वजह उनके द्वारा मीरां एवं मेड़तिया राठौड़ों से महसूस किया जाने वाला असुरक्षा का भाव था।

भक्तमालों के मीरा संबंधी उल्लेखों एवं परवर्ती ग्रंथों में महाराणा एवं राजमाता द्वारा किए गए अत्याचारों का वर्णन है। मेवाड़, गोड़वाड़, मारवाड़, गुजरात, मालवा एवं देश के अन्य प्रदेशों में ऐसी तमाम किंवदंतियां मिल जाएंगी जो मीरां पर किए गए अत्याचारों से संबंधित हैं। 'मीरां काव्य' में भी इन अत्याचारों से संबंधित अनेक पद प्राप्त होते हैं।

नाभादास ने लिखा है :

लोक–लाज, कुल–शृंखला तजि, मीरां गिरधर भजी।
सृदश गोपिका प्रेम प्रगट, कलियुगहिं दिखायौ॥
निरअंकुश अति निडर, रसिक–जस रसना गायौ॥
दुष्टनि दोष विचारि, मृत्यु को उद्दिम कीयौ॥
बार न बांको भयो, गरल अमृत ज्यों पीयौ॥
भक्ति–निशान बजाय कै, काहू ते नाहिन लजी॥
लोक–लाज–कुल–शृंखला तजि, मीरां गिरधर भजी॥[62]

नाभादास के 'भक्तमाल' पर प्रियादासकृत 'भक्तिरस–बोधिनी बोधिनी' टीका में प्रियादास ने लिखा है—

देबी के पुजायबे कौ, कियौ लै उपाय सासु,
बर पै पाइ, "सुनि बधू पूजि" भाखियै।
बोली "जूबिकायौ माथौ लाल गिरिधारी हाथ",
और कौ न नवै एक वही अभिलाखियै॥
"बढ़त सुहाग याके पूजे ताते पूजा करौ,
करौजिनि हठ सीस पायनि पै राखियै"।
कही बार बार "तुम यही निरधार जानौ,
वही सुकुमार जापै वारी नाखियै"॥ 3॥
तब तौ खिसानी भई, अति जरि बरि गई,
गई पति पास "यह बधू नहीं काम की।
अब ही जवाब दियौ, कियौ अपमान मेरौ,
आगे क्यों प्रमान करै? भरै स्वास चाम की"॥
राना सुनि कोपकरयौ, धरयौ हिये मारिबोई
दई ठौर न्यारी, देखि रीझी मति बाम कीं।
लालनि लड़ावै गुन गाय के मल्हावै साधु,
संग ही सुहावै, जिन्हें लागी चाह श्याम की ॥ 4॥
आय कै ननद कहै "गहै किन चेत भाभी?
साधुनि सों हेतु में कलंक लागै भारियै।
राना देसपती लाजै बापकुल रती जात,

मानि लीजै बात बेगि संग निरवारियै।"
"लागे प्रान साधू संत, पावत अनंत सुख,
जाको दुख होय, ताको नीके करि टारियै।"
सुनिकै, कटोरा भरि गरल पठाय दियौ,
लियौ करि पान रंग चढ्यौ यों निहारियै॥ 5॥
गरल पठायौ, सो तौ सीस लै चढ़ायो, संग,
त्याग विष भारी, ताकी झार न संभारी है।
राना नै लगायौ चर, बैठे साधु ढिंग ढर,
तब ही खबर कर, मारौ यहै धारी है॥
राजै गिरिधारीलाल, तिनहीं सों रंग जाल,
बोलत, हंसत ख्याल, कान परी प्यारी है।
जाय कै सुनाई, भई अति चपलाई, आयौ,
लिये तरवार, दै किवार, खोलि न्यारी है॥ 6॥
"जाके संग रंगभीजि, करत प्रसंग नाना,
कहां वह नर गयौ बेगि दै बताइयै"।
"आगे ही बिराजै, कछू तोसों नहीं लाजै, अभूं,
देखि सुख साजै, आंखें खोलि दरसाइयै"॥
भयोई खिसानौ राना, लिख्यौ चित्र भीत मानो,
उलटि पयानौ कियौ, नेकु मन आइयै।
देख्यौ हूं प्रभाव ऐ पै भाव में न भिद्यौ जाइ,
बिना हरिकृपा कहौ कैसे करि पाइयै॥ 7॥[63]

प्रियादास के वर्णन के अनुसार मीरां की सास ने नाराज होकर मीरां की शिकायत राणा से की। राणा ने क्रोधित होकर मीरां को एकांतवास का दंड दिया और उसे मारने की सोची। प्रियादास के वर्णन में राणा मीरां का पति भोजराज है अथवा उसका स्वसुर महाराणा सांगा यह स्पष्ट नहीं है।

प्रियादास के पौत्र वैष्णवदासकृत 'भक्तमाल के दृष्टांत' से मीरां को राजपरिवार द्वारा विष दिए जाने का पता चलता है।

गरल पठाय दियो :

राना तो बड़ो भक्त है और तो भक्त छुछि सो॥
चरनामृत देहै यह कटोरा भर देहै।

आखै षोलि दरसाईये :

राना ने रसाईनी को बांधा। रसाइन सीषा चाहै सो वह बतावै नहीं। नित्य मारने का उद्योग करै। रात्री को सखा का रूप करिकै सेवा करै। जीस रोज मारन की ठीक

पड़ी आजू नै बताबै तो कल्हि मारौ। जिस रोजै सखा को बताया सो सेवा सो पाया। बिन सेबा चाहै तो नहीं।

राघौदास का संबंध निर्गुणवादी दादू पंथ से है परंतु उनके 'भक्तमाल' पर नाभादास के भक्तमाल का अत्यधिक प्रभाव है। 'मीरांबाई को बरनन' शीर्षक के अंतर्गत उन्होंने मीरां का वर्णन अपने 'भक्तमाल' ग्रंथ में किया है।

राघौदास ने मीरां को राजपरिवार द्वारा विष दिए जाने का उल्लेख किया है।

मीरांबाई को बरनन—

(मूल) लोक बेद कुल जगत सुख मुचि मीरां श्री हरि भजे।
गोपिन की सी प्रीति रीति कालिकाल दिशाई।
रसिकराय जस गाइ, निडर रही संत-सभाई।
रानै रोस उपाइ जहर कौ प्यालौ दीन्हों।
रोम पुस्यौं नहीं एक मंनि चरनामृत लीन्हों
नौबति भक्ति घुराई कैं पति सो गिरिधर ही सजे।
लोक बेद कुल जगत सुष मुचि मीरां श्री हरि भजे।

मनहर

रामजी की भक्ति न भावै काहू दुष्टन कौं,
मीरां भई वैष्णव जहर दीन्हो जानि कैं।
रानौ कहै मारै लाज, मारि डारौ याहि आज,
आप करै कौरतन, संत बैठे आनि कैं॥
प्रेम मधि पीयो विस, पद गाये अहर्निस,
भै न ब्याप्यौ नैकहूं, न लीन्हौं दुष मानि हैं।

राघौदास के भक्तमाल पर छत्रदास द्वारा लिखित टीका में राजपरिवार द्वारा मीरां पर किए गए अत्याचारों एवं राजपरिवार द्वारा मीरां को विष दिए जाने का उल्लेख इस प्रकार है—

आइ नणंद कहै सुनि भाभिहि साधुन संग निवारि भजीजे।
लाजत है नृप तासु बड़ौ कुल लाजत द्वै वंश बेगि तजीजे॥
संत हमाराहि जीवन मानस तारत द्वै कुल सत्य मनीजे।
जाई कही तब झैर पठावत लै चरनांमृत पांन करीजै॥5॥
सीस नवाई कै पीत भई विष संतन छोड़न है दुष भारी।
भूप कहै भृति चौकस राषहु आइ कनै जन बोलत मारी॥
स्यांमहि सौं बतलात सुनी तब जाइ कही अब है सत यारी।
सो सुनिकैं तरबारि लई कर दौरि गयो पट गोलि निहारी॥6॥
बोलत हौस गयो कत मानंस देहु लषाइ न मारत तोही।
येह षरे कछू नांहि डरे चित लेत हरे किन बाहत मोही॥

भूप लजाइ रह्यौ जड़ होइर ऊठि गयो तजिकैं उर छोही।
दोष प्रताप न मानत आप रहै उर ताप करै हरि बोही॥ 7॥

सुखसारण ने मीरां को विष दिए जाने एवं उस पर महाराणा परिवार द्वारा किए गए अत्याचारों का वर्णन इस प्रकार किया है—

अब इनकूं विष दीजे पाई,
बिन मारी आपे मर जाई।
रांणौ विष प्यालो भर भेज्यौ,
मेडतणी रांणी कूं देजयौ॥
दयाराम पिंडो एक नांमा,
राज मिंदर सेवौ अठ जांमां
सीसोद्यौ बौहौ भांत सिखायौ,
यूं कैहैज्यौ चरणामति लायौ।
गुप्त दांन वाकूं ले घाल्यौ,
सो मारण मीरां कूं चाल्यौ।
पिंडो कहै भाग घिन रांणी,
जिण प्रभू की भक्त पिछांणी।
जांण्यौ जैहैर मरणा के काजै,
बिन पियां मेरौ विड़द लाजै।
चरणामृत सुण मीरां लीयो,
राम भरोसै प्यालौ पीयो।
ज्यूं मरतक ईमरत पीजियौ,
ईधक रूप नाराइण दीयौ।
प्रोयत जाई कचैड़ी कैई
रांणी विष प्यालो पी गई।
सीसोद्यौ कहै मरी क जीवी,
अजू न देखी विष की पीवो।
जेन न वयाप्यौ गैल न आई,
विष होतो कन ईमरत राई।
वावै लुणौ करै सो पावै,
सेंस गुणौ साहब भुगतवै।
रांणौ विस मीरां कूं पायौ
घर सीसोद्यां वध्यौ सवायौ।
गदी बैस मरै मर जावे,
विष की घात अजु होई आवै।

ब रांणा दूजी घात उपाई,
अबकै मेड़तणी मर जाई।
सरब सोवनी पेई मंगाई,
देज्यौ मेड़तणी कुं जाई।
मांही कालौ नाग भरायौ,
चंद्रहार दूर तैं आयौ॥
कैज्यो रांणी कूं गल पहैरै,
वडै जेठ ऋपा करी तेरै।
खोलै देख विसंबर कालो,
पैरत गले में कीयो उजालो।
हीरा पना लाल कण मोती,
कण कण में दीपग की जोती।
देख हार रांण्यां सब रूती,
अंजल तज रांणी सूती।
इनकै हार हर मारै नांही,
महं सूं आ ईधकी है कांही।
हार चंद्र बोता घर होता,
वै तो दीपग उण मै जुता।
रांणा वात हुती जयुं कही,
रांण्यां सुण परसण होइ गई।
अब एक दल उपजायो भरी,
सुणतां ही डरपै नर नारी।
गिर किंद्र निपजै विष कीरा,
लागत ही फट जाय सरीरा।
बअवा मै बीदु जड़ दीना,
अै रांणी के वीछड़ा लीना।
केज्यौ मेड़तणी पग पेरै,
खोलीज्यौ ईकांत अंधेरै।
खोलै तो विदहर विछुडयां,
हाथ लीयां हीरा की कण्यां।
हार पेर हर मिंदर जाई,
बिछवां का बिछड़ा पग मांही।
ईम्रत पीयो बदन भरलावै,
बिन दीपग अंधियारो जावै।

जेठ कहै मैहैलां रै बैठी,
जे तू बड़ा बाप की बेटी,
धोह धगा कीना बोहो घातां,
अजूं जीवती मारूं हातां।

दूहा— राणों मारण नीसरयौ, हाथां लियो कटार।
आगो होय उ झांकीयौ, मैहैलां में मीरांच्यार।
सीसोद्योपच पच मुवो, कीनी बोहोत उपाई।
जिण जनकूंडर काहको, जांके राम सिहाई।

नागरीदास द्वारा रचित 'श्रृंगार सागर' के अंतर्गत 'पद-प्रसंग माला' में मीरां को विष देने की घटना का वर्णन इस प्रकार है—

मीरांबाई सों राना बहौत दुष पायै रहै। राना के घर की रीति तें इनके भिन्न रीत। यह भगवत संबंध सत्यसंग विषेष करै। देह संबंध को नातौ व्यौहार कछु न मानें, राना बहुत समुझाय रह्यो, निदान एक विष को प्यालो उनको पठयो, कह्यो चरनामृत को नाम लैकें दीजियो, उनकैं प्रण है चरणामृत के नाम तें पी ही जायंगे, सो ऐसें ही भयो, जांनि बूझ पीयो, राना तो इनके मरिबे की राह देखत रह्यो, अरु यह झांझ-मृदंग संग लैके परमरंग सो एक नयो पद बनाय ठाकुर आगे गावत भये, पद बहुत प्रसिद्ध भयो, सो वह यह पद—

रानैजू विष दीनो हम जानी।
जान बूझि चरनामृत सुनि पियो नहिं बौरी भोरानी॥
कंचन कसत कसौटी जैसे तर रह्यायो बारह बानी।
आपुन गिरधर न्याव कियो यह दांनयौ दूधरू पानी॥
राना कोटिक बारौ जिहिं पर हौं तिंहि हाथ बिकानी।
मीरां प्रभु गिरधर नागर के चरन कमल लपटानी॥[64]

मीरां काव्य से ऐसा प्रतीत होता है कि मीरां महाराणा विक्रमादित्य एवं राजमाता करमेती द्वारा उस पर किए गए अत्याचारों की जानकारी समस्त प्रजा जनों को देना चाहती थी ताकि वह मेवाड़, मारवाड़ एवं शेष राजपूताने की जनता व जागीरदारों को अपने पक्ष में कर सकें। यही वजह है कि मीरां बार-बार अपनी कविता में कृष्णोपासना के साथ-साथ महाराणा व राजमाता द्वारा उस पर किए गए अत्याचारों की भी वर्णन करती है।

महाराणा विक्रमादित्य को कुशासन, मेवाड़ की खराब आर्थिक हालात एवं महाराणा के आदेश पर लगान वसूलने के लिए प्रजाजनों पर किए गए अत्याचारों से मेवाड़ की जनता त्रस्त हो चुकी थी अत: पूरे मेवाड़ में मीरां के पक्ष में व्यापक जन समर्थन का सैलाब उमड़ पड़ा। इस प्रकार महाराणा एवं राजकुल के प्रतिकार में मीरां द्वारा गाए गए पद लोकप्रिय होने लगे एवं प्रजाजन महाराणा विक्रमादित्य के विरुद्ध

प्रतिकार के स्वर बुलंद करने लगे। प्रसंगवश यह बताना उचित होगा कि मीरां की ख्याति मीरां के रूप में थी अत: एक कृष्ण–भक्त को दूसरे भक्त कवियों का समर्थन मिलना स्वाभाविक था। यही वजह है कि मेवाड़ राजकुल द्वारा मीरां पर किए गए अत्याचारों का व्यापक वर्णन भक्त कवियों ने अपने द्वारा रचित भक्तमालों एवं रचित ग्रंथों में किया है।

चित्तौड़ दुर्ग में मेड़तिया राठौड़ों एवं हाड़ा चौहानों के मध्य उपस्थित प्रतिद्वंद्विता महाराणा एवं राजमाता का मीरां के प्रति वैमनस्य एवं मीरां को मारने के लिए उनके द्वारा किए गए प्रयासों से यह तय हो गया था कि मीरां का अधिक समय तक चित्तौड़ दुर्ग रुके रहना असुरक्षित था। इस समय राजमाता द्वारा संरक्षित महाराणा विक्रमादित्य एवं कुंवरानी मीरां के मध्य वैमनस्य चरम पर था अत: चित्तौड़ दुर्ग को असुरक्षित पाकर मीरां ने अपने सहयोगियों के साथ दुर्ग छोड़ने का निर्णय लिया। चित्तौड़ दुर्ग से प्रस्थान कर मीरां मेड़तिया राठौड़ों से सहायता की उम्मीद में मेड़ता पहुंची जहां उसका ताऊ राव वीरमदेव शासन कर रहा था। जब वह मेड़ता पहुंची उस समय उसके ताऊ राव वीरमदेव का मारवाड़ के शासक राव मालदेव से संघर्ष चल रहा था। वहां पहुंचकर उसे ज्ञात हुआ कि मेड़ता राव वीरमदेव के हाथ से निकल चुका है एवं वह शरणार्थी जीवन जीने के लिए बाध्य है। मीरां जिन मेड़तिया राठौड़ों से समर्थन की उम्मीद कर रही थी वे शक्तिहीन हो चुके थे।[65]

राव मालदेव के आक्रमण ने राव वीरमदेव को दर–दर की ठोकरें खाने के लिए मजबूर कर दिया था अत: ऐसी स्थिति में मीरां का अपने ताऊ राव वीरमदेव के साथ अधिक समय तक रुकना संभव नहीं था। मारवाड़ की परिस्थितियों को देखते हुए मीरां के लिए मारवाड़ को छोड़ना अनिवार्य हो गया था! जबकि चित्तौड़गढ़ में मीरां के लिए परिस्थितियां पहले से ही प्रतिकूल थीं। मीरां ने परिस्थितियों का आंकलन करते हुए वृंदावन यात्रा का निर्णय लिया। मीरां की वृंदावन यात्रा के अनेक पुष्ट प्रमाण मिलते हैं। जहां मीरां की भेंट जीव गोस्वामी से हुई। नाभादास के भक्तमाल पर प्रियादासकृत 'भक्तिरस–बोधिनी टीका' में लिखा गया है।

वृंदावन आई, जीवगुसांई जू सों मिली झिलीं,
तिया मुख देखिबे को पन लै छुटायो है।
देखी कुंज कुंज लाल प्यारी सुखपंज भरी,
घरी र मांझ, आय देस, बन षायो है॥

वैष्णवदासकृत 'भक्तमाल का दृष्टांत' में निम्नलिखित वर्णन पाया जाता है।

वृंदावन आय गोसांई—
इही बूझत फीरे वृंदावन में कोउ मसाल है॥
कोई ने कहा आजू तौ जीवगुसांई है।
तिया मुष देषवे को पन ले छुड़ायो है—

माता स्वस्त्रा दुहिताज नोविवक्तासनं भवेत॥
बलवान् इंद्रिय श्रामंविद्वांममतिवकषति॥

राघौदास के भक्तमाल पर छत्रदास की टीका में लिखा गया है कि—जा बृज जीव मिली पन हौ तिय देषतनैं मुष ताहि छुड़ायौ/ कुंजन कुंज निहारि बिहारिहि अई रु देस बनैं बन गायौ।

नागरीदास ने 'सिंगार-सागर' के अंतर्गत 'पद-प्रसंग माला' में मीरां के गंगादिक तीर्थों के साथ वृंदावन यात्रा का भी वर्णन किया है जहां मीरां जीव गोस्वामी से मिली थी।

राना को छोटो भाई मीरां को देह संबंध को भर्ता हो, सो ताको परलोक भयों, ता पीछै मीरांबाई गंगादिक तीरथ करिकै अरु री वृंदावन हू आये, तहां जीऊ गुसांईजी को प्रण स्त्री के न देषिबे को दुटाय सब सों गुरु गोविंदवत सनमान सत्यसंग करि द्वारिका को चले, ऊहां बास करिबै कैं लियैं, तहीं एक मारग में एक नयो पद बनायो, बहुत प्रसिद्ध भयो, सो वह यह पद—

राय श्रीरनछोड़ दीज्यो द्वारिका को बास॥
संख चक्र गदा पद्म दरसें मिटै जम की त्रास॥
सकल तीरथ गोमती के राहत नित निवास॥
संख झालर झांझ बाजै सदा सुष की रास॥
तज्यो देसरु बेसहू तजि तज्यो राना राज॥
दास मीरा सरन आवत तुम्हैं अब सब लाज॥

मीरां के काव्य से भी मीरां की वृंदावन यात्रा के पुष्ट प्रमाण मिलते हैं—

आली म्हांणे लागां बूनदाबण णीकां।
घर-घर तुड़सी ठाकर पूजां दरसण गोविंदजी का।
निरमड़ नीर बह्य जमणा का भोजण दूध दह्यां कां।
रतण सिंघासण आप बिराज्यां मुगत धरयां तुड़षी कां।
कुंजण कुंजण फिरयां सांवरा सबद सुरणया मुरड़ी कां।
मीरां रे प्रभु गिरधर नागर भजण बिणा नर फीकां॥[66]

भक्ति से संबंधित मीरां के उद्‌देश्य वृंदावन के वैष्णव भक्तों से भिन्न थे अत: उसके लिए वृंदावन का वातावरण अरुचिपूर्ण था। सुरक्षा की दृष्टि से भी अधिक समय तक मीरां के लिए वृंदावन रुके रहना अनुपयुक्त था क्योंकि रणथंभौर दुर्ग वृंदावन से कुछ ही दूरी पर था जहां हाडा चौहानों का प्रभाव अब भी शेष था। नाभादास के भक्तमाल पर प्रियादासकृत भक्तिरस-बोधिनी टीका से स्पष्ट रूप से कहा गया है कि राना की मलीन मति देखकर ही मीरां ने वृंदावन छोड़कर द्वारिका बस जाने का निर्णय लिया था।

राना की मलीन मति, देखि, बसी द्वारावति,
रति गिरिधारीला, नित ही लड़ाइयै।

अतः परिस्थितियों को समझते हुए मीरां ने वृंदावन से द्वारिका जाने का निश्चय किया।

द्वारिका मीरां के लिए अधिक सुरक्षित था जो मेवाड़ से दूर होने के साथ-साथ मुस्लिम शासकों के साम्राज्य की सीमाओं से घिरा हुआ था। ये मुस्लिम शासक मेवाड़ से शत्रुता का भाव रखते थे अतः मेवाड़ के सैनिकों के लिए गुजरात की सीमाओं का अतिक्रमण सरल न था। मीरां यहां सुरक्षित थी अतः उसने द्वारिका को अपनी गतिविधियों का केंद्र बनाने का निश्चय किया। मीरां के द्वारिका वास से संबंधित हमें अनेक पुष्ट प्रमाण मिलते हैं।[67] साथ ही ऐसी ढेरों किंवदंतियां भी मिलती हैं जो मीरां के द्वारिका वास से संबंधित हैं। नाभादास की भक्तमाल पर प्रियादासकृत 'भक्तिरस-बोधिनी' टीका,[68] वैष्णवदासकृत 'भक्तमाल का दृष्टांत'[69] राघौदास की भक्तमाल पर छत्रदास की टीका[70] तथा नागरीदासकृत 'सिंगार-सागर' के अंतर्गत 'पद-प्रसंग माला[71] में मीरां के द्वारिकावास से संबंधित विवरण मिलते हैं।

कहा जाता है कि मीरां जब द्वारिका में थी तब मेवाड़ के तत्कालीन महाराणा तथा मीरां के देवर उदयसिंह ने मीरां को पुनः मेवाड़ लौट आने का आग्रह करने के लिए अपने जागीरदारों एवं पुरोहितों को द्वारिका भेजा था। मीरां पुनः मेवाड़ लौटना नहीं चाहती थी अतः प्रचलित किंवदंतियों के अनुसार वह द्वारिकाधीश कृष्ण की मूर्ति में लीन हो गई।[72]

प्रियादास ने 'भक्तिरस-बोधिनी बोधिनी टीका' में मीरां को पुनः मेवाड़ लौट आने का आग्रह करने के लिए महाराणा द्वारा भेजे गए ब्राह्मणों तथा मीरां के द्वारिकाधीश कृष्ण की मूर्ति में लीन होने का कथन लिखा है। जबकि वैष्णवदास ने भक्तमाल का दृष्टांत में मीरां के कृष्ण की मूर्ति में लीन होने की बात कही है। प्रियादास के समान नागरीदास ने भी पद-प्रसंग माला के अंतर्गत महाराणा द्वारा मीरां को पुनः मेवाड़ लौट अपने का आग्रह करने के लिए भेजे गए पुरोहितों एवं मीरां के द्वारिकाधीश कृष्ण की मूर्ति में विलीनीकरण की बात लिखी है। मीरां के चित्तौड़गढ़ छोड़ने के साथ ही मेवाड़ की परिस्थितियां बहुत कुछ बदल चुकी थीं। किशोरवय के महाराणा विक्रमादित्य को मारकर महाराणा सांगा के बड़े भाई पृथ्वीराज की पासवान का पुत्र बनवीर चित्तौड़ का नया महाराणा बन गया था। कुछ वर्षों पश्चात् ही मेवाड़ के सामंतों द्वारा महाराणा बनवीर को मार दिया गया[73] एवं वयस्क हो चुके उदयसिंह को मेवाड़ का नया महाराणा बनाया। इसी समय चित्तौड़ से उदयपुर में राजधानी परिवर्तन के साथ ही मेवाड़ में भयंकर अकाल पड़ा एवं मेवाड़ की जनता त्राहिमाम करने लगी। अकबर के नेतृत्व में मेवाड़ पर मुगलों के लगातार आक्रमण हो रहे थे तथा मेवाड़ की जनता में कमजोर शासकों के विरुद्ध असंतोष फैल रहा था। इस समय मेवाड़ को मेड़तिया राठौड़ों से समर्थन की अत्यंत आवश्यकता थी। हाड़ा

चौहानों तथा मेड़तिया राठौड़ों के मध्य व्याप्त पुरानी प्रतिद्वंद्विता को समाप्त करने तथा मीरां की लोकप्रियता को शासन के पक्ष में भुनाने के लिए यदि मेवाड़ के महाराणा उदय सिंह ने मीरां को पुन: मेवाड़ लौट आने का आग्रह करने के लिए पुरोहितों एवं जागीरदारों को भेजा हो तो विशेष आश्चर्य नहीं होना चाहिए।

द्वारिका नगर में प्रचलित एक किंवदंती के अनुसार द्वारिका के बघेर जाति के लोगों ने मीरां की महाराणा के लोगों द्वारा हत्या (संभावित हत्या) उसकी मृत्यु अथवा द्वारिका से मीरां के पलायन की आशंका से व्यथित होकर मेवाड़ की लौटती सेना पर भयंकर आक्रमण किए थे।

द्वारिका में महाराणा उदय सिंह द्वारा भेजे गए लोगों ने यदि मीरां की हत्या नहीं की तो द्वारिका के पश्चात् आखिर मीरां गई कहां? कुछ विद्वानों का मानना है कि द्वारिका से मीरां दक्षिण भारत चली गई। इस मत के पक्ष में वे दक्षिण भारत के अनेक स्थानीय भाषा में पाए जाने वाले मीरां के पदों का प्रमाण प्रस्तुत करते हैं। द्वारिका वास के पश्चात् मीरां के जीवन की गुत्थी सुलझाते हुए परिता मुक्ता लिखती हैं—
"Was Mira killed by the Rana's men who finally wrought vengeance? It is not as fantastical a suggestion as it may appear. The Rajput code of vendetta operates across time and geographical boundaries. Despite an ideology that abjures the use of weapons in cowardly acts of violence against those unarmed, the Rajput chronicles are replete with acts of just such cowardice and treachery against the defenceless (Tod, 1971 : 858, 539). Tales of cynically planned slaughter abound too (M.G., 1908 : 132). Mira refused to return to Udaipur. It is a point of integrity and pride with her, as well as some apprehension perhaps. She refuses to be incorporated in a life within the palace. What does murder mean to Mira? It means death at the hands of a power she had so fiercely rejected and stood up against. It means the ultimate victory of vair against a person who had held on to its opposite.

The murder of Mira would show the inability of bhakti to overcome and transform deeply-embedded values of vengeance. The bhajniks though, have a complete faith in the power of Mira to survive against the Rana's vindictiveness. For them, the question of the possibility of Mira being murdered does not arise. To pose this question is to remove Mira from the sphere of regenerative values, and it is to bring Mira into the arena of power politics which the bhajniks eschew. Within this domain of the Mira bhakti, political authority is nullified by a higher morality and spirituality. The peoples' morality has tremendous strengths to envisage and claim a more equal order, to forge a conscious community welded to better social relationships. But when directly threatened, it often retreats into itself, being equipped solely and remarkably with the weapon of a hardly trust in self and God.

Do we want our historical figures to die before their time so that their integrity is saved from decay by a glorious and (Warner, 1983 : 27) ? Is it necessary that our symbols of liberty become martyrs? I have had to struggle long with this question, and at last I leave Mira alive amidst the bhajniks, unviolated by self or the enemy, travelling, singing, in a community drawn from those on the fringes of society. It is resilient community, which has provided shelter and refuge to all those rejected by dominant society.

There is evidence of an underground passage from within the temple of Dwarka to the outside. It would not have been difficult for Mira to slip away when faced with the Rana's emissaries, and later join up with groups of itinerant singers. So Mira travels on, with herektara in her hand, embracing her liberties and inspiring others. Her songs continue to reach those scarred and humiliated and who grasp from these songs a message of emancipation.[74]

द्वारिका नगर एवं गुजरात में प्रचलित एक मान्यता के अनुसार मीरां का द्वारिका वास चार दशकों से भी अधिक समय का था। उक्त मान्यता पर विश्वास करें तो हमें मीरां का जीवन काल 80 वर्षों से भी अधिक मानना पड़ेगा। ऐसा होना संभव है, यह अविश्वसनीय नहीं है। ऐसी स्थिति में मीरां एवं बादशाह अकबर को समकालीन मानना पड़ेगा। प्रियादास की भक्तिरस-बोधिनी टीका में तानसेन, अकबर एवं मीरां के भेंट का प्रसंग दिया गया है।[75] वैष्णवदास प्रणीत भक्तमाल के दृष्टांत में तानसेन अकबर एवं मीरां की भेंट की बात स्वीकार की गई है।[76] राघौदास की भक्तमाल पर छत्रदास द्वारा लिखी टीका में भी ऐसी ही अभिव्यक्ति है।[77]

अकबर द्वारा मीरां के चचेरे भाई जयमल्ल एवं उसके सहयोगी कल्ला की मूर्तियों को फतेहपुर सीकरी स्थित दुर्ग के द्वार पर स्थापित करवाना मात्र संयोग नहीं माना जा सकता। मीरां एवं अकबर में निश्चय ही कोई संबंध एवं समानता रही होगी अन्यथा वे दोनों ही सती प्रथा के विरोधी न होते।

गुजराती साहित्य के समीक्षक विद्वान निरंजन भगत ने हरमान ग्योत्स के निष्कर्ष एवं प्रचलित किंवदंतियों के आधार पर मीरां व अकबर के मध्य व्याप्त कालगत शून्य को भरने का प्रयास किया है एवं लिखा है—"मीरां हृदयमां द्वारिकात्यागनां निर्णय साथे मंदिरना गर्भद्वारमां ऐकांतमां संन्यासिनीनां वस्त्रो द्वारिकामां पोतानुं पवनकार्य पूर्ण भयु. प्रतीक रूपे कृष्णनी मूर्तिनी समक्ष अर्पण करीने अज्ञातवासमां वस्त्रो धारण करीने द्वारिकात्याग कर्यो...अज्ञातवास, दक्षिण भारत यात्रा—1546 थी 1556 लगी, दसे वर्ष लगी, मीरां चैतन्य अने वल्लभाचार्यानी जेम, दक्षिण भारतनी,

दक्षिणमारतयां तीर्थस्थानोनी, रामानंद, रामानुज, मध्व अने निंबार्क तथा अनेक संतों नी जन्म-भूमिनी यात्राए होय...अज्ञातवास, उत्तर भारतयात्रा—1556 नी आसपास मीरांए पूर्व भातनां तीर्थस्थानोनी, जयदेव, विद्यापति, चंडीदास अने चैतन्यनी जन्म-भूमिनी यात्रानो आरंभ कार्यो होय...अने ऐ प्रथम बंधोगढ़मां आबी ने वसी होय, बंधोगढ़नो राज रामचंद्र वघेला कविता-कला-रसिक हतो ऐने तानसेन ने राज्यागायकनु पद अर्पण कर्यु हतुं अहीं तानसेन अने मीरांनु मिलन प्यु होय. वाणा विचकूट बंधोगढ़नी निकट हतुं चित्रकूरमां तुलसीघासनी साधनावो आ समय हतो। अही युनान तुलसीदास अने मध्य वयती मीरांनु मिलन क्युं होय।...अंते मीरां अंबरमां आवी ने बसी हो...पछी तरत ज अकबर अनी मीसेनु मिलनथयु होय. जनश्रुति में ऐम छे के तानसेन, तुलसीदास, मानसिंह, बीरबल अने अकबर साथेमीरांनुं मिलय थयुं हतुं... जनश्रुतियां ऐम छे के मीरां दीर्घायुषी हती अने 65-67 वर्षनी वये ऐनु अवसान थयुं हतुं. ऐथी ज 1546 मां नहीं पाण 1563-64 यां मीरांनु अवसान थयु होय।[78]

निरंजन भगत के अनुसार द्वारिका-त्याग के पश्चात् मीरां दक्षिण भारत गई। उनके अनुसार यह मीरां के अज्ञातवास का समय था जहां वह रामानुजन, निंबार्क, महव आदि के जन्म-स्थलों पर गई। दक्षिण से लौटकर मीरां अंबेर आई एवं इसी समय वह तुलसीदास, अकबर एवं बीरबल से मिली। उनका यह भी मानना है कि मीरां की प्रेरणा से ही अंबेर नरेश ने अपनी बहन का विवाह अकबर से किया था। निरंजन भगत मीरां को चैतन्य की जन्म-भूमि बंगदेश की यात्रा करने की बात भी लिखते हैं। निरंजन भगत की सारी बातें सही नहीं हो परंतु जिन किंवदंतियों के आधार पर उन्होंने अपने निष्कर्ष प्रस्तुत किए है उनमें सच्चाई का थोड़ा सा अंश तो अवश्य विद्यमान रहा होगा।

द्वारिका के पश्चात् मीरां कहां गई यह प्रश्न आज भी अनुत्तरित है किंतु इतना तय है कि द्वारिका में महाराणा उदयसिंह द्वारा भेजे गए लोगों ने मीरां की हत्या कर दी थी अथवा मीरां द्वारिका से भी आगे इतनी दूर चली गई थी जहां चाहकर भी महाराणा के सैनिकों के लिए वहां पहुंचना आसान नहीं था। द्वारिका में प्रचलित किंवदंतियों के अनुसार मीरां बघेर जाति के लोगों की सहायता से भगवान कृष्ण की मूर्ति लेकर अरब सागर के गहरे समुद्र में विलीन हो गई थी। प्रसंगवश उल्लेखनीय है कि बघेर जाति के लोग अरब सागर में समुद्री लुटेरों के रूप में लूटपाट का काम करते थे। बघेर जाति के लोग मीरां का नाम बहुत सम्मान के साथ याद करते हैं।

मीरां के जीवन से संबंधित स्रोत सामग्री

मीरां जैसे महत्त्वपूर्ण व्यक्तित्व के जीवन से संबंधित स्रोत सामग्री का लगभग अभाव पाया जाता है तथापि हमारे पास जो स्रोत सामग्री उपलब्ध है उसकी चर्चा कर लेना

प्रासंगिक होगा। मीरां के जीवन से संबंधित स्रोत सामग्री का बेहद संक्षिप्त परिचय यहां दिया जा रहा है—

नाभादास एवं अन्य भक्त कवियों के भक्तमाल : भक्तमाल युगीन भक्तों के परिचयात्मक विवरण होते थे। लोक ने मीरां को कृष्णभक्त के रूप में स्वीकार किया अत: इन भक्तमालों में मीरां का विवरण इसी रूप में मिलता है। जयपुर के निकट गलता नामक रमणीय स्थान पर नाभादास रहते थे। वे संवत् 1657 के लगभग वर्तमान थे और गोस्वामी तुलसीदासजी की मृत्यु के बहुत पीछे तक जीवित रहे। इनका प्रसिद्ध ग्रंथ भक्तमाल संवत् 1642 के पीछे बना और सं. 1769 में प्रियादास ने उसकी टीका लिखी। इस ग्रंथ में 200 भक्तों के चमत्कारपूर्ण चरित्र 316 छप्पयों में लिखे गए हैं। इन चरित्रों में पूर्ण जीवनवृत्त नहीं है, केवल भक्ति की महिमासूचक बातें लिख गए हैं। इनका उद्देश्य भक्तों के प्रति जनता में पूज्यबुद्धि का प्रचार जान पड़ता है। नाभादास के भक्तमाल में मीरां से संबंधित छप्पय इस प्रकार है—

(मूल) लोकलाजकुलशृंखलातजिमीरागिरिधरभजी।
सदृश गोपिकीप्रेमप्रगट कलियुगहिदिखायो।
नरअंकुशअतिनिडररसिक यशरसनागायो
दुष्टनदोषविचारमृत्युकोउद्यमकीयो।
बारनबां कोभयोगरलअमृतज्योंपीयो।
भक्तनिशानबजायकेकाहूतेनाहिंनलजी।
लोकलाजकुलश्रंगखलातजिमीरागिरिधारीजो ॥ 215 ॥[79]

नाभादास के छप्पय में मीरां का विद्रोही चरित्र उभरकर सामने आता है। छप्पय से मीरां एवं महाराणा परिवार के आपसी संघर्ष का भी ज्ञान होता है।

नाभादास कृति पर प्रियादास द्वारा लिखी गई टीका में विषपान की घटना, सम्राट अकबर एवं मीरां के भेट का प्रसंग एवं द्वारिका में रणछोड़जी की मूर्ति में मीरां के विलीनीकरण का जिक्र है।[80] इस समय तक मीरां के साथ अनेक किंवदंतियां जुड़ चुकी थीं एवं मीरां के इर्द-गिर्द अनेक चामत्कारिक घटनाओं का ताना-बाना बुना जाने लगा था। वैष्णवदासजी प्रियादासजी के पौत्र थे जिन्होंने प्रियादास की टीका का भावार्थ किया अत: मीरां के संबंध में वे घटनाएं जिनका उल्लेख प्रियादास की कृति में मिलता है, एक बार पुन: वैष्णवदास की कृति में मिल जाता है। संवत् 1717 में राघौदास ने भक्तमाल की रचना की जो मूलत: नाभादासजी के भक्तमाल पर आधारित है। तत्पश्चात् राघौदास के भक्तमाल पर छत्रदास ने टीका लिखी। इन दोनों ही ग्रंथों में मीरां का उल्लेख है।

वल्लभ संप्रदाय के वैष्णव भक्तों का वार्ता-साहित्य : वार्ता-साहित्य में 'चौरासी वैष्णवन की वार्ता' एवं 'दो सौ बावन वैष्णवन की वार्ता' में मीरां का

उल्लेख मिलता है। वार्ता साहित्य मूलतः गद्य ग्रंथ है एवं इनके रचनाकार भक्तमालों के रचनाकारों के समान भक्त थे। वार्ताकारों की चिंता का विषय भक्त के रूप में मीरां की भक्ति एवं उसका स्वरूप था। इन वार्ता ग्रंथों का संबंध वल्लभ संप्रदाय से है। ऐसा अनुमान होता है कि वल्लभ संप्रदाय मीरां एवं उसकी भक्ति के स्वरूप को नापसंद करता था। 'चौरासी वैष्णवन की वार्ता' में मीरां से संबंधित तीन प्रसंग पाए जाते हैं।—गोविंद दुबे साचोरा ब्राह्मण तिनकी वार्ता, पुरोहित रामदास तिनकी वार्ता एवं कृष्णदास अधिकारी तिनकी वार्ता।[81] दो सौ बावन वैष्णवन की वार्ता में मीरां का उल्लेख 'बाल विधवा अजब कुंवरि तिनकी वार्ता' के प्रसंग में है। यह वार्ता ग्रंथ अपने पूर्ववर्ती वार्ताग्रंथों की अपेक्षा मीरां के प्रति कम कटु हैं।[82] ऐसा अनुमान होता है कि इस समय तक मीरां को पर्याप्त लोक स्वीकृति मिल चुकी थी अतः वल्लभ संप्रदाय ने लोकमत का सम्मान करना ही उचित समझा।

मध्यकालीन मेवाड़ एवं मारवाड़ में लिखे गए ख्यात ग्रंथ : मध्यकालीन राजपूताने में ख्यात ग्रंथ लिखने की परंपरा थी। ख्यात ग्रंथ राजा अथवा राजपरिवार की प्रशंसा में लिखे जाने वाले ग्रंथ थे। ख्यात ग्रंथों में मीरां के जीवन से संबंधित सीधे-सीधे जानकारी नहीं मिलती है तथापि मीरां कालीन समाज, राजनीति एवं संस्कृति को समझने में ये ग्रंथ अत्यंत सहायक सिद्ध हुए हैं। इन ग्रंथों से मेवाड़ एवं मेड़ता के राजपरिवारों के संबंध में विस्तृत जानकारियां प्राप्त होती हैं जिनका निकट संबंध मीरां से था। 'मुंहता नैणसीरी ख्यात' में चित्तौड़ राजघराने का उल्लेख 'सीसोदियांरी ख्यात' के अंतर्गत मिलता है।[83] 'बांकीदासरी ख्यात' में दो प्रकीर्णन 'राठौड़ारी वातां' एवं 'गहलोतारी वातां' दिए गए हैं। 'राठौड़ारी वातां' का संबंध मारवाड़[84] एवं 'गहलोतांरी वातां' का संबंध मेवाड़ के इतिहास[85] से है जिसका देश व काल मीरां का युग है।

नागरीदास का नागर समुच्चय एवं सुखसारण द्वारा रचित मीरांबाई री परची : नागरीदास के नागर समुच्चय एवं सुखसारण द्वारा रचित 'मीरांबाई री परची' में मीरां का विस्तृत विवरण दिया गया है। नागरीदास का वास्तविक नाम सावंत सिंह था जो किशनगढ़ नरेश राजसिंह का ज्येष्ठ पुत्र एवं राजस्थानी व ब्रज भाषा का अच्छा ज्ञाता था। सुखसारण का संबंध रामस्नेही संप्रदाय से था। इसने 215 पदों में मीरां का जीवन-चरित्र इंगित किया है। इन दोनों ही कृतिकारों के ग्रंथों में मीरां से संबंधित उन अनेक घटनाओं का वर्णन मिलता है जो वर्तमान में किंवदंतियां बन चुकी हैं। 18वीं सदी के उत्तरार्द्ध की रचनाएं होकर भी मीरां के अध्ययन में ये कृतियां विशेष भूमिका अदा करती हैं।

किंवदंतियां, प्रचलित परंपराएं एवं रीति-रिवाज : भक्त कवियों के साथ किंवदंतियां अनेक रूपों में जुड़ी होती हैं। मीरां का जीवन भी इसका अपवाद

नहीं है। मीरां के जीवन के अध्ययन में किंवदंतियों की महत्त्वपूर्ण भूमिका है। यद्यपि किंवदंतियों, प्रचलित परंपराओं और रीति-रिवाजों के आधार पर इतिहास का उद्‌घाटन कठिन कर्म है तथापि इतिहास निर्माण में इनकी महत्त्वपूर्ण भूमिका है।[86] किंवदंतियों के आधार पर किसी ऐतिहासिक व्यक्तित्व का चरित्र निर्माण करते समय इतिहास बुद्धि का होना आवश्यक है। मीरां के जीवन के संबंध में प्रचलित किंवदंतियां हमें मीरां के संदर्भ में महत्त्वपूर्ण जानकारियां उपलब्ध कराती हैं अतः मीरां एवं तत्कालीन समाज के अध्ययन में किंवदंतियों का महत्त्व स्वतःसिद्ध है।

पुरातात्त्विक स्त्रोत सामग्री : लिखित स्त्रोत सामग्री एवं किंवदंतियां व्यक्तिनिष्ठता के कारण प्रायः संदेह के घेरे में रहती हैं, वहीं पुरातात्त्विक स्त्रोत सामग्री अधिक विश्वसनीय एवं प्रामाणिक होती है। मीरां के आलोचकों ने पुरातात्त्विक स्त्रोत सामग्री का बेहद सीमित उपयोग किया है, परंतु प्रस्तुत शोध प्रबंध के निष्कर्ष पुरातात्त्विक स्त्रोत सामग्री के गहन अध्ययन का समन्वित नतीजा है। मीरां युगीन एवं मीरां के जीवन से जुड़े हुए मंदिर, महल, दुर्ग, मूर्तियां सभी मीरां एवं उसके युग के संबंध में महत्त्वपूर्ण जानकारियां प्रदान करते हैं।[87] चित्तौड़गढ़ के अनेक मंदिर एवं महल मीरां-युग के साक्षी रहे हैं। दुर्ग स्थित ये मंदिर, महल, तालाब मीरांयुगीन समाज एवं आस्थाओं की कहानी कहते प्रतीत होते हैं। पुरातात्त्विक स्त्रोत सामग्री के रूप में चित्तौड़ दुर्ग स्थित मीरांमहल एवं महाराणा महल जिसे वर्तमान में कुंभामहल कहा जाता है की मीरां के अध्ययन में विशिष्ट भूमिका है। वृंदावन एवं द्वारिका स्थित मीरांयुगीन मंदिर खंडित एवं जर्जर हो चुके हैं तथापि ये मंदिर युगीन साक्ष्य तो हैं ही! द्वारिका स्थित रुक्मिणी मंदिर एवं चित्तौड़गढ़ स्थित मंदिरों की स्थापत्य कला में आश्चर्यजनक सभ्यता नज़र आती है। मीरां एवं मीरांयुग के अध्ययन में मीरां से जुड़े हुए इन समस्त स्मारकों का विशिष्ट महत्त्व है।

मीरां के नाम पर प्रचलित पद एवं पांडुलिपियां : उत्तर से लेकर दक्षिण एवं पूर्व से लेकर पश्चिम तक पूरे देश में मीरां के नाम पर प्रचलित पदों की लगभग तीन हजार पांडुलिपियां बिखरी पड़ी हैं। ये समस्त हस्तलिखित पांडुलिपियां एवं गुटके मीरां से संबंधित महत्त्वपूर्ण स्त्रोत सामग्री हैं परंतु इनका संग्रहण एवं प्रकाशन चुनौतीपूर्ण है।

फुटकल उल्लेख एवं जीवन-चरित्र : युगीन भक्त-कवियों के काव्य में मीरां का अनेक स्थान पर उल्लेख पाया जाता है जिसमें से ज्यादातर अप्रामाणिक है। जिन-जिन भक्त कवियों के काव्य में मीरां का उल्लेख पाया जाता है उनमें प्रमुख हैं—कबीर, सेना, सूरदास, नरसिंह मेहता, हरिराम व्यास, कवि विष्णुदास एवं संगीतकार तानसेन। तुकाराम, एकनाथ, निरावा महाराज, नेशीमाधवदास के

काव्य में मीरां का उल्लेख है परंतु यहां इन समस्त मीरां संबंधी उल्लेखों का विस्तार से वर्णन करना संभव नहीं है। गुजराती एवं मराठी साहित्य में मीरां के अलग-अलग जीवन-चरित्र पाए गए हैं। गुजराती में लिखित मीरां चरित्र के लेखक दयाराम हैं जो मध्यकालीन गुजराती साहित्य के 'अंतिम रसमेघ' कहे जाते हैं।[88] सीपीनामाकृत चरित्र मीरांबाई मराठी भाषा में है।[89]

परवर्ती इतिहास-ग्रंथ : कर्नल टॉड विरचित Annals and Antiquities of Rajasthan, फॉर्ब्स की रासमाला, श्यामलदास के 'वीर विनोद' में मीरां का उल्लेख पाया जाता है परंतु ये सभी इतिहास ग्रंथ आधुनिक काल से संबंधित हैं। इसी प्रकार हिंदी साहित्य के प्रारंभिक इतिहासकारों, गार्सा द तॉसी, शिवसिंह सेंगर एवं जॉर्ज ग्रियर्सन ने मीरां के संबंध में लिखा है, अतः इन इतिहासकारों का जिक्र करना प्रासंगिक है।

लोकगीत एवं भजन : मीरां संबंधी उपलब्ध पांडुलिपियों एवं लिखित स्रोत सामग्री से कहीं ज्यादा मीरां लोकगीतों एवं लोकभजनों के रग-रग में समाई हुई है परंतु दुर्भाग्यवश मीरां के इन लोकगीतों एवं लोकभजनों का एक भी व्यवस्थित संग्रह उपलब्ध नहीं है। मेवाड़ एवं मारवाड़ प्रदेश के मंदिरों एवं देवालयों में गाए जाने वाले भजनों में मीरां के भजनों का विशिष्ट महत्त्वपूर्ण स्थान है। इसी प्रकार मेवाड़ प्रदेश के आदिवासी भीलों में मीरां के भजनों एवं गीतों को अनेक वर्षों से संजोकर रखा है एवं उन्हें अपने दिलों में बसाया है। भील लोकगीतों एवं भजनों में मीरां का जो चारित्रिक रूप मिलता है वह मंदिरों एवं देवालयों के भजनों व गीतों में मिलने वाले मीरां के चारित्रिक रूप से कहीं अधिक प्रगतिशील है। कभी-कभी ऐसा महसूस होता है कि भील लोकगीतों एवं लोकभजनों में मिलने वाली मीरां ही वास्तविक मीरां है न कि ब्राह्मण भक्त कवियों द्वारा निर्मित की गई मीरां। जिसे मीरां का आलोचक भ्रमवश वास्तविक समझता है।

अन्य स्फुट उल्लेख : राधाबाई नामक मराठी महिला के 'मीरामाहात्म्य' के संत हरिदास के पद में मीरां का उल्लेख पाया गया है। रामदान लालस ने 'भीम प्रकाश' की रचना की थी। रामदान ने सांगा के अन्य पुत्रों के साथ इस ग्रंथ में मीरां का उल्लेख किया है। कुंवरी दासी नामक कवयित्री के दोहों में मीरां से संबंधित कुछ दोहे मिलते हैं। गरीबदास की बानी, जसवंत की प्रभाती, एक कविता मीरां-जंभाजी संवाद, संस्कृत ग्रंथ 'भक्ति माहात्म्य-चरित्र' एवं नंददास ने मीरां से संबंधित 'बारहमासा' की रचना की है। जिन अन्य कवियों ने यहां-वहां मीरा का उल्लेख किया है उनमें चरणदास, दयादास, जनलिछमन, सुंदरदास कायस्थ, छोटमदास, प्रीणधन, हरिदास दर्जी, एवं बख्तावर का नाम लिया जा सकता है। जेतराम ने मीरां संबंधी भजन लिखे हैं।[90]

संदर्भ

1. आचार्य रामचंद्र शुक्ल, हिंदी साहित्य का इतिहास, पृ. 80
2. "मेरतो" जन्म-भूमि, भूमि हित मैन लगे पगे गिरिधारीलाल पिता ही के धाम में। राना कै सगाई भई, करी ब्याह सामा नई, गई मति बूड़ि, वा रंगीले घनश्याम मैं। (प्रियादास, श्री भक्तमाल, पृ. 714)
3. मात पिता जनमीं पुर मेड़त, प्रीति लगी हरि पीहर मांही।
   रांनहि जाइ सगाइ करावत, ब्याहन आवत भावत नाहीं
   फेर फिरावत वा न सुहावत, यौं मन मैं पति साथि न जांहीं।
   देन लगे पित मात अभूषन, नैंन भरे जल, मोहि नचांही॥
   (चतुरदास, भक्तमाल, पृ. 99)
4. मेड़त्यां कुल मुरधरा मझ,अधपत्यां आधार। मगन मूरत मांहि निरतन, लई मीरां लार। तौ रिझावरजी रिझवार, भगवत गावतां रिझवार। (ब्रह्मदास, भगतमाल, पृ. 45)
5. मीरां जनमी मेड़तै, भक्ति कारण कलू काल। विनां बजायां वाजिया, म्हैलां सोवन थाल। रतन राव दूदा को जायो, जिण एक कुड़की नगर बसायो। जिण घर जनमी मीरांबाई, बैन अनौपां ओर न भाई। (सुखसारण, मीरांबाई री परची, पृ. 16)
6. श्यामलदास, वीर विनोद (भाग-2), पृ. 01
7. मेवाड़ के महकमे तवारीख में भी जो महामहोपाध्याय कविराजा सावलदासजी के अधिकार में था मीरांबाई का पूरा हाल मौजूद नहीं है। एक दफै कविराजा साहिब से भी बहुत सी पूछताछ की थी। जिसका जवाब उन्होंने सिर्फ इतना दिया कि "मीरांबाई का कोई सही हाल सिवाय इसके हमको मालूम न हुआ कि वे राव दूदाजी के पोते मेड़तिया राठौड़ रत्नसिंह की बेटी थीं।" (मुंशी देवी प्रसाद, मीरांबाई का जीवन-चरित्र, पृ. 02)
8. "रत्नसिंहजी की एक इकलौती लड़की यही मीरांबाई थीं जो गांव कुड़की में पैदा हुई थीं मगर यह अभी बच्ची ही थीं कि मां मर गई। दूदाजी ने यह हाल सुनकर मीरांबाई को अपने पास बुला लिया और परवरिश की।"
9. वही, पृ. 05
10. हरविलास सारडा, महाराणा सांगा, पृ. 66
11. गौरीशंकर हीराचंद ओझा, उदयपुर राज्य का इतिहास, पृ. 359
12. पुरोहित हरिनारायण, मीरां वृहत्पदावली, पृ. 03
13. चांदावत, मेड़तिया राठौड़ों की एक शाखा है।
14. पुरोहित हरिनारायण, मीरां वृहत्पदावली, पृ. 02
15. (अ) मीरांबाई की माता का नाम 'वीरकुंवरि' था। नाना का नाम 'सुलतान-सिंहजी' था। ये जाति-गोत के झाला राजपूत 'गोगूंदा' गांव में ब्याहे थे। (पुरोहित हरिनारायण, मीरां वृहत्पदावली, पृ. 03)

(ब) रत्नसिंह विशेषकर कुड़की में रहा करते थे। लोगों की इन पर बड़ी श्रद्धा थी। इनका विवाह झाला राजपूत सुरतानसिंह की कन्या वुरकुंवरी से हुआ था। रत्नसिंह की यह धर्मपत्नी बड़ी सुशीला, **साध्वी तथा** भक्ति परायण थी।

(स्वामी आनंद स्वरूप, मीरां सुधा-**सिंधु**, पृ. 08)

16. मीरां महोत्सव-96 मीरां स्मृति संस्थान, चित्तौड़गढ़, पृ. 12
17. वही, पृ. 12
18. डॉ. पीताम्बरदत्त बड़थ्वाल (भाग-4, अंक-3, वर्ष 1939, पृ. 211-13)
19. पुरोहित हरिनारायण, 'संतवाणी' (वर्ष-1, अंक-11) पृ. 24-42
20. मीरा स्मृति ग्रंथ, बंगीय हिंदी परिषद्, पृ. 39-45
21. स्वामी आनंद स्वरूप, मीरां सुधा-सिंधु, पृ. 08
22. केशवराम काशीराम शास्त्री, मीरांनां पदों (गुजराती), पृ. 07
23. डॉ. गोपीनाथ शर्मा, भक्त मीरांबाई, पृ.10
24. मीरां महोत्सव-96, मीरां स्मृति संस्थान, चित्तौड़गढ़, पृ. 11
25. असल में हुआ यह कि बाबर की विजय और महाराणा सांगा के निधन के साथ एक ओर नए मुसलमान शासकों की तलवार का आतंक फैला तो दूसरी ओर सूफी संतों के इश्क हकीकी और प्रेम की पीर का आकर्षण बढ़ा। इन दोनों के साथ अनेक अरबी-फारसी शब्द राजस्थानी जीवन में प्रयोग में प्रवेश कर गए। 'मीरां' इन्हीं में से एक है। सूफियों में 'मीरां' शब्द काफी लोकप्रिय था। अनेक सूफी संत 'मीरां शाह' या मीरां शम्शुलहक' जैसे नामों से जाने जाते थे। मीरां का मूल अर्थ तो 'मीर, अमीर या सरदार' है, पर मीरां 'खुदा' का पर्याय भी है, इसलिए यह सूफियों और संतों का प्रिय शब्द बना रहा। संतों ने भी इसी अर्थ में इसे प्रचारित किया।
26. बड़वा देवीदानकृत ख्यात डॉ. देवीलाल पालीवाल (सं.), पृ. 06
27. वही, पृ. 08
28. वही, पृ. 10
29. वरसांणा की ब्राह्मणी, तज्यो प्रीत सुं प्रांन। सो मीरां भई दूसरी, अग्या किसन की मांन। (सुखसारण, मीरांबाई री परची, पृ. 23)
30. मीरांबाई के लिए कहते हैं कि वह या तो राधा, ललिता, चंपकलता अथवा किसी गोपी का अवतार थी।... किसी बरसाने की गोपी का विवाह नंदगांव से कृष्ण सखा किसी गोप से हुआ था। वह गोप जब गौना लेने बरसाने गया तब उस गोपी की माता ने उपदेश दिया कि सावधान रहना बेटी, नंदगांव में कृष्ण कन्हैया बड़ा ही नटखट चंचल है।... इसलिए उससे बचे रहना।... कृष्ण ने उसे प्रथमवार मुखावलोकन की प्रथानुसार कुछ भेंट देने के लिए कहकर मुख देखने की इच्छा प्रकट की; परंतु वह टस से मस न हुई। इस पर यह कहते हुए कि

"तू कहा बताबेगी तू ही मेरो मूंडो देखेगी" रथ से कूद पड़े। कुछ दिनों बाद इंद्र ने कोप कर बंज को बहाने के हेतु प्रलय ढहायात ब श्रीकृष्ण चंद्र ने गिरिराज को अपनी अंगुली पर उठाया और अत्यंत व्याकुल होकर गोप, गोपी, गौवें आदि सबों ने दौड़-दौड़ कर गिरिराज की छाया में आश्रय लिया तब... अन्यान्य गोप बंधुओं की भांति उस बरसाने वाली गोपी की भी लज्जा न रह सकी और वह माता की शिक्षा भूल गई और... उसकी आंखें इधर-उधर देखती हुई कृष्ण पर जा लगीं और सहज ही उसके मन में विचार परंपरा होने लगी... क्या उसी का मुंह देखने के लिए मां ने निषेध किया था। आहो! कैसी आत्मघातिनी शिक्षा! ...उसे पश्चात्ताप हुआ। ...गोपी का हृदय उमड़ आया, हाथ जोड़कर रोते-रोते उसने क्षमा मांगते हुए कहा, हे प्रभो! ठस अबोधिनी के अपराध को भूल जाओ और इसे अपनाकर अपने चरणों में स्थान दो।... उस गोपी की ओर निहारते हुए श्री कृष्ण भगवान के नेत्रों में चमक आई और होंठों पर मुसकान छा गई, तब उसे री मुख द्वारा शब्दोच्चारण सुनाई दिया-इस शरीर द्वारा तूने मेरा अपमान किया है इसलिये इस देह से तू मुझको प्राप्त नहीं हो सकती, दूसरे किसी जन्म में अवश्य ही तेरी साधना सफल होगी और तू मुझे प्राप्त होगी।...कहते हैं वही गोपी मेड़ते में जनम लेकर मीरां बनी। (स्वामी आनंद स्वरूप, मीरां सुधा-सिंधु, पृ. 08)

31. पूरब भगत उदै होय आई, जनमत ही हर सुं लिवलाई।
    गुडीया गोटा सयां रमावै, मीरां संग सेवा पधरावै ॥ 28 ॥

32. एक बरात आ रही थी। मीरां ने देखा, बाजे बज रहे थे, कई लोगों के बीच में घोड़े पर एक मनुष्य बैठा था जिसने सुंदर नए-नए वस्त्राभूषण पहन रखे थे। मीरां का कौतूहल बढ़ा। उसने माता से पूछा-मां यह घोड़े पर बैठा हुआ कौन है? माता ने बड़े लाड़ से बेटी को उत्तर दिया-यह वर है बेटी, यहां के नगर सेठ की कन्या से अभी इसका विवाह होगा। मीरां ने कुछ सोच कर फिर पूछा—मेरा वर कौन है मां! माता ने गिरधर गोपाल की ओर अंगुली निर्देश कर सहज कौतुक से विनोद पूर्ण उत्तर दिया-तेरे वर ये ही गिरधर गोपाल हैं, क्या ये तुझे पसंद हैं बेटी?... अब मीरां के चित्त में पूर्ण रूप से जम गया कि गिरधर गोपाल ही उसके पति, प्रियतम और सर्वस्व हैं। उसकी यह भावना दृढ़ होती गई। श्रीराधा और गोपी की प्रेम-भरी लीला कथाओं को सुनते उसे ऐसा अनुभव होने लगा कि वह भी कोई गोपी अथवा राधा है। वह इसी कल्पना और भावना की सृष्टि में विचरा करती। (सौभाग्य कुंवरी राणावत, मीरा चरित्र, पृ. 47)

33. मीरां ने अपने पति भोजराज के निधन को यों माना ऐसे वर को क्या बरूं जो जनमै और मर जाय। वर बरिये एक सांवरौ जासो चुडलो अमर हो जाए॥

34. मेरे तो गिरधर गोपाल, दूसरों न कोई जा के सिर मोर—मुकुट, मेरो पति सोई छांड़ि दयी कुल की कानि, कहा करिहै कोई? संतन संग बैठि-बैठि, लोक-लाज

खोयी अंसुवन जल सींचि—सींचि, प्रेम-बेलि बोयी अब तो बेलि फैलि गयी, आणंद—फल होयी दूध की मथनियां बड़े प्रेम से विलोयी दधि मथि घृत काढ़ि लियो, डारि दयी छोयी भगत देखि राजी हुयी, जगत देखि रोयी दासि मीरां लाल गिरधर! तरो अब मोही।

35. भांवर परत, मन सांवरे सरूप मांझ
तांवरे सी आवें चलिबे कौ पति ग्राम मैं।
पूछैं पिता माता "पट आभरन लीजियै जू,"
लोचन भरत नीर कहा काम दाम मैं॥1॥
"देवौ गिरिधारीलाल, जौ निहाल कियौ चाहौ,
और धन माल सब राखियै उठाय कै।"
बेटी अति प्यारी, प्रीति रंग चढ्यो भारी,
रोय मिली महतारी, कही "लीजियै लढ़ाय कै।"

(प्रियादास, श्री भक्तमाल, पृ. 715)

36. 'किण रो पीहर' सासरो, किण री माय मुसाह। एक रांमईया बाहिरो, झूठो माया जाळ। मता उवाच—बडा घरां रा ओळबा आया मीरां मोय। राम भक्ति भूलावजयौ, जब समझाउं तोय।

मीरां उवाच—ज्यूं अमली के अमल आधारा,
यूं रामइयो प्राण हमारा॥
काई नंदै वंदै दुख पावै,
मोकूं तो रामईयो भावै।
माता उवाच—माय केहै तूं सुण हे बाई,
बडै घरांणौ जुड़ी सगाई।
आ राम भगत किसके मन भावै,
सीसोद्यो सुण बौहौ दुख पावै।
आ भक्ति तूं केम निभासी,'
बेटी घरां पराया जासी।
राजा रांणा धेष चलावै,
जब तेरी केसी बस आवै।
मीरां उवाच—कुण माजी सीसोद्यां सारे,
सबळो धणी सीस है मारै।
कुण है राजा कुण है रांणौ
मारै सिर त्रिभणपत जाणो।
किणी जनम को हूतो दावो,
जब मोकूं' सीसोद्यो ब्यावो।
माता उवाच-हि बाई उतर किम दीजे,

सगां सरीसां वैर वसीजै।
मांगै मांग कहां ते लावां,
तिण कारण मैं तोकूं ब्यावां।
ब्याव न वयां राणो चढ़ आवै,
मिनख भरै अपजस होय जावै।
साचै मन जो सिमरण कीजै,
तो ग्रैहै मै साध किसा नहीं सीजै।
जे अपणो मन साच न होई,
तो ग्रैहै त्याग भावै सो कोई।
बकता उवाच—जब मीरां करणकर गाई,
गद गद रोम नैण जळ छाई।
हू अनाथ अबळा तुज तांई,
तुम बिन ओर हमारे नांही।
जे मोकूं कोई नांव छुड़ासी,
मेरो मरण तुमारी'' हासी।
जन्म जन्म की दासी तुमारी
मत कीज्यौ चरणां सूं न्यारी।
सीसोद्यो वर माज्यूं कार सन भावै
मात पिता जारी कर ब्यावै।
ओ विभचार वणौलो स्वांमी,
तम जांणौ स्रब अंत्रजामी। (सुखसारण, मीरांबाई री परची, पृ. 31)

37. मीरां के प्रभु दरसण दीजौ,
वेग पधारो बिलम न कीज्यौ।
पतिव्रता कै एक पति होई,
विभचारण जुग सुंणी न कोई। (सुखसारण, मीरांबाई री परची, पृ. 40)

38. दूहा— करण कर मीरां रही, मैलां भया उजाल।
सग नारद ले आवीया, परण्या गिरधर लाल।
हाथां कांकन डोरड़ा, सूंधै भीनौ गाथ।
राज लोक ईचरज भयो, केसर राच्या हाथ।
व्याव कियो कछु मनां न भायो,
रांणो परण घरां ले आयो।
कुळदेवी सासू पूजावे,
मीरां तिण कूं सिर नहीं न्वावे। (सुखसारण, मीरांबाई री परची, पृ. 38)

39. माई हूं सपना में परणी गोपाल। (टेक)
मति करो म्हारी ब्याव-सगाई क्यूं बांधो जंजाल।

झूठा मात पिता सुत बंधू बंध्यो अबध्या ख्याल।
मीरां के प्रभु गिरधरनागर सांचो पति नंदलाल।

(हरिनारायण पुरोहित, मीरां बृहत्पदावली, पृ. 184)

40. ''विवाह की बात चलते ही मीरां ने कहा, ऐसा न कहो मां, मेरा विवाह तो गिरधर गोपाल के साथ कभी का हो चुका है। वे ही अब मेरे तन, मन और प्राणों में रम रहे हैं, मेरे हृदय मंदिर में प्रतिष्ठित हो चुके हैं। अब दूसरी बात (विवाह की बात) सुनकर ही कलेजा कांप उठता है:—ऐसे वर को के बरूं, जो जनमें मर जाय।/ वर वरिए गोपालजी, म्हारो चुड़लो अमर हो जाय। (स्वामी आनंदस्वरूप, मीरां सुधा सिंधु, पृ. 24)

41. ''अरुचि के भाव से कुछ झुंझला कर उसने (मीरां ने) कहा—घूंघट की बाधा क्यों पटकती हो, देख लेने दो न, मां! जी भर कर मेरे सुंदर वर को! वे तो मेरे ही हैं फिर परदा कैसा ?...अंतर्पट हटते ही मीरां ने श्री गिरधर गोपाल के गले में वरमाला धारण करा दी। सखियों ने पुष्प वृष्टि की। राजकुमार यह देखकर स्तब्ध से ही रह गए। इसी समय पुरोहितानी ने मीरां के खाली हाथों में दूसरी माला देकर उसे वर राजा के गले में डालने को कहा। तब उसने वर राजा के गले में माला पहनाई तत्पश्चात् वर-वधू का हस्त-मिलन हुआ।...वर-वधू के वस्त्रों के दोर में गांठ लगने के बाद भांवर लेते समय जब राजकुमार आगे बढ़े तो उनका वस्त्र तनिक खिंच-सा गया। उन्होंने उस ओर झांक कर देखा तो एक सखी सिंहासन से ठाकुरजी लेकर मीरां को दे रही है। इस प्रकार यह सप्तपदी का संस्कार पूरा हुआ।

42. ''(कुंवर भोजराज ने मीरां से कहा) इस उलझन का मुझे तो एक ही हल समझ में आया है। माता-पिता और परिवार के लोग जो करें, सो करने दीजिए और आप अपना विवाह ठाकुरजी के साथ कर लीजिए। यदि ईश्वर ने मुझे निमित्त बनाया तो..तो मैं वचन देता हूं कि केवल दुनिया की दृष्टि में बींद बनूंगा, आपके लिए नहीं। जीवन में कभी भी आपकी इच्छा के विपरीत आपकी देह को हाथ नहीं लगाऊंगा। आराध्य मूर्ति की भांति भोजराज का गला भर आया। एक क्षण रुककर वे बोले—'आराध्य मूर्ति की भांति आपकी सेवा ही मेरा कर्तव्य रहेगा। आपके पति गिरधर गोपाल मेरे स्वामी और आप...आ मेरी स्वामिनी (सौभाग्य कुंवरी राणावत, मीरां चरित्र पृ. 106)

43. पलक झपकते ही उछलकर भोजराज झरोखे में चढ़े और सबल भुजाओं में भरकर उन्हें भीतर खींच लिया। एक क्षण, केवल एक क्षण का विलंब हो जाता तो मीरां की देह नीचे चट्टानों पर गिरकर बिखर जाती।... वचन अटने के पछावे से उनका मन तड़फ उठा। प्रात: सबने सुना कि महाराज कुमार को पुन: ज्वर चढ़ आया है। बांह का सिया हुआ घाव भी उघड़ गया। फिर से दवा दारू होने लगी, किंतु रोग दिन-दिन बढ़ता ही गया।... मीरा की बात सुनकर भोजराज हंस पड़े—

अब तो स्वास्थ्य लाभ करेंगे गंभीरी के तट श्मशान-भूमि पर। आपने मुझे क्षमा कर दिया, बहुत बड़ी बात की। (सौभाग्य सौभाग्य कुंवरी राणावत, मीरां चरित्र, पृ. 192)

44. Legend has it that at the time of her marriage ceremony she circles the idol of Girdharji (Krishna), to whom she is devoted from childhood, instead of her husband, declares herself married to him, and refuses to consummate her earthly marriage. She refuses to worship the family goddess, Durga. In some variations of the legend, Mira's husband resents her celibacy, suspects' adultery, persecutes her, and takes another wife. In one version, he is reconciled to her behavior when he comes to believe that she is mad… In another version she becomes a Krishna bhakta only upon the death of her husband, and is persecuted after his death when she is a widow. (कुमकुम संगारी, उदधृत जेंडर एंड नेशन, पृ. 25)
45. कुमकुम संगारी, उदधृत जेंडर एंड नेशन, पृ. 33
46. बड़वा देवीदानकृत ख्यात, डॉ. देवीलाल पालीवाल (सं.), पृ. 06
47. वही, पृ. 07
48. वही, पृ. 10
49. तब तौ खिसानी भई, अति जरि बरि गई,
गई पति पास "यह बधू नहीं काम की।
अब ही जवाब दियौ, कियौ अपमान मेरौ,
आगे क्यों प्रमान करै? भरै स्वास चाम की॥
राना सुनि कोप करयौ, धरयौ हिये मारिबोई,
दई छौर न्यारी, देखि रीझी मति बाम की।
लालनि लड़ावै गुन गाय कै मल्हावै साधु,
संग ही सुहावै, जिन्हें लागी चाह श्याम की। (प्रियादास, श्री भक्तमाल, पृ. 715)
50. गरल पठाय दियो :
राना तौ बड़ो भक्त है और तो भक्त छुछि सो॥
चरनामृत देहै यह कटोरा भर देहै॥
आंखै दरसाईयै :
श्राना ने रसाईनी को बांधा। रसाइन सीशा चाहै सो वह बतावै नहीं नित्य मारने को उद्योग करै। रात्री को सखा का रूप करिकै सेवा करै। जिस रोज मारन की ठीक पड़ी आजू नै बताबै तो कल्हि मारौ। जिस रोजै सखा को बताया सो सेवा सो पाया। बिन सेबा चाहै तो नहीं॥
51. होइ उदास भरै उर सास गई पति पास बहू नहिं आछी।
मानत ने अब फेरि गिनै कब केति कहौ फिरि आत न पाछी॥
रोस करयौ नृप् ठौर जुदी दइ रीझि लई वर नाचन काछी।
नृतय करै उर लाल धरै सतसंग बरै सब है जन साछी।

52. श्यामलदास, वीर विनोद (भाग-2), पृ. 02

53. से मीरां रंग लाग्यौ राम हरी। (टेक)
कंठी तिलक दोवड़ो माला, सीलबरत सिणगारो।
और सिंगार सोहै नहिं राणांणी, यो गुर ग्यान हमारो।
भलि कोइ निदो भलि कोइ बिनदो गुण गोबिंदजी का गास्यां।
जिण मारग मेरा संत पधर्या, जीं (उण) मारग म्हे जास्यां।
भजन करस्यां सती न होस्या, मन मोह्यो घण नाभी।
जेठ बहू को नांतो नहीं हो, थे सेवक म्हे स्वामी।
राज न करस्यां जीव न सतास्यां, कांई करैलो म्हारो कोई।
हस्ती चढ़ म्हे खर नहिं चढ़स्यां, ऐ तो बात न होई।
ना कोई मेरै मात पिता है, नां कोई बंधू भाई।
थे थांकै म्हे म्हांकै राणांजी, यूं गावै छै मीरांबाई।
(हरिनारायण पुरोहित, मीरां बृहत्पदावली, पृ. 316)

54. राजस्थान प्राच्यविद्या प्रतिष्ठान, जोधपुर , ग्रंथांक-12585, पृ. 342

55. पद-प्रसंगमाला के उल्लेख--
अथ अन्य पद-प्रसंग॥ बचनिका॥ मेड़तें मीरांबाई तिनकों राना के छोटे भाई सों ब्याही, यह प्रसिद्ध है ही। सो कितनेक दिन उपरांत काहू समै राना के वा भाई को देहांत भयो, अरु राना हुते सो मीरांबाई सों दुष पाय रहे ही हैं। ये वैष्णवनि को सतसंग कराति। यातैं, वा समै राना ने कहाई, जो यह औसर है तुम भरता के संग सती होहु। तब मीरांबाई भगवत रंग आगै लगे हें, त्योंही लगे रहे। या समै कछू षेद मानी नाही, अरु या बात के उत्तर कों एक विष्णुपद नयो बनाय राना कों लिषि पठयो। पद बहुत प्रसिद्ध भयो॥ सो वह यह पद॥
मीरां के रंग लग्यो हरी को और रंग सब अटक परी॥
गिरधर गास्यां सती न होस्यां मन मोह्यो धननामी॥
जेठ-बहू को नातो नहीं राणाजी म्हे सेवग थे स्वामी॥
चूड़ो देवड़ो तिलक जु माला सीलवर्त सिंगार॥
और सिंगार भावै नहिं राणाजी यों गुरु ग्यान हमार॥
कोई निंदो कोई बिंदोगुण गोविंद रा गास्यां॥
जिण मारग वै संत पहूंता तिण मारग म्हे जास्यां॥
चोरी करां न जीव संतांवां कांई करसी म्हांरो कोई॥
हसती चढ़ि गधै नहीं चढ़ां यातो बात न होई॥
राज करंता नरक पड़ेसी भोगीड़ा जम कै लीया॥
गिरधर धणी कडूंबो गिरधर मात पिता सुत भाई॥
थे थहारें म्हे ह्या हारें हो राणाजी यौं कहै मीरांबाई।
(नागरीदास नागर समुच्चय, पृ. 193)

56. इरफान हबीब, मध्यकालीन भारत (भाग-6), पृ. 33
57. मुंहता नैणसी री ख्यात, बदरीप्रसाद साकरिया (सं.), पृ. 20
58. ''एक दिन महाराणी हाड़ी ने महाराणा से प्रार्थना की कि मेरे दोनों बेटों के लिए आप के हाथ से जागीर न मिलेगी तो पीछे रत्नसिंह इनको दुख देंगे। तब महाराणा सांगा ने कहा कि जो जागीर तुम मांगो वही तुम्हारे बेटों के लिये दी जावे। इस पर राणी ने रणथंभौर के वास्ते अर्ज़ की और वह महाराणा को मंजूर हुई। फिर दुबारा महाराणी हाड़ी ने कहा कि यदि आपने मेरी विनती स्वीकार की, तो विक्रमादित्य, मेरे भाई सूर्यमल्ल को सौंपा जाय कि वह इनकी सम्हाल रक्खे, महाराणा ने राणी की प्रार्थना के अनुसार आज्ञा दी; परंतु सूर्यमल्ल ने कहा कि मुझे इस आज्ञा के पूरा करने में कदाचित् आपके अनंतर रत्नसिंह से सामना करना न पड़े, इसलिये रत्नसिंह की भी इसमें सलाह लेनी ज़रूर है। तब महाराणा सांगा ने महाराजकुमार रत्नसिंह को बुलाकर इस विषय में पूछा; रत्नसिंह ने ऊपरी दिल से सूर्यमल्ल को अनुमति दी। इस तरह पक्का बंदोबस्त होने पर सूर्यमल्ल ने भी महाराणा की आज्ञा का पालन करना स्वीकार किया। (श्यामलदास वीर विनोद, पृ. 02)
59. श्यामलदास वीर विनोद, पृ. 4-7
60. महाराणा रत्नसिंह के पीछे राज्य के हक़दार विक्रमादित्य थे, इसलिए सब सरदारों व उमरावों ने माजी हाड़ी कर्मवती को दोनों (1) बेटों समेत रणथंभौर से बुलवाकर विक्रमादित्य को वि. 1588 (हि. 938 त्र ई. 1531) में गद्दी पर बिठाया (2) यह महाराणा बिलकुल नादान होने के सिवाय राज-काज में किसी का भरोसा भी नहीं करते थे। ...महाराणा की आदतें बहुत बुरी थीं—कभी तो सभा में चुपके से किसी के जामे की कोर जाजम में सिलवा देना और वह उठे तब खूब हंसना। इसी तरह कभी- कभी सरदार उमरावों की हंसी कराकर कहते कि बेचारे राजपूत क्या करेंगे? कोई बाहर का दुश्मन आवेगा तो हमारे पहलवान ही बहुत हैं...माजी हाड़ी ने भी जो बुद्धिमान थीं, बहुत समझाया, परंतु चिकने घड़े पर बूंद के समान कुछ असर न हुआ; ऐसी हालत में रियासत की बरबादी हो तो क्या आश्चर्य है। (श्यामलदास वीर विनोद, पृ. 25)
61. पग बांध घूंघरयां णाच्यां री॥ टेक॥
लोग कहां मीरा बावरी, सासु कहां कुलनासी री।
विख रो प्यालो राणा भेज्यां, पीवां मीरां हांसा री।
तण मण वारयां परि चरिणामां दरसण अमरित प्यासा री।
मीरां रे प्रभु गिरधर नागर, थारी सरणां आस्यां री।
जाके मथुरा कहानाने गागरियं फोरी।
गागरियां फोरी दुलरि मोरी तोरी॥ टेर॥
ऐसी रीत मुझे कौन सिखावै, किसन करत बाराजोरी॥

सास हटेली ननद चुगेली, दिवर देवत मुझे गारी॥
मीरां के प्रभु गिरधर नागर, चरण कमल चित्त हारि॥

62. नाभादास, भक्तमाल, पृ. 227
63. प्रियादास, श्री भक्तमाल, पृ. 714
64. नागरीदास, नागर समुच्चय, पृ. 195
65. वि.सं. 1591 (ई.सं. 1535) में वीरमदेव ने गुजरात के बादशाह बहादुरशाह की तरफ़ के हाकिम शमशेरुल मुल्क को हराकर अजमेर पर अधिकार कर लिया। जब इस बात की सूचना मालदेवजी को मिली, तब इन्होंने वीरमदेव से कहलाया कि तुम इस नगर को हमें सौंप दो। वरना यदि गुजरात के बादशाह की सेना ने इस पर दुबारा चढ़ाई की, तो तुम्हारे लिए इसकी रक्षा करना कठिन हो जाएगा। परंतु उसने इस बात को न माना। इससे रावजी अप्रसन्न हो गए और इन्होंने अपने सेनापति जैता और कूंपा की अध्यक्षता में मेड़ते पर सेना भेज दी। यह देख वीरमदेव भी युद्ध के लिए तैयार हो गया। परंतु अंत में लोगों के समझाने से वह मेड़ता छोड़कर अजमेर चला गया और मेड़ते पर मालदेवजी का अधिकार हो गया।... उपर्युक्त घटना के अवसर पर रावजी ने राठौड़ वरसिंह के पौत्र सहसा को रीयां की जागीर दी थी। इससे वीरम उससे असंतुष्ट था एक रोज जिस समय वीरम बीटली (अजमेर) के क़िले पर खड़ा था, उस समय उसकी दृष्टि दूर से रीयां की पहाड़ी पर जा पड़ी और साथ ही पहले की घटना के याद आ जाने से उसके हृदय में प्रतिकार की आग धधक उठी। इसी से उसने लोगों के समझाने पर कुछ भी ध्यान न देकर रीयां पर चढ़ाई कर दी परंतु जैसे ही यह समाचार नागोर में मालदेवजी को मिला, वैसे ही इन्होंने अपनी सेना को सहसा की सहायता के लिए भेज दिया। यद्यपि वीरम ने रीयां के पास पहुंच बड़ी वीरता से युद्ध किया, तथापि मालदेवजी की विशाल सेना के आ जाने से वह सफल न हो सका। सहसा सम्मुख राणा में मारा गया और वीरम लौटकर अजमेर चला गया। इस घटना के बाद मालदेवजी ने अपने सेनापति जैता और कूंपा को सेना लेकर अजमेर पर चढ़ जाने और वीरम को हटाकर वहां पर अधिकार कर लेने की आज्ञा दी। यद्यपि इन दोनों के वहां पहुंचने पर वीरम ने भी बड़ी वीरता से इनका सामना किया, तथापि अंत में उसे अजमेर छोड़ना पड़ा और वहां पर राव मालदेवजी का अधिकार हो गया। ये सारी घटनाएं भी वि.सं. 1591 (ई.सं. 1535) में ही हुई थीं।
66. पदावली, मीरां स्मृति ग्रंथ, पृ. 07
67. द्वारिका को बास हो मोहि द्वारिका को बास।
संख चक्रहुं गदा पद्महु तें मिटै जमत्रास॥
सकल तीरथ गोमती में आय बसत निवास।
संख, झालरि, झांझ बाजे राग सुख की रास॥
तज्यो देसौ बास पति-गृह तज्यो संपति राज।
दासि 'मीरां' सरन आई तुम्हैं अब सब लाज॥ (बृज रत्नदास मीरां माधुरी, पृ. 30)

68. लागि चटपटी भूप भक्ति कौ सरूप जानि,
अति दुख मानि, बिप्र श्रेणी लै पठाइयै॥
बेगि लैकै आवौ मोकों प्रान दै जिवावौ अहो,
गए द्वार धरनौ दै बिनती तौ सुनाइयै।
सुनि बिदा होन गई राय रणछोर जू पै,
छांडौं राखौ ही न लीन भई नहीं पाइयै। (प्रियादास : भक्तिरस-बोधिनी टीका)

69. राय श्री रनछोर दीजै द्वारिका को वास॥
संख चक्र गदा पदुम दरसे मिटै जम की त्रास॥
सकल तीरथ गोमती के रहत नित्य निवास॥
संख माल रिमांमी बाजै सदा सुख की रास॥
तज्यो देस रू बेस हु तजि तज्यो राना राज॥
दास मीरा सरन गिरिधर तुम्हैं अब सभ लाज। (वैष्णवदास : भक्तमाल का दृष्टांत)

70. भूपति बुद्धि असुद्ध लषी अति द्वारवती बसि लाल लड़ाये।
पेटि जलंध्र होत भयौ नृप् जानि महादुष बिप्र षिनाये॥
लैकरि आबहु मोहि जिवावहु बेगि गए समाचार सुनाये।
होन बिदा चलि ठाकुर पैं मुख मांहि लई तुछ चीर रहाये। (छत्रदास की टीका)

71. राना को छोटो भाई मीरां को देह संबंध को भर्ता हो, सो ताको परलोक भयो, ता पीछै मीरांबाई गंगादिक तीरथ करिकै अरू श्री वृंदावन हू आये, तहां जीऊ गुसांईजी को प्रण स्त्री के न देषिबे को दुराय सब सों गुरु गोविंदवत सनमान सत्यसंग करि द्वारिका को चले, ऊहां बास करिबै कैं लियें, तहीं एक मारग में एक नयो पद बनायो, बहुत प्रसिद्ध भयो, वो वह यह पद—
श्राय श्रीरनछोड़ दीज्यो द्वारिक को बास॥
संख चक्र गदा पदुम दरसें मिटै् जम की त्रास॥
सकल तीरथ गोमती के रहत नित निवास॥
संख झालर झांझ बाजै सदा सुष की रास॥
तज्यो देसरू बेसहु तजि तज्यो राना राज॥
दास मीरा सरन आवत तुम्हैं अब सब लाज। (नागरीदास : पद प्रसंग माला)

72. मीरां के जाने से मानो भगवान ही रूठ गए हों त्यों मेवाड़ में अशांति बढ़ती ही चली, लोगों को चैन नहीं था।...
तब राणा उदयसिंह और प्रजाजनों ने मिलकर मीरांबाई को वापिस लौटा लाने का संकल्प किया।... उन्होंने कुछ जागीरदार तथा पुरोहितादि ब्राह्मणों को मीरांबाई को वापस लौटा लाने के लिये भेज दिए। (वि.सं. 1600) में राव वीरमदेव का देहांत हो गया तब राव जयमल्ल मेड़ते की गद्दी पर आसीन हुए। गद्दी पर आते ही उन्होंने अपनी बहन मीरांबाई को द्वारिका से लिवा लाने के लिए अपने विश्वासपात्र राजकर्मचारी और प्रजाजनों को भेज दिया। ...इस प्रकार पीहर और ससुराल दोनों

राज्यों की ओर से मीरांबाई को पुनः सत्कारपूर्वक वापस बुलाने का प्रबंध किया गया।... मीरांबाई के लिए यह धर्म संकट हो गया।... मीरांबाई ने जब उन लोगों का प्रस्ताव अस्वीकार कर दिया तब जागीरदार, राजकर्मचारी, ब्राह्मणादि प्रजाजनों ने सत्याग्रह आरंभ किया। और वहीं धरना देकर बैठ गए। मीरांबाई ने सबको बहुत समझाया परंतु सब व्यर्थ हुआ। अंत में मीरांबाई ने सब को कहा कि इस परिस्थिति में मेरे कर्तव्य के लिए मैं निज मंदिर में जाकर श्री द्वारिकाधीश की आज्ञा ले आती हूं, तब तक आप लोग यहीं भजन करते रहें।... यह कहकर मीरांबाई निजद्वार के भीतर चली गई और द्वार बंद कर दिया। ...दूसरे क्षण दौड़कर वह प्रभु के निकट पहुंच गई और श्यामसुंदर ने उसे अपने हृदय से लगा लिया—अपने दृढ़ बाहुपाश में बांध लिया।... ज्यों जल में गिर जाने पर लवण धीरे-धीरे जल के साथ एक रूप हो जाता है त्यों मीरांबाई शनैः-शनैः प्रभु में विलीन हो गई। प्रभु ने उसे अपने सारे अंगों में समा लिया। भगवती मीरांदेवी की अवतार-लीला समाप्त हो चुकी, उसने सारूप्य मुक्ति पा ली अर्थात अपने आनंदस्वरूप। (स्वामी आनंदस्वरूप, मीरां सुधा-सिंधु पृ. 66-70)

73. कुछ इतिहासकार कहते हैं कि वह चित्तौड़ दुर्ग की लाखोटा बारी से भाग गया था।
74. परिता मुक्ता, अपहोल्डिंग द कॉमन लाइफ, पृ. 230
75. रूप की निकाई भूप 'अकबर' भाई हिये, लिये संग तानसेन देखिबे कों आयो है।
    निरखि निहाल भयो, छबि गिरिधारीलाल,
    पद सुखजाल एक तब ही चढ़ायो है।
76. रूप की निकाई भूप अकबर भाई
    बिलायत के पातसाह ने हिंद के पातसाह को लिख्यो कि अपने देश का मेवा सुंदर सरूप होय सो लिखियो। तब लिखा वृजवासी नंद ग्वाल को फरजंद एक कन्हैया नाम है जाकै रूप के ऊपर अनेक ईस्त्री बावली भई हैं। ओर टेडी एक फल बड़ा मेवा होय है सो पथिकन को बरबस अटकावै है। कहै कि षाय कें जावो। सो उन्ह के मत में भी कन्हैया सुंदर है। सो देखन अकबर पातसाह तानसेन समेत गीरधारीजी छवि को मगन होय गया।
77. भूप अकबर रूप सुन्यौ अति तानहिसेन लिये चलि आयौ।
    देषि कुस्याल भयो दबि लालहि एक सबद्द बनाइ सुनायौ।
78. निरंजन भगत, मीरां, पृ. 27-30
79. नाभादास, भक्तमाल सटीक (श्री वेंकटेश्वर प्रेस), पृ. 227
80. प्रियादास, श्रीभक्तमाल, पृ. 714
81. चौरासी वैष्णवन की वार्ता (वेंकटेश्वर प्रेस), पृ. 163
82. चौरासी वैष्णवन की वार्ता, भाग 2, पृ. 61
83. मुहता नैणसीरी ख्यात, बदरीप्रसाद साकरिया (सं.), पृ. 1-97
84. बांकीदासरी ख्यात, पं. नरोत्तमदास स्वामी (सं.), पृ. 1-86

85. वही, पृ. 87–108
86. मीरां के जीवन से संबंधित शोध सामग्री का अध्ययन (लघु शोध–प्रबंध), पृ. 87–144
87. वही (लघु शोध–प्रबंध), पृ. 1–154
88. सी.एल. प्रभात, मीरा : जीवन और काव्य, पृ. 67
89. वही, पृ. 62
90. सी.एल. प्रभात, मीरा : जीवन और काव्य, पृ. 69–81

अध्याय : दो

पुरातात्त्विक स्रोत सामग्री

मीरां को मेवाड़ की कुलवधू बनाना विशिष्ट राजनीतिक जरूरत का परिणाम था। राणा सांगा यह अच्छी तरह समझते थे कि राठौड़ों को साथ लिये बिना दिल्ली के तख्त पर कब्जा करने का स्वप्न किसी भी सूरत में पूरा नहीं किया जा सकता। राणा सांगा द्वारा मीरां को मेवाड़ की कुलवधू बनाना, राठौड़ों की एक महत्त्वपूर्ण शाखा मेड़तिया राठौड़ों को अपने पक्ष में करने के उद्देश्य से प्रेरित था। कुलवधू के रूप में मीरां को मेवाड़ में एक विशिष्ट राजनीतिक हैसियत प्राप्त थी। मीरां को अपने ससुर द्वारा पुर तथा मांडल के परगने प्रदान किए गए थे, जिसके राजस्व का उपयोग मीरां अपनी निजी जरूरतों के अलावा अन्य कार्यों में भी किया करती थी। चित्तौड़ स्थित मीरां मंदिर का निर्माण पुर तथा मांडल से प्राप्त राजस्व से ही हुआ था। मीरां मंदिर के बारे में एक दूसरा तर्क यह भी दिया जाता है कि चूंकि इसी मंदिर में मीरां अपने इष्ट देव कृष्ण की आराधना किया करती थी अतः उसका नाम मीरां मंदिर पड़ा।[1] वास्तव में देखा जाए तो दोनों ही तर्क सही प्रतीत होते हैं। राजपूताने में ऐसे अनेक उदाहरण मौजूद हैं, जिनमें युवरानियों ने अपने राजस्व का उपयोग निर्माण कार्यों में किया हो। अर्बुद पर्वत स्थित सास-बहू का मंदिर इसका उदाहरण है। बहुत कुछ संभव है चित्तौड़गढ़ स्थित मीरां मंदिर का निर्माण भी मीरां ने ही करवाया हो। यदि ऐसा है तो चित्तौड़ राजघराने में युवरानी के रूप में मीरां की क्या हैसियत रही होगी इसका सहज ही अनुमान लगाया जा सकता है। यदि ऐसा नहीं भी है एवं केवल मीरां के वहां आराधना करने के कारण उस मंदिर का नामकरण मीरां मंदिर हुआ हो तब भी जनसाधारण में मीरां कितनी लोकप्रिय रही होगी, इसका अनुमान लगाया जा सकता है। हमारे देश में परंपरा है कि भवनों व मंदिरों का नाम प्रायः उनके निर्माताओं के नाम पर रख दिया जाता है। इस तर्क के आधार पर भी कहा जा सकता है कि मीरां मंदिर का निर्माण मीरां ने स्वयं को प्राप्त राजस्व से ही करवाया है।

मीरां मंदिर के उत्तर में वाराह का मंदिर स्थित है। अपने आकार तथा भव्यता में यह मंदिर मीरां मंदिर से काफी विशाल तथा मुख्य मंदिर परिसर के केंद्र में

स्थित है। इसके चारों तरफ़ कुछ छोटे-छोटे मंदिर निर्मित हैं, जिनका निर्माण भिन्न-भिन्न निर्माताओं द्वारा हुआ है। वाराह मंदिर जैसे विशाल मंदिर का निर्माण किसी युवरानी की क्षमता से बाहर की बात थी। इस आधार पर भी मीरां मंदिर के आकार-प्रकार को देखते हुए विश्वास किया जा सकता है कि मीरां मंदिर का निर्माण युवरानी की सीमाओं के भीतर था।[2] मीरां मंदिर का निर्माण यदि मीरां ने नहीं भी करवाया होगा तब भी इतना तो निश्चित है कि इसका निर्माण काल मीरां का काल ही रहा है एवं मीरां पर अध्ययन के संदर्भ में इसकी महत्ता तब और भी बढ़ जाती है जबकि हमें मालूम है कि मीरां अपने आराध्य देव कृष्ण की यहीं आराधना किया करती थी।

मीरां मंदिर हमें उस समय के महत्त्वपूर्ण पुरातात्त्विक साक्ष्य उपलब्ध कराता है। कहा जाता है कि इस मंदिर में भगवान कृष्ण की जो मूर्ति पूजी जाती थी, वह मुरलीधर कृष्ण की मूर्ति थी। मुरलीधर कृष्ण की पूजा वैसे तो एक साधारण घटना प्रतीत होती है किंतु यदि हम तत्कालीन मेवाड़ की धार्मिक स्थिति का अध्ययन करें तो निश्चित तौर पर यह एक क्रांतिकारी कदम था। मुरलीधर कृष्ण से पहले मेवाड़ में जितने भी देवी-देवताओं की मूर्तियां स्थापित थीं उनका संबंध किसी न किसी रूप में शास्त्रीय धर्मों से था। वास्तव में कृष्ण की मूर्ति ही वहां एक ऐसी पहली मूर्ति थी जो वस्तुत: शास्त्र से दूर लोक के ज्यादा नजदीक थी। इससे पूर्व मेवाड़ में कृष्ण पूजा के कोई पुरातात्त्विक साक्ष्य नहीं मिलते हैं। बीकानेर के राजकीय संग्रहालय में यद्यपि गिरधर कृष्ण की मूर्ति मिलती है, जिसमें कृष्ण ने गिरि को तर्जनी पर उठा रखा है एवं सारे नगरवासी गिरि की ओट में इंद्र के कोप से स्वयं की रक्षा कर रहे हैं। गिरि के चारों तरफ़ घनघोर वर्षा हो रही है तथा गिरि की ओट से शरण प्राप्त पुरवासी भयभीत किंतु प्रसन्नचित्त हैं। गिरधर कृष्ण की यह मूर्ति रंगमहल, बीकानेर से प्राप्त हुई थी। पुरातत्त्ववेत्ताओं ने इसका समय आरंभिक गुप्त काल बताया है। इस मूर्ति की एक अन्य विशेषता कृष्ण एवं पुरवासियों का लोक रंग लिये हुए होना है।[3] इसकी कथा पुराणों से ग्रहण की गई है।

अत: यह कहना कि मीरां ने कृष्ण-भक्ति को लोकप्रिय बनाया अतिशयोक्ति होगी तथापि यह सत्य है कि न केवल मेवाड़ में वरन् शेष राजपूताने में भी कृष्ण-भक्ति का प्रचलन अधिक न था। यद्यपि कृष्ण के विरोधाभासी व्यक्तित्व का आकर्षण सारे जनमानस में विद्यमान था तथापि बतौर महानायक ही कृष्ण आम जनता में लोकप्रिय थे। कृष्ण की वीरता, नटखटपन अथवा लीलाओं से आमजन का परिचय तो था (एक नायक के रूप में ही, ईश्वरीय शक्ति के रूप में नहीं)। इस समय जो देवता लोकप्रिय थे उनमें वाराह, शिव, सूर्य तथा शक्ति का विशेष स्थान था। इन प्रमुख देवताओं के अलावा यम, लक्ष्मी, गौरी, ब्रह्मा, भैरव, गणपति आदि गौण देवताओं की भी लोकप्रियता कम न थी। गरुड़, कार्तिकेय, रेवंत आदि को

पूजा तो नहीं जाता था तथापि मूर्ति शिल्प में उन्हें स्थान अवश्य मिलता था। इन ब्राह्मण देवताओं के अलावा लोक में जैन तथा बौद्ध धर्म का भी व्यापक प्रसार था।[4]

जिस समय मीरां राणाजी से ब्याह कर मेवाड़ आई थीं उस समय तक मेवाड़ में भी कृष्ण-भक्ति के प्रसार के कोई पुरातात्त्विक साक्ष्य अथवा चिह्न उपलब्ध नहीं होते हैं। पुरातत्त्ववेत्ताओं की मान्यता है कि मीरां के समय तक मेवाड़ में कृष्ण-भक्ति का विकास नहीं हुआ था। कृष्ण-भक्ति का विकास मेवाड़ में बाद के समय में ही देखने को मिलता है। उस समय तक मेवाड़ में जिन देवताओं की पूजा प्रचलित थी उनमें सूर्य, शक्ति, शिव तथा विष्णु का विशेष स्थान था। मेवाड़ राजवंश शैव था तथा वे स्वयं को सूर्य का वंशज बताते हैं। शिव की लिंग रूप में, शक्ति की कालिका के रूप में, विष्णु की वाराह रूप में तथा सूर्य की मूर्ति रूप में पूजा होती थी।

तत्कालीन मेवाड़ की धार्मिक स्थिति, सामाजिक मान्यताओं तथा राजनीति का अवलोकन करें तो मीरां का कृष्ण-भक्त होना कुछ आश्चर्यजनक है। इसे प्रामाणिक तौर पर कहा जा सकता है कि मीरां का कृष्ण-भक्त होना व्यक्तिगत आस्था का परिणाम न होकर सामाजिक, राजनीतिक तथा व्यक्तिगत जरूरत का परिणाम था। मीरां का समय धार्मिक आडंबरों, सामाजिक कुरीतियों तथा राजनीतिक अवसरवादिता का युग था। स्त्रियों की दशा अच्छी न थी। सती प्रथा का आमतौर पर प्रचलन था। राजकीय संग्रहालय, उदयपुर में एक सती स्तंभ मिलता है। यह सती स्तंभ संवत् 1471 का है। एक पुरुष योद्धा इस स्तंभ पर अंकित किया गया है, जो तीव्र गति से दौड़ते हुए घोड़े पर बैठा हुआ है एवं उसके हाथ में एक भारी भाला है। उसकी आंखों से रोष टपक रहा है। इस पुरुष के नीचे नागरी लिपि में खुदे हुए लेख में बताया गया है कि आषाढ़ वदी 14 संवत्, 1471 को नाथीबाई सती हुई जिसका पति कोई राठौड़ राजपूत लड़ते हुए वीरगति को प्राप्त हुआ। इस सती का पति चूंकि लड़ते हुए वीरगति को प्राप्त हुआ था अतः उसे वीरसती कहा गया।[5] इसी प्रकार बीकानेर के राजकीय संग्रहालय में भी सती स्तंभ मिले हैं, जिनका संबंध मंडलाजी तथा सवाई सिंह की मृत्यु से है। मंडलाजी राव बीकाजी के चाचा थे। यह सती स्तंभ विक्रम संवत् 1505 का है एवं सारुंडा, बीकानेर से प्राप्त हुआ था। दूसरा सती स्तंभ कुछ बाद विक्रम संवत् 1747 का है एवं भांडासर मंदिर, बीकानेर से प्राप्त हुआ था।[6] राजपूताने के कोने-कोने में ऐसे अनेक सती स्तंभ मिल जाएंगे। इन सती स्तंभों का समय वही समय है, जब मीरां का प्रादुर्भाव हुआ था। कुंवर भोजराज की मृत्यु के बाद मीरां को भी सती होने के लिए प्रेरित किया गया किंतु मीरां ने सती होने से साफ इनकार कर दिया। इस संबंध में मीरां का एक पद प्रचलित है—

मीरां रै रंग लाग्यो हरि को
और सब सा अटक परी।

गिरधर गास्यां सती न होस्यां
मारौ मन मोह्यो घननामी
जेठ बहू को नातों न राणाजी
महै सेवक थै स्वामी
गिरधर कंत गिरधर धणी
मारे मा बाप तो वोई
थै थारै करै मैं मारै राणाजी
यू कैंवे मीरांबाई।[7]

सती होने से इनकार करने के पीछे मीरां का तर्क था कि वह किसी कुंवर को नहीं वरन् कृष्ण को अपना पति मानती है। कृष्ण अजर अमर है एवं न कभी कृष्ण मरेंगे, न मीरां विधवा होगी एवं न ही वह सती होगी।

मीरां के समय तक सतीप्रथा कितना वीभत्स रूप ले चुकी थी इसका अनुमान राजकीय संग्रहालय, उदयपुर के 'जहाजपुर अभिलेख' से लगाया जा सकता है। महाराणा पृथ्वीराज द्वितीय के समय का यह अभिलेख अन्य सती स्तंभों के समान ही एक सती स्तंभ है। जिसका समय विक्रम संवत् 1226 दिया गया है। इस अभिलेख में सामूहिक रूप से सती होने वाली स्त्रियों के नाम दिए गए हैं। इनमें सतुन देवी, जिलिन देवी, पातल देवी, सिरिल देवी, सिलिश्री, रतन देवी, के नाम अंकित हैं। अन्य सती स्तंभों की तरह लौहारी, जहाजपुर से प्राप्त इस अभिलेख के ऊपर भी पुरुषाकृतियां खुदी हुई हैं।[8] अनुमान किया जा सकता है कि विक्रम संवत् 1626 तक मेवाड़ में सामूहिक रूप से भी स्त्रियों को सती किया जाने लगा था। राजपूतों के युद्ध में जाने से पहले उनकी स्त्रियों द्वारा सामूहिक रूप से आत्मदाह की घटना को 'जौहर' कहा जाता था। यह जौहर वस्तुतः सामूहिक सती प्रथा का ही विस्तार था। कभी-कभी एक ही जगह एकत्र न होकर अलग-अलग महलों में भी सामूहिक रूप से सती होने अथवा जौहर का आयोजन किया जाता था।

मालवा स्थित चंदेरी दुर्ग में भी एक सती स्तंभ एवं छतरी मिलती है। यह सती स्तंभ बैजू बावरा की समाधि के ठीक निकट स्थित है। आक्रमणकारियों द्वारा चंदेरी दुर्ग पर आक्रमण के साथ ही इस दुर्ग की राजपूत स्त्रियों ने 'जौहर' अथवा सामूहिक सती उत्सव का आयोजन किया था। उसी की स्मृति स्वरूप यह स्मारक निर्मित किया गया। इन सती स्तंभों से इस निष्कर्ष तक पहुंचना आसान है कि उस पूरे प्रदेश अर्थात् पश्चिम-मध्य भारत जिसमें मेवाड़, मारवाड़, मालवा एवं गुजरात के प्रदेश आते हैं कि राजपूत जातियों में सती प्रथा का प्रचलन आम था एवं उसे गौरवान्वित किया जाता था। इस प्रथा को अंधविश्वास के सहारे और अधिक सुदृढ़ एवं स्थायी बना दिया गया था जैसा कि चंदेरी दुर्ग के सती स्तंभ से पता चलता है। इस दुर्ग में जो सती स्तंभ बना हुआ है उसमें मुख्य रूप से तीन प्रकार के चित्रों को उत्कीर्ण

किया गया है। सबसे नीचे स्थित चित्र में राजपूत स्त्रियों को सती होते हुए दिखाया गया है, इसके ऊपर युद्ध का दृश्य उत्कीर्ण है एवं सबसे ऊपर राजपूत योद्धाओं को उनकी स्त्रियों के साथ स्वर्ग में शिवलिंग की आराधना करते हुए दिखाया गया है। अर्थात् इस प्रकार का अंधविश्वास सृजित किया जाता था कि यौद्धा युद्ध में मरकर तथा स्त्रियां सती होकर स्वर्ग में जाती हैं।[9] सारांश यही है कि मीरां जिस योद्धा जाति से संबंधित थी वह रूढ़ियों, अंधविश्वासों एवं सती प्रथा जैसी बुराइयों से ग्रस्त थी। साथ ही साथ उस पूरे प्रदेश में अंधविश्वासों का बोलबाला था व स्त्रियों की हालत अच्छी न थी, मीरां ने इन्हीं अंधविश्वासों एवं कुरीतियों के विरुद्ध संघर्ष का ऐलान किया था।

मीरां की कर्मस्थली चित्तौड़ दुर्ग में स्थित श्मशानघाट के ठीक बगल में महासती स्थल अवस्थित है, जहां स्त्रियों को उनके पति के साथ सती किया जाता था। मेवाड़ महाराणाओं की सांस्कृतिक मोर्चे पर पराजय के साक्षी इस महासती स्थल अथवा जौहर कुंड के ठीक पास में कीर्ति स्तंभ बना हुआ है।[10] जौहर एवं सती प्रथा के पीछे निश्चित राजनीतिक उद्देश्य विद्यमान थे। राजपूताने की राजनीति एवं राजनीतिक षड्यंत्रों में अपने सामंत पतियों के साथ-साथ उनकी स्त्रियों की भी विशेष भूमिका रहती थी। उस समय मेवाड़ केंद्रीय शक्ति होने के कारण इन घटनाओं और षड्यंत्रों का केंद्र माना जाता था। सामंत अथवा कुंवरों की मृत्यु पश्चात् उसकी स्त्री को सती करके उसके तथा उसके परिवारवालों के राजनीतिक हस्तक्षेप से हमेशा-हमेशा के लिए मुक्ति प्राप्त कर ली जाती थी।

अनुमान किया जा सकता है कि चित्तौड़ दुर्ग में मीरां किस वातावरण में रह रही होगी। सती होने से इनकार करने एवं कृष्ण-भक्ति को अंगीकर कर उसने किस नैतिक साहस का परिचय दिया होगा। मीरां के ससुराल वाले शैव मतानुयायी एवं पीहर वाले वैष्णव मतानुयायी थे। अगर मीरां कृष्ण-भक्त न होकर शैव अथवा वैष्णव होती तो स्वयं के सती न होने देने का उनके पास एक भी तर्क नहीं रहता परंतु कृष्ण-भक्त बनकर वह कह सकती थी कि "मारो मन मगन स्याम लोग कह्यो भटकी।" कथा तो यह भी प्रचलित है कि शिव की पूर्वपत्नी 'सती' स्वयं अपने पिता के हवनकुंड में जलकर सती हो गई थी।

महासती कुंड के पास ही समिद्धेश्वर का मंदिर स्थित है। इस मंदिर में शिव को त्रिमूर्ति के रूप में पूजा जाता था। मंदिर की दक्षिण मुख्य प्रवेश की पश्चिमी दीवार पर गुजरात के चालुक्य नरेश कुमार पाल (मृत्यु-1207) का एवं दूसरी तरफ़ मंडप की पश्चिमी दीवार पर महाराणा मोकल (मृत्यु-1485) का शिलालेख मिलता है। 1428 में महाराणा मोकल ने मंदिर का जीर्णोद्धार करवाया था, तब से यह मोकलजी का मंदिर कहा जाने लगा था। इन शिलालेखों से मेवाड़ के क्षेत्रीय विस्तार तथा अंतर्देशीय संबंधों का ज्ञान होता है। मीरां के संबंध में इसकी उपयोगिता मीरां के पदों

का मध्यकालीन स्वरूप निर्धारित करने में सिद्ध होती है। उल्लेखनीय है कि मीरां के समय में मेवाड़ राज्य का क्षेत्रीय विस्तार वर्तमान मेवाड़ की तुलना में काफी अधिक था, जिसमें मालवा व गुजरात भी सम्मिलित थे एवं उतने ही निकट संपर्क में थे, जितने कि मारवाड़, गोड़वाड़ अथवा झालावाड़। इस दृष्टि से मीरां के पदों में गुजराती शब्दावली अनपेक्षित नहीं कही जा सकती। यहां तक कि उदयपुर के जगत शिरोमणि मंदिर स्थित शिलालेखों की भाषा भी गुजराती है।[11]

चित्तौड़ दुर्ग में मीरां का निवास-स्थल महाराणा महल में स्थित युवराज का महल था। मीरां की लोकप्रियता के कारण वहां के स्थानीय लोगों ने मीरां के निवास-स्थलों को मीरां महल ही नाम दे दिया। महाराणा महल वस्तुतः अनेक महलों से मिलकर बना है। इनमें सूरज गोखरा, कंवरपदे का महल एवं जनाना महल प्रमुख हैं। मीरां महल सहित अन्य सभी महल पत्थरों की सुदृढ़ दीवारों से बने हैं जो मध्यकालीन राजपूत स्थापत्य की विशिष्ट झलक प्रदान करते हैं।

महलों की बाह्य दीवारों को विभिन्न अलंकरणों द्वारा सुसज्जित किया गया था। इस महाराणा महल में मीरां के परदादिया ससुर कुंभा के समय अनेक परिवर्तन तथा परिवर्द्धन हुए एवं उसे कलात्मक स्वरूप प्रदान किया गया। मीरां के समय तक यह महल काफी विस्तृत हो चुका था एवं इसका राजसी वैभव लगातार बढ़ता जा रहा था।[12] इस समय राजपूताने का प्रत्येक राजघराना मेवाड़ की राजनीति में अपना प्रभुत्व जमाना चाहता था। देश में किसी केंद्रीय सत्ता के अभाव तथा गुजरात, मालवा एवं राजपूताने के केंद्र में स्थित होने के कारण मेवाड़ की शक्ति एवं प्रभाव बढ़ता जा रहा था। चित्तौड़ दुर्ग में हुए अधिकांश निर्माण कार्य इसी समय के हैं जो उस समय मेवाड़ राज्य के बढ़ते प्रभाव की सूचना देते हैं। राजपूताने का प्रत्येक महत्त्वाकांक्षी राजवंश मेवाड़ की गद्दी पर अपना प्रभुत्व जमाना चाहता था। महाराणा विक्रमादित्य द्वारा मीरां का उत्पीड़न इसी राजनीति का परिणाम था।

महाराणा महल में प्रवेश हेतु पूर्व में बड़ी पोल एवं त्रिपोलिया दरवाजे से होकर दक्षिण में स्थित खुले प्रांगण से होते हुए दरीखाने तक पहुंचा जाता था। यही दरीखाना मध्यकालीन मेवाड़ तथा राजपूताने की संसद थी जहां उत्सव-समारोह में मेवाड़ के प्रमुख जागीरदार आकर बैठा करते थे। मीरां महल तथा अन्य आवासीय परिसरों में प्रवेश हेतु यहीं से छोटे-छोटे प्रवेश द्वार बने हुए थे जहां महाराणा के संबंधियों के अलावा अन्य जागीरदारों का प्रवेश वर्जित था। मीरां महल पोलनुमा कमरों की कतार एवं एक बड़ी दीवार से दरीखाने से पृथक होता था।

महाराणा महल तथा मीरां महल के विस्तृत पुरातात्त्विक सर्वेक्षण से हमें मीरां के जीवन से संबंधित महत्त्वपूर्ण जानकारियां मिलती हैं। मीरां महल, महाराणा महल में मीरां के प्रभाव का द्योतक है। महाराणा महल में मीरां का रहना न केवल हाड़ा सामंतों के लिए असुविधाजनक था वरन् हाड़ाओं के भाणेज महाराणा विक्रमादित्य

के लिए भी कुढ़न का कारण था। महाराणा महल में मीरां ही एक ऐसा मंच थी जो राठौड़ सामंतों को मेवाड़ की राजनीति में सीधे हस्तक्षेप का अवसर प्रदान करती थी। ऐसे में बनवीर की यह पूरी-पूरी कोशिश थी कि मीरां के लिए ऐसी स्थिति पैदा कर दे कि या तो वह स्वेच्छा से चित्तौड़ छोड़ दे अथवा उसे विष देकर मार डाला जाए।

मीरां महल के पीछे दुर्ग की दीवार दिखाई देती है जिसके एक तरफ़ विशाल बुर्ज बना हुआ है। इस बुर्ज पर पहरेदार आठों पहर पहरेदारी किया करते थे। किसी भी सैनिक हलचल की सूचना महाराणा महल तथा युवराज के महल को तुरंत मिल जाती थी। सामने दरीखाना था जो दिन के समय राजनीतिक हलचल का केंद्र बिंदु था। इस प्रकार मीरां, महल में अपनी विशिष्ट स्थिति के कारण किसी भी राजनीतिक हलचल एवं सैनिक योजनाओं व राजनीतिक षड्यंत्रों के निकट संपर्क में थी। महाराणा महल तथा युवराज के महलों में कुछ छोटे-छोटे मंदिर भी थे। युवराज, महाराणा, युवरानी अथवा महारानी अपनी व्यक्तिगत आस्था के अनुरूप इन मंदिरों में मूर्तियां स्थापित एवं प्रतिस्थापित करते थे। सार्वजनिक मंदिरों में भी राजनीतिक उद्देश्यों से मूर्तियां स्थापित एवं राजनीतिक दृष्टि से फायदा नहीं होने की सूरत में पूर्व स्थापित मूर्ति को प्रतिस्थापित करके अन्य मूर्ति स्थापित कर दी जाती थी।

मेवाड़ के महाराणा स्वयं को सूर्यवंशी बताते हैं अत: चित्तौड़ में गुहिल वंश की स्थापना के साथ ही उन्होंने दुर्ग में विशाल सूर्य मंदिर का निर्माण करवाया। यह वह समय था जब विदेशी प्रभाव के कारण सूर्यपूजा अत्यंत लोकप्रिय थी। कालांतर में इस प्रदेश में शाक्तों का प्रभाव बढ़ा एवं शक्तिपूजा लोकप्रिय होने लगी तब मेवाड़ के महाराणाओं ने अपने पूर्व पुरुष सूर्य की मूर्ति हटाकर वहां कालिका मूर्ति स्थापित कर दी। आज भी सूर्य मंदिर में कालिका की मूर्ति स्थापित है। सूर्य मंदिर दुर्ग का प्राचीनतम मंदिर है जिसका अनेक बार जीर्णोद्धार करवाया गया। इस मंदिर के ठीक सामने एक तालाब है जिसके तट पर सूर्य पुत्र रेवंत का मंदिर स्थापित है। कहा जाता है कि रेवंत अपने पिता सूर्य की किरणों से इस तालाब जल की रक्षा करता था। मंदिर मंडप के प्रवेश द्वार के ठीक पास एक प्राचीन शिलालेख मिलता है। सदियों की वर्षा-धूप से यह जर्जरित हो चुका है अत: इसे पढ़ना कठिन कार्य है तथापि इस पर अंकित सूर्य का चिह्न साफ-साफ दिखाई देता है, इससे यह प्रमाणित होता है कि कालिका मंदिर पूर्व में सूर्य मंदिर था जिसे बाद में शाक्तों के प्रभाव में कालिका मंदिर में परिवर्तित कर दिया गया।[13] मंदिर मंडप के स्तंभों पर कुछ खुदे हुए लेख मिलते हैं जिनमें उस समय के प्रमुख शाक्तों तथा नाथों के नाम मिलते हैं। गर्भगृह के ठीक बाहर वाले स्तंभ पर नीचे की तरफ़ श्री एकलिंगजी तथा श्रीराम खुदा हुआ मिलता है। स्तंभों पर खुदे लेखों में उनकी खुदाई की तिथियां भी अंकित

हैं। इससे ज्ञात होता है कि ये लेख अलग-अलग समय में खुदे हैं। नाथों की गुरु-शिष्य परंपरा का उल्लेख करने वाले लेख परवर्ती प्रतीत होते हैं। मंदिर के सामने तालाब के किनारे मठ के भग्नावशेष मिलते हैं, यही योगियों का निवास-स्थल था। इसके पास ही सूर्य कुंड स्थित है।[14]

सूरजपोल पुराने समय में दुर्ग का मुख्य प्रवेश द्वार था। इससे आगे अद्भुदनाथ मंदिर है। इस मंदिर का मूर्ति-शिल्प बताता है कि यह पहले जैन मंदिर था। जैन धर्म का प्रभाव घटते ही इसे शिव मंदिर में परिवर्तित कर दिया गया। इसी प्रकार कुंभामहल के निकट श्रृंगार चंवरी को जैन धर्म के बढ़ते प्रभाव को देखते हुए संवत् 1505 तक जैन मंदिर में परिवर्तित किया जा चुका था। मंदिर के पश्चिमी द्वार स्तंभ के शिलालेख के अनुसार विदित होता है कि कोला मीरां के परदादिया ससुर कुंभा के कोषाध्यक्ष थे। कोला के पुत्र बेलका ने इस मंदिर को 1448 में बनवाया था तथा जिन सागर सूरी द्वारा इस मंदिर में शांतिनाथ की प्रतिष्ठा कराई गई थी।[15]

यह इमारत वस्तुतः महाराणा कुंभा की चंवरी (शादी मंडप) थी अतः इसका नाम श्रृंगार चंवरी पड़ा। जहां तक श्रृंगार रस का प्रश्न है वह यहां के मूर्ति शिल्प में दिखाई देता है। इस इमारत के आलों (कपाट) पर जैन मुनियों के नाम अंकित हैं। जिससे ज्ञात होता है कि बाद में इसे जैन मंदिर में परिवर्तित कर दिया गया था।[16]

जहां तक धर्म का प्रश्न है मेवाड़ राजवंश सहिष्णु कहा जा सकता है। इसके पीछे राजनीतिक कारण विद्यमान थे। महाराणा स्वयं को सूर्यवंशी बताते थे, उनका राजवंश शैव तथा उनके कुलदेव एकलिंग (शिव) भगवान थे, उन्होंने विष्णु मंदिरों का निर्माण करवाया था तथा जैन मंदिरों के निर्माण हेतु मंत्रियों को सहायता प्रदान करते थे। शाक्त, महाराणाओं की उदारता से प्रसन्न थे। राजनीतिक चक्रव्यूहों के निकट संपर्क में रहते-रहते मीरां में भी पर्याप्त राजनीतिक समझ पैदा हो चुकी थी। वह धर्म का बेहतर उपयोग करना जानती थी। कृष्ण-भक्ति का उपयोग उसने न केवल सती प्रथा जैसी बुराइयों से लड़ने में ही किया वरन् इसके माध्यम से मीरां ने स्वयं को लोक के साथ भी जोड़ा। तत्कालीन ज़रूरतों को देखते हुए मीरां का कृष्ण-भक्त होना ही पर्याप्त था अतः उसने स्वयं को किसी धर्म-संप्रदाय के साथ जोड़ना उचित नहीं समझा। अगर मेवाड़ के आंतरिक द्वंद्व में राठौड़ विजयी रहे होते तब भी यह राजनीतिक दृष्टि से अदूरदर्शितापूर्ण कदम था। जहां तक मीरां पर विभिन्न धर्म संप्रदायों के प्रभाव का प्रश्न है यह स्वाभाविक था। मेवाड़ के धार्मिक वातावरण को देखते हुए नाथों, जैनों से लेकर शैव-वैष्णवों तक के प्रभाव यदि मीरां में दिखाई दें, तो इसे आश्चर्य नहीं समझना चाहिए। मीरां का मूल उद्देश्य धर्म के माध्यम से स्त्री अधिकारों की चेतना पैदा करना था, न कि किसी शास्त्रीय मत का अनुसरण करना।

जहां तक चित्तौड़ दुर्ग का प्रश्न है, कुछ किस्मत वाले धानी-मानी अथवा राजनीतिक व धार्मिक दृष्टि से प्रभावशाली लोग ही इसमें प्रवेश पा सकते थे। इनमें से भी महाराणा महल में केवल चंद लोग ही प्रवेश पाते थे। महल के आंतरिक भागों में तो केवल प्रभावशाली सामंत व सगे-संबंधी ही जा सकते थे। इस आधार पर मीरां का जनता से वास्तविक संपर्क दुर्ग त्यागने के बाद ही स्थापित हुआ। इससे पहले तक लोगों का मीरां से परिचय तो था किंतु प्यार का विकास बाद में ही हुआ। इससे पहले मीरां की चर्चा केवल चित्तौड़ दुर्ग के पनघटों तथा मंदिरों तक ही सीमित थी।[17]

मीरां मंदिर के ठीक सामने एक संत की छतरी है। कहा जाता है कि यह छतरी रैदास की है तथा वे मीरां के गुरु थे। हमें ज्ञात है कि महारानियों ने स्वयं को प्रदान किए गए गांवों के राजस्व से कुछ निर्माण कार्य करवाए हैं। मीरां की एक सास जो कि झाला सामंत की बेटी थी किसी निर्गुण पंथी साधु की भक्त थी। संभव है इस छतरी का निर्माण अपने गुरु की स्मृति में उसी झाली रानी ने करवाया हो। मीरां के साथ इस छतरी के आधार पर रैदास का संबंध स्थापित करना गलत निष्कर्ष होगा।[18]

चित्तौड़ में जब गुहिल वंश की स्थापना हुई थी तब चित्तौड़ का शासक वर्ग लोक के अधिक नजदीक था। धीरे-धीरे वहां शास्त्रीयता का प्रभाव बढ़ता गया एवं शक्ति में वृद्वि के साथ ही वहां का शासक वर्ग लोक से दूर तथा शास्त्र तथा ब्राह्मणों के नजदीक होता गया। जहां आरंभिक शिलालेखों पर साधारण पशु-आकृतियां एवं चिह्न होते थे वहीं परवर्ती शिलालेख क्लिष्ट ज्योतिषीय चिह्नों से युक्त होते गए। इस बात से स्पष्ट होता है कि सत्ता प्राप्ति के साथ ही धीरे-धीरे मेवाड़ में कर्म-कांडियों का महत्त्व बढ़ता गया एवं शासक वर्ग शास्त्र के नजदीक होता गया।[19] मीरां की इन्हीं कर्म-कांडियों तथा शास्त्र के विरुद्ध लड़ाई थी। उसने धर्म को पुनः लोक से जोड़ने का प्रयास किया एवं कर्म-कांडियों से स्वयं को दूर रखा।

मीरां पर आरोप लगाया जाता है कि उसके पदों में सामाजिक चिंताओं का अभाव है। वास्तविकता यह है कि मीरां का संघर्ष अन्य भक्त कवियों के समान सीधा-सीधा समाज से न होकर उस सामंत वर्ग से था जो स्त्री-स्वतंत्रता को प्रतिबंधित कर कुल मर्यादा का अंकुश खड़ा करना चाहता था। उसका अधिकांश जीवन दुर्ग की सीमित सीमाओं में कैद था। उससे किसी बड़े सामाजिक आंदोलन की अपेक्षा करना मीरां एवं मध्यकालीन स्त्रियों के साथ ज्यादती होगी।

पुरातत्त्ववेत्ता चित्तौड़ तथा मेवाड़ के अन्य क्षेत्रों में मंदिरों, मूर्तियों, मठों के बाहुल्य को देखते हुए इस क्षेत्र को हिंदू संस्कृति का गढ़ मानते हैं। एक-दो फारसी शिलालेख तथा एक-दो मुस्लिम विजेताओं के निर्माण कार्यों के अलावा पूरे मेवाड़ में मुस्लिम आधिपत्य के कोई प्रत्यक्ष प्रमाण नहीं मिलते हैं। इस आधार पर मेवाड़

का पूरा क्षेत्र कभी भी मुस्लिम संस्कृति के सीधे संपर्क में नहीं आया।[20] यहां हिंदू-मुस्लिम सांस्कृतिक समन्वय की वैसी कोई समस्या नहीं थी, जैसा कि देश के अन्य भागों में। जाहिर है मीरां के काव्य में भी ऐसी किसी चिंता को ढूंढ़ना अनुचित होगा।

मीरां का बचपन भले ही मेड़ता में बीता हो किंतु उसका व्यक्तित्व निर्माण चित्तौड़ में ही होता है। लोक में प्रचलित किंवदंतियों के अलावा ऐसा कोई साक्ष्य नहीं है जिससे पता चलता हो कि मीरां की कृष्ण-भक्ति उसके बचपन का अनुराग था। केवल वैष्णव ग्रंथों तथा ब्राह्मणों द्वारा गढ़ी गई किंवदंतियों में ही मीरां के बचपन से ही कृष्णानुरागी होने का संकेत मिलता है। ऐतिहासिक विश्लेषण इसके विपरीत ही पड़ता है।

मेड़ता स्थित मीरां मंदिर जिसे निज मंदिर कहा जाता है अब पुरातात्त्विक दृष्टि से अनुपयोगी वस्तु रह गया है। नवीनीकरण के नाम पर समस्त पुरातात्त्विक साक्ष्य नष्ट कर दिए गए हैं एवं उनके स्थान पर सफेद मार्बल जड़ दी गई है। इस मंदिर के पीछे दूदा महल है। राव दूदा मीरां के दादा थे। इस दूदा महल में वर्तमान में एक सरकारी स्कूल चलता है। कमरों के निर्माण की प्रक्रिया में पुरातात्त्विक साक्ष्यों को बतौर ईंट-पत्थर चुनाई के काम में ले लिया गया है। सौभाग्य से मेड़ता के मीरां महल आज भी उपेक्षित किंतु जीवित हैं। मीरां की लोकप्रियता के कारण मेड़ता की स्थानीय जनता जिन्हें मीरां महल कहती है, वस्तुतः वह मेड़ता के सामंत का छोटा-मोटा महल था। चित्तौड़ दुर्ग के विशाल महलों की तुलना में मेड़ता का यह महल साधारण प्रतीत होता है। इससे मीरां के ससुराल पक्ष एवं पीहर पक्ष वालों की हैसियत में विशाल अंतर की कल्पना की जा सकती है। इस महल के पीछे तालाब तथा पनघट बना हुआ है। इस तालाब में आज भी बहुत सारे कमल-दल खिलते हैं। पनघट से अनुमान लगाया जा सकता है कि यह महल मेड़ता का केंद्र बिंदु था। मेवाड़ के सफेद पत्थरों के विपरीत यह महल स्थानीय लाल पत्थरों से बना है। महलों की बनावट में भी कुछ भेद हैं। महल के बाहर एक खंडहरनुमा मंदिर के अवशेष प्राप्त हुए हैं, तथा इसके पास ही पोल एवं दरीखाना स्थित हैं।[21]. चित्तौड़ के विशाल महलों की तुलना में मेड़ता का यह महल भले ही साधारण प्रतीत होता हो किंतु ध्यान रखना चाहिए कि जिस समय इन महलों का निर्माण हुआ था, साधारण जनता घास-फूस तथा गारे-मिट्टी के घरों में रहा करती थी। मीरां चाहे कुड़की रही हो, बाजोली रही हो अथवा मेड़ता उसका निवास स्थल इससे अधिक भव्य नहीं रहा होगा। जहां तक मेड़ता का प्रश्न है, मेवाड़ की तुलना में सूखा प्रदेश है किंतु यह मारवाड़ राज्य के श्रेष्ठतम प्रदेशों में से एक था। इसके विपरीत चित्तौड़गढ़ तालाबों व झरनों का अत्यंत हरा-भरा नगर था, जहां वर्षा के दिनों में मूसलाधार वर्षा होती थी एवं आसपास के घने जंगलों में खतरनाक जंगली जानवर विचरण किया करते

थे। मीरां का व्यक्तित्व निर्माण इसी हरे-भरे प्रदेश में हुआ था। इस प्रदेश का चप्पा-चप्पा मीरां की मधुर स्मृतियों से भरा पड़ा है।

मिथिला प्रदेश के मंदिर स्थापत्य में नेपाली स्थापत्य से साम्य देखने को मिलता है। दरभंगा के मनकामेश्वर मंदिर एवं कालिका मंदिर का स्थापत्य काठमांडू अथवा जनकपुर के मंदिरों से बहुत कुछ मिलता है। ठीक इसी प्रकार आमेर तथा जयपुर के मंदिरों का स्थापत्य मुगल स्थापत्य से उल्लेखनीय साम्यता रखता है। स्थापत्य की इस साम्यता से नेपाल तथा मिथिला एवं जयपुर व दिल्ली-आगरा प्रदेश के निकट संपर्क का प्रमाण मिलता है। ठीक इसी प्रकार चित्तौड़ दुर्ग के मंदिरों व महलों की स्थापत्य कला का अध्ययन करें तो यह स्थापत्य एक विशिष्ट स्थापत्य की झलक प्रस्तुत करता है जो शेष राजपूताने के मंदिर व भवन स्थापत्य से बहुत कुछ भिन्न प्रकार है। जहां अन्य प्रदेशों के स्थापत्य में मिश्रण के संकेत मिलते हैं वहीं चित्तौड़ दुर्ग व मेवाड़ के मंदिर स्थापत्य से पता चलता है कि मेवाड़ के स्थापत्य ने अपनी शुद्धता बनाए रखी है। इससे अनुमान लगाया जा सकता है कि मुगल एवं सल्तनत संस्कृति का प्रभाव मेवाड़ के समाज पर अन्य प्रदेशों की तुलना में प्रायः कम रहा है। निश्चय ही सांस्कृतिक समन्वय की वैसी कोई समस्या मेवाड़ में नहीं थी जैसे कि देश के अन्य भागों में। यही कारण है कि मीरां के काव्य में स्त्री-चेतना व संवेदना ही अधिक पाई जाती है। कबीर के काव्य में जो सामाजिक चिंताएं दिखाई देती हैं उसे मीरां के काव्य में ढूंढ़ना मीरां के साथ अन्याय है।

चित्तौड़ दुर्ग के अवलोकन से यह बात स्पष्ट होती है कि महलों की अपेक्षा मंदिरों व स्मारकों में मूर्ति शिल्प का उत्कृष्ट नमूना अधिक देखने को मिलता है। इसका कारण साफ था कि मंदिर व स्मारक सार्वजनिक स्थल पर हुआ करते थे। जहां प्रजाजनों का आवागमन लगा रहता था। अतः मीरां द्वारा मंदिर परिसर में अपनी गतिविधियों को बढ़ाना लोक के साथ संपर्क बढ़ाने तथा प्रजाजनों से सीधे संपर्क में आने की रणनीति का हिस्सा था। निःसंदेह प्रजाजनों के साथ मंदिर परिसर में ईश्वर की आराधना उसे लोकप्रिय बना रही थी। इस प्रकार मंदिरों, महलों एवं शिलालेखों के अध्ययन से मीरां के जीवन एवं समाज से संबंधित अनेक महत्त्वपूर्ण जानकारियां प्राप्त होती हैं।

मीरां युग के मूर्ति शिल्प के अध्ययन से न केवल मीरां के पदों को समझने में मदद मिलती है वरन् उस युग की सामाजिक चिंताओं व युगीन मानसिकता के अध्ययन में भी सहायता प्राप्त होती है। चित्तौड़ दुर्ग परिसर में स्थित विभिन्न मंदिरों जिसमें मीरां का मंदिर भी शामिल है, मूर्ति शिल्प तथा उस युग के अन्य मंदिरों के मूर्ति शिल्प के अध्ययन से हमें मीरां के युग व जीवन संबंधी महत्त्वपूर्ण जानकारियां प्राप्त होती हैं। मीरां के पद शुचितावादियों के लिए एक समस्या खड़ी कर देते हैं। मीरां को निश्चित तौर पर किसी शास्त्रीय भक्त परंपरा में वर्गीकृत करना मुश्किल हो

जाता है। मीरां भक्त तो थी पर वैसी भक्त न थी जैसे कि उस युग के अन्य भक्त हुआ करते थे। मीरां की भक्ति उसकी व्यक्तिगत एवं राजनीतिक जरूरत थी। ऐसे में मीरां ने उस युग में प्रचलित भक्ति के सरलतम रूप को चुना। तत्कालीन मूर्ति शिल्प हमें मीरां की भक्ति का स्वरूप और उस युग की भक्ति के स्वरूप को समझने में मदद करता है। साथ ही इन मूर्तियों के अध्ययन से उस युग के आचार-विचार, व्यवहार, रहन-सहन आदि की जानकारियां भी मिलती हैं।

उस युग की मूर्तियों में उत्कीर्ण आकृतियों में प्राय: निर्वस्त्र नायिकाएं मिलना स्वाभाविक है क्योंकि भारत गर्म जलवायु वाला प्रदेश है इसलिए आरंभ से ही कम वस्त्र पहनना यहां की सांस्कृतिक विशेषता रही है। मीरां का समकालीन बाबर भी इस बात का उल्लेख करता है। तत्कालीन मूर्ति शिल्प भी इसका पुष्ट प्रमाण प्रस्तुत करता है। प्राय: स्त्रियां कटिप्रदेश को छोड़कर शरीर के अन्य किसी हिस्से पर वस्त्र धारण नहीं करती थीं और आभूषणों को बहुतायत में उपयोग किया जाता था। ठीक इसके विपरीत ठंडे प्रदेशों में ठंड से बचने के लिए वस्त्रों को बहुतायत प्रयोग में लाया जाता है। परिणामस्वरूप अपने सांस्कृतिक प्रतिमानों के अनुरूप पाश्चात्य विद्वानों ने भारत के मूर्ति शिल्प को अश्लील बताया। यही आरोप मेवाड़, मारवाड़, गुजरात व मालवा के मूर्ति शिल्प पर भी लगाया जाता है। भारतीय सांस्कृतिक प्रतिमानों के अनुरूप देवताओं को नग्न एवं कामुक मुद्राओं में उत्कीर्ण करना अश्लीलता नहीं माना जाता था। उस पूरे प्रदेश जिससे मीरां संपर्क में थी, की सांस्कृतिक विशेषताओं का अध्ययन करें तो स्पष्ट होता है कि स्त्री-पुरुष तथा देवताओं की नग्नता को न तो किसी प्रकार की अश्लीलता समझा जाता था न ही ईश्वर से काम निवेदन को हेय माना जाता था।[22] मीरां का काम निवेदन भी उस युग की भक्ति का सामान्य हिस्सा होकर युग की सांस्कृतिक विशेषता थी।

बुंदेलखंड एवं मालवा की सीमा पर स्थित चंदेरी नगर से प्राप्त 11वीं एवं 12वीं सदी की गजलक्ष्मी, गरुड़ारूढ़ वैष्णवी, सरस्वती की मूर्तियां हों अथवा त्रिनेत्र शिव की नग्न प्रतिमा, शिवा, कात्यायनी आदि की मूर्तियां, सभी नग्न हैं। यहीं पर इसी समय की मैथुन मुद्रा की मूर्ति मिली है साथ ही अप्सराओं की मूर्तियां भी मिली हैं। अप्सराओं को देवी तुल्य सम्मान प्राप्त था एवं कई अवसरों पर उनकी पूजा होती थी।[23] गुजरात एवं मारवाड़ के अनेक स्थानों से भी ऐसी ही मूर्तियां प्राप्त हुई हैं। राजकीय संग्रहालय जोधपुर में देवी प्रतिमाएं तथा अन्य मूर्तियां इसी प्रकार की नग्न मूर्तियां हैं। राजकीय संग्रहालय बीकानेर में 10-11वीं सदी की जैन सरस्वती की मूर्ति प्राप्त हुई है। यह मूर्ति भी अनावृत है।[24] नागदा से प्राप्त 11-12वीं सदी की मूर्तियां जिनमें लक्ष्मी, यामा, सुरसुंदरी, सूर्य, अग्नि, लक्ष्मी नारायण, रुद्र, पार्श्वनाथ, चंडिका तथा वैष्णवी की मूर्तियां प्रमुख हैं, नग्न कही जा सकती हैं। इसी प्रकार जगत तथा नागदा से प्राप्त 15-16वीं सदी की मूर्तियां जिसमें

विष्णु, सरस्वती, इंद्र, वैष्णवी देवी व नृत्य सरस्वती की मूर्तियां प्रमुख हैं, नग्न मूर्तियां कही जा सकती हैं।[25] राजकीय संग्रहालय उदयपुर से प्राप्त 11वीं से 16वीं सदी तक की ब्राह्मणी, शिव-पार्वती, लक्ष्मी, क्षेमकरी, जैन पदमावती, सुरसुंदरी आदि मूर्तियां भी नग्न ही हैं। ये समस्त मूर्तियां मेवाड़ के विभिन्न प्रदेशों कल्याणपुर, जगत, नागदा आदि से एकत्र की गई हैं। संग्रहालय में मुरलीधर कृष्ण की मूर्ति मिलती है। पुरातत्त्ववेत्ताओं ने इसका समय 18वीं सदी निर्धारित किया है। इससे स्पष्ट होता है कि मेवाड़ व आसपास के प्रदेशों में मीरां से पूर्व कृष्ण-भक्ति का प्रचलन नहीं था।[26]

मेवाड़ तथा समीपवर्ती प्रदेशों से प्राप्त इन मूर्तियों के अध्ययन से स्पष्ट होता है कि कम वस्त्र धारण करना मीरां के युग की विशेषता थी तथा काम-प्रसंगों व काम निवेदनों को सम्मान की दृष्टि से देखा जाता था। चित्तौड़ की राजनीति को देखते हुए कहा जा सकता है कि राजमहल, मीरां की कृष्ण-भक्ति को नई परंपरा मानकर शंका की दृष्टि से अवश्य देखता रहा होगा किंतु मीरां द्वारा कृष्ण के प्रति काम निवेदन को व्यापक लोक स्वीकृति प्राप्त थी। इससे इस निष्कर्ष तक पहुंचना भी सही प्रतीत होता है कि राजमहल द्वारा मीरां का उत्पीड़न लोक मर्यादा का प्रश्न ज्यादा नहीं था वरन् मर्यादा के प्रश्न से कहीं ज्यादा इसके पीछे राजनीतिक स्वार्थ थे। यदि यह मान लिया जाए कि लोक मर्यादा के उल्लंघन के कारण मीरां का उत्पीड़न हुआ तब ऐसी स्थिति में मीरां की छवि एक कृष्णातुर भक्त से ज्यादा नहीं होगी। इसके विपरीत यदि हम मीरां की कृष्ण-भक्ति को तत्कालीन सामाजिक-राजनीतिक जरूरतों के संदर्भ में विश्लेषित करें तो इस सत्य से परदा उठने लगता है कि राजमहल द्वारा मीरां का विरोध राजनीतिक कारणों से ज्यादा हो रहा था। इन्हीं कारणों में मीरां द्वारा सतीप्रथा का विरोध, कृष्ण-भक्ति एवं कृष्ण के प्रति काम निवेदन जो मीरां की जेंडर अस्मिता को व्यक्त कर रहा था, सम्मिलित थे। जिसे आगे चलकर मान-मर्यादा के प्रश्नों से जोड़ा गया। परवर्ती काल में विभिन्न किंवदंतियों के माध्यम से मान-मर्यादा के प्रश्न को इतना अधिक महत्त्व दिया गया कि मीरां की छवि धीरे-धीरे एक क्रांतिकारी राजपूत स्त्री से ज्यादा पागल कृष्ण-भक्त के रूप में निर्मित हो गई।

मीरां की राजनीतिक व सामाजिक सक्रियता को सीमित करने के उद्देश्य से मीरां की गतिविधियों को लेकर मान-मर्यादा का प्रश्न अवश्य उठाया गया होगा किन्तु तत्कालीन भक्ति के स्वरूप को देखते हुए यह निश्चित तौर पर कहा जा सकता है कि मीरां की भक्ति को व्यापक लोकस्वीकृति प्राप्त थी जैसा कि मेवाड़ व निकटवर्ती प्रदेशों के मूर्ति शिल्प के अध्ययन से प्रमाणित होता है।

उस युग के मूर्ति शिल्प के अध्ययन से धीरे-धीरे इस सत्य से भी परदा उठने लगता है कि तत्कालीन समाज ईश्वर को किसी परम शक्ति से ज्यादा, साधारण

जन संस्कृति का ही हिस्सा मानता था। चित्तौड़ स्थित मीरां मंदिर में सूर्य को प्रायः उसके दोनों पुत्रों के साथ उत्कीर्ण किया गया है। इसी प्रकार मंदिर की दीवारों पर सूर्य की मूर्ति को पहचानने के लिए भी प्रायः इस पद्धति को काम में लाया जाता था कि यदि मूर्ति के साथ कोई छोटी शिशु आकृति बनी हुई है तब वह सूर्य है अन्यथा कोई अन्य देव। लक्ष्मी को प्रायः एक अमीर स्त्री के रूप में उत्कीर्ण किया गया। एक इतनी अमीर स्त्री जो हाथी तक रखने की क्षमता रखती थी। उल्लेखनीय है कि सामंती युग में हाथी रखना विशेषाधिकार समझा जाता था एवं उसके लिए राज्यादेश प्राप्त किया जाता था। इसी प्रकार विष्णु को एक गंभीर, सुसंस्कृत पुरुष के रूप में उत्खनित किया गया। शिव-पार्वती को एक ऐसे लोकप्रिय दंपति के रूप में उत्कीर्ण किया गया है, जिनमें आपस में असीम प्रेम है। और यह तब है, जबकि शिव स्वयं ज्यादा अमीर नहीं है, स्वभाव से भोले एवं फक्कड़ हैं। लक्ष्मी एवं पार्वती की मूर्तियां रूप आकार-प्रकार व स्वरूप में एक होते हुए भी उनमें सूक्ष्म अंतर विद्यमान रहता था। जहां लक्ष्मी को सुडौल काया वाली स्त्री के रूप में उत्कीर्ण किया जाता था वहीं पार्वती का पेट मामूली बड़ा बनाया जाता था। इस प्रकार पेट को ध्यान में रखकर भी हम मूर्तियों की पहचान कर सकते थे। निःसंदेह प्रत्येक देव अथवा देवी की मूर्ति विशिष्ट शिल्पगत प्रतिमानों का अनुसरण करते हुए अपना एक विशिष्ट चरित्र रखती थी।[27] मूर्ति विशेष के इसी विशिष्ट चरित्र के आधार पर भक्त अपने ईश्वर अथवा ईष्ट देव का निर्धारण करता था एवं उस भाव-विशेष के प्रति अपनी भक्ति अर्पित करता था। ऐसे में इस बात की पूरी-पूरी संभावना है कि युगीन एवं समाज की मानसिकता में परिवर्तन के साथ-साथ जहां कुछ देव लोकप्रिय हो जाते थे तो कुछ देव हासिए पर चले जाते थे। मेवाड़ के संदर्भ में भी यह इतना ही सत्य है। आरंभ में यहां सूर्य-पूजा लोकप्रिय थी, धीरे-धीरे इसका स्थान लिंग-पूजा ने ले लिया। मीरां ने उस युग की मानसिकता को समझते हुए कृष्ण-भक्ति को लोकप्रिय बनाया एवं कृष्ण के चरित्र को अपनी जरूरतों के अनुसार ढाला। उस युग के मूर्ति शिल्प की प्रमुख विशेषता मूर्तियों की चरित्रगत विशेषता थी एवं मूर्ति-पूजा वस्तुतः चरित्र विशेष की आराधना का ही एक स्वरूप था।

मीरां के युग तक आते-आते भक्ति बौद्धिक विमर्श का हिस्सा नहीं रह गई थी। भक्त, भगवान को अपने जैसा एवं स्वयं से विशिष्ट अथवा पृथक नहीं मानता था। भगवान प्रायः समाज का ही हिस्सा हुआ करता था। कभी-कभी तो इन भगवानों की स्वरूप कल्पना में देशी रंग-ढंग तक हावी हो जाता था। बीकानेर स्थित करणी माता का रूप एवं पहनावा स्थानीय स्त्री के पहनावे जैसा ही है।[28] ठीक इसी प्रकार अन्य स्थानों के मूर्ति शिल्प में भी देव मूर्तियों को देशी रंग में ढाल दिया जाता था। इसका अर्थ यही था कि भगवान भक्त से विशिष्ट न होकर उन्हीं में

से एक है, यहां तक कि रंग-ढंग एवं रूप-स्वरूप में भी। जिस प्रकार से समाज के किसी व्यक्ति विशेष के रिश्तेदार-नातेदार होते थे—पुत्र-पुत्रियां, स्त्री-श्वसुर एवं माता-पिता आदि। उसी प्रकार ईश्वर के भी अपने नातेदार-रिश्तेदार पुत्र, पत्नी आदि सगे-संबंधी होते थे। इन सगे-संबंधियों के भी विशिष्ट चरित्र होते थे। कुछ प्रसन्नमना थे, तो कुछ गुस्सैल, तो कुछ गंभीर। जिस प्रकार हमें समाज में चारों तरफ़ भिन्न-भिन्न चरित्र के लोग मिल जाते हैं, ठीक उसी प्रकार ईश्वरीय चरित्रों में भी उस काल में भिन्नता देखी जा सकती थी। सूर्य मंदिर, चित्तौड़गढ़ में सूर्य मंदिर के पृष्ठभाग की छत पर ब्रह्मा को दाढ़ी युक्त उत्कीर्ण किया गया है। कुंभश्याम मंदिर के शिखर पर गरुड़ को एक ऐसे अर्द्धमनुष्य पक्षी के रूप में उत्कीर्ण किया गया है, जो संकेत पाते ही उड़ने के लिए उद्धृत है। निःसंदेह मीरां युग के मूर्ति शिल्प के अध्ययन से हम इस निष्कर्ष पर पहुंचते हैं कि मीरां एवं मीरां के युग की भक्ति किसी परम तत्त्व का विवेचन विश्लेषण न होकर, किसी चरित्र एवं भाव विशेष के प्रति लगाव अथवा भक्ति थी। मीरां की भक्ति भी वस्तुतः कृष्ण के उस चरित्र विशेष के प्रति लगाव ही था, जिसे चाहे कृष्ण-भक्ति का नाम दें अथवा कृष्ण के प्रति श्रद्धा कह दें। कृष्ण के ही प्रति मीरां की श्रद्धा अथवा लगाव क्यों था इसका उत्तर पहले ही दिया जा चुका है। निःसंदेह कृष्ण के उस चरित्र के प्रति मीरां का लगाव उन शुचितावादियों के प्रति विद्रोह भी था जो किसी स्त्री द्वारा अपने पति अथवा प्रेमी के न रहने पर अथवा उसकी उपस्थिति में किसी अन्य पुरुष से प्रेम अथवा विवाह के आग्रह का निषेध करते थे। इसका उद्देश्य एक ही था हर स्थिति में स्त्री को पुरुष के अधीन रखा जाए।

मीरां के युग में इहलौकिक एवं पारलौकिक प्रश्नों को सर्वथा नवीन संदर्भों में विश्लेषित किया जाने लगा था। जहां पूर्ववर्ती युगों में ईश्वर को परब्रह्म परम शक्ति माना जाता था तथा इस शक्ति एवं मनुष्य के परस्पर संबंधों पर गहन शोध ही संपूर्ण आध्यात्मिक विवेचन का एक हिस्सा हो गया था। दर्शन से संबंधित बड़ी-बड़ी बातें एवं बहसें जहां उपयोगिता की दृष्टि से आमजन के लिए सवर्था निरर्थक साबित हो रही थी वहीं इन प्रश्नों के मूल में दर्शन की शुष्कता तथा रसहीनता आमजन को इहलौलिक व पारलौकिक प्रश्नों के दार्शनिक विवेचन से ऊबा रही थी। मीरां के समय तक आते-आते समाज की मानसिकता में आमूल-चूल परिर्वतन होने लग गया था। तत्कालीन मूर्ति शिल्प के अध्ययन से हमें मीरां युग के समाज की मानसिकता एवं भक्ति के स्वरूप को समझने में उल्लेखनीय मदद मिलती है। चित्तौड़ दुर्ग में स्थित श्रृंगार चंवरी की बाहरी दीवारों पर स्त्री आकृतियां उत्कीर्ण हैं एवं उसमें दो स्त्रियां अपने शिशुओं को स्तनपान करा रही हैं। ऐसी ही मूर्तियां चित्तौड़ दुर्ग के अन्य मंदिरों और स्मारकों पर देखने को मिल जाती हैं, जिनमें स्तनपान अथवा पुत्र-प्रेम के दृश्य उत्कीर्ण हैं। कुंभश्याम-मंदिर, सूर्य-मंदिर, मीरां-मंदिर

समेत प्रमुख मंदिरों के अन्य स्थलों पर उत्कीर्ण सूर्य की मूर्ति के ठीक नीचे सूर्य-पुत्रों को भी उत्कीर्ण किया गया है। परवर्ती समय में बसे उदयपुर नगर के जगत शिरोमणि मंदिर में भी ऐसी ही मूर्तियां उत्कीर्ण हैं। इन समस्त मूर्तियों में सीधे-सीधे जिस रस को मूर्तिमान किया गया है, वह रस वात्सल्य रस है। यद्यपि ये मूर्तियां अधिकांशत: नग्न हैं परंतु, इस प्रकार की मूर्तियों में कामुकता के स्थान पर वात्सल्य का ही प्राधान्य है। इन मूर्तियों में कुछ मूर्तियां तो देवियों की हैं जबकि कुछ दृश्य तत्कालीन समाज से लिए गए हैं।[29]

वात्सल्य रस प्रधान मूर्तियों के समान ही वीर रसोयुक्त मूर्तियां भी मिलती हैं। कुछ मूर्तियां तो देवों की हैं जबकि कुछ लोक-देवताओं की मूर्तियां हैं। इन उत्कीर्ण मूर्तियों में घोड़े-हाथी अथवा ऊंटों पर चढ़े वीर पुरुषों की मूर्तियां भी हैं और कहीं-कहीं युद्ध दृश्य भी अंकित हैं। मेवाड़ के मूर्ति शिल्प में हाथियों की लड़ाई के दृश्यों को बहुतायत में उत्कीर्ण किया गया है। उल्लेखनीय है कि मीरां के समय में विशेष तौर पर चित्तौड़ में, हाथियों की लड़ाई का खेल विशेष लोकप्रिय था।[30]

वीर रस के उत्कीर्णन के लिए युद्ध-दृश्यों का अंकन जरूरी होता है किंतु युद्ध के विशाल फलक को पत्थर पर उत्कीर्ण करना कठिन कार्य था। अत: मूर्ति शिल्प में विशेष तौर पर रसराज श्रृंगार को ही प्रश्रय मिला। श्रृंगारिक भावों का उत्कीर्णन सबसे सरल एवं आसान कार्य था।[31] यद्यपि श्रृंगार, वात्सल्य, वीर आदि रसों के अलावा अल्प मात्र में रौद्र, वीभत्स आदि अन्य रसों की मूर्तियां भी मिलती हैं तथापि इनकी संख्या कम ही है।[32] हास्य को निम्न कोटि का रस माना जाता था, इसलिए मूर्ति शिल्प में प्राय: इसका अभाव ही देखने को मिलता है। इस प्रकार मूर्ति शिल्प में विभिन्न रसों का परिपाक देखने को मिलता है एवं उसमें भी प्रधानता रसराज श्रृंगार की है। मेवाड़ के संदर्भ में यह बताना भी प्रासंगिक होगा कि मीरां के युग में ही मेवाड़ का मूर्ति शिल्प अपने चरमोत्कर्ष को प्राप्त करता है। अत: मीरां युग के समाज के अध्ययन में उस युग का मूर्ति शिल्प उल्लेखनीय मदद करता है।

मूर्ति शिल्प में विभिन्न रसों के परिपाक के अलावा प्रकृति एवं प्राकृतिक दृश्यों का उत्कीर्णन भी देखने को मिलता है, जिसमें पत्थरों पर बेल-बूटे आदि उत्कीर्ण किए गए हैं।[33] इस प्रकार हम देखते हैं कि मीरां के पूर्ववर्ती समय एवं मीरां के समय तक मूर्ति-पूजा को महत्त्व मिलने का कारण उस युग के समाज का मूर्ति विशेष के भाव अथवा चरित्र के प्रति आकर्षण था। मीरां ने भी भक्ति के इसी स्वरूप को अपनाया एवं कृष्ण के मुरलीधर रूप को अपना उपास्य देव बनाया।

सहज ही अनुमान किया जा सकता है कि कृष्ण के प्रति मीरां की भक्ति कैसी रही होगी। मीरां मूर्तिपूजक थी। मूर्ति-पूजा का अर्थ था कृष्ण की उस मूर्ति विशेष के भावों अथवा चरित्रों के प्रति श्रद्धा अथवा सम्मान की भावना। वस्तुत: मूर्ति-

पूजा ने उस युग की भक्ति के स्वरूप को न केवल सरल ही बनाया, वरन् भक्ति को रूखे दार्शनिक विवेचन-विश्लेषण से भी मुक्त किया। अब चिंतन का विषय ईश्वर व मानव के परस्पर संबंधों पर शोध करना न होकर ईश्वर की चरित्रगत विशेषताओं के प्रति भक्ति एवं सम्मान था, क्योंकि इस समय के भक्तों ने ईश्वर से अपना कोई न कोई संबंध जोड़ ही लिया था। मीरां भी कृष्ण को पति मानती थी। अतः मीरां के युग की भक्ति दर्शन की तुलना में साहित्य के अधिक नजदीक थी।

चित्तौड़गढ़ दुर्ग के मूर्ति शिल्प के अध्ययन से न केवल उस समय के समाज एवं भक्ति के स्वरूप का अनुमान होता है वरन् मूर्ति शिल्प हमें मीरां से संबंधित पुरातात्त्विक स्थलों और मीरां से संबंधित मंदिरों व भवनों के काल-निर्धारण में भी सहायता प्राप्त करता है। उदाहरणस्वरूप मीरां के समय में गणपति को प्रायः एक गौण देवता के रूप में ही पूजा जाता था। गणपति को प्रायः शिव-पार्वती के पुत्र के रूप में जाना जाता था। मध्यकाल में युद्ध में हाथियों के महत्त्व के बढ़ने तथा हाथियों की लड़ाई के खेल की लोकप्रियता के साथ ही गणपति का महत्त्व बढ़ने लगा। हाथी रखना, प्रभुत्व सम्पन्नता की पहचान भी थी। धीरे-धीरे गणपति को बुद्धि एवं प्रभुत्व का देव माना जाने लगा। यह स्थिति वस्तुतः मीरां के परवर्ती युग की देन है। अतः मीरां युग से परवर्ती युग में गणपति को प्रायः गर्भगृह के प्रवेश द्वार के मध्य प्रतिष्ठित किया जाने लगा। चूंकि मीरां मंदिर इस युग के पूर्ववर्ती युग की देन है अतः वहां गणपति के स्थान पर विष्णु ही प्रतिष्ठित है।[34] चित्तौड़गढ़ दुर्ग में ही अद्‌भुदनाथ मंदिर जिसे जैन मंदिर से बाद के समय में शिव मंदिर में परिवर्तित कर दिया गया था, के गर्भगृह के प्रवेश द्वार पर राजपूताने के आधुनिक मंदिरों के समान ही गणपति स्थापित है। पूरे मीरां मंदिर में केवल एक ही गणेश मूर्ति मिली है एवं वह भी मंदिर की बाहरी दीवार पर।[35]

मीरां का संबंध न केवल राजपरिवार से था वरन् एक ऐसे राजपरिवार की वह बहू थी जो संभवतः उस समय भारत का सबसे ताकतवर राजपरिवार था। मीरां के समय यह राजपरिवार अपने वैभव के चर्मोत्कर्ष पर था। चित्तौड़ दुर्ग के भवनों, स्मारकों तथा मंदिरों के मूर्ति शिल्प एवं निर्माण का अध्ययन करें तो सहज ही अनुमान लगाया जा सकता है कि चित्तौड़ उस समय धन-संपत्ति से लबरेज था। यदि खानवा के युद्ध में मीरां के श्वसुर राणा संग्राम सिंह की पराजय नहीं हुई होती तो मेवाड़ पूरे भारत की सत्ता का केंद्र बिंदु होता एवं मीरां बतौर राजनीतिक उपलब्धि इस पूरी भारत भूमि की युवरानी होती। स्थापत्य एवं मूर्ति-निर्माण कला में परवर्ती अवनति के चिह्न भी मेवाड़ के क्रमिक पतन का खुलासा करते हैं। मीरां मंदिर एवं उस मंदिर के मूर्ति शिल्प का साक्ष्य यह प्रमाणित करने के लिए पर्याप्त है कि मीरां की राजनीतिक हैसियत क्या रही होगी। मीरां की राजनीतिक शक्ति इतनी अधिक थी कि स्वयं महाराणा भी मीरां की राजमहल में उपस्थिति से असुरक्षा

महसूस करते थे। मीरां को अल्प आयु महाराणा विक्रमादित्य द्वारा प्रताड़ित करने की घटना का विश्लेषण हमें इसी संदर्भ में करना होगा। आज मीरां की छवि केवल एक भक्त के रूप में बनकर रह गई है। एक ऐसा भक्त जिसमें न तो प्रतिरोध का साहस था एवं न ही सत्ता प्रतिष्ठानों से लड़ने की शक्ति। मीरां ऐसी भक्त न थी जो चुपचाप प्रताड़ना सहन करती, वरन् मीरां तो एक ऐसी भक्त थी जिसके प्रतिरोधी आंदोलनों से न केवल महाराणा वरन् उस समय का परंपरावादी पुरोहित वर्ग भी घबरा उठा था।

मीरां ने भक्ति को शास्त्रीयता से मुक्त कराया। मीरां मंदिर के गर्भगृह के प्रवेश द्वार पर नर्तकियों एवं अप्सराओं की मूर्तियां बनी हुई हैं। इन मूर्तियों का गहन विश्लेषण करें तो हमें ज्ञात होगा कि इन नर्तकियों द्वारा किया जाने वाला नृत्य निश्चित शास्त्रीय खांचों में बंधा हुआ था। यहां तक कि नायिकाओं के रूप, रंग, अदा एवं शारीरिक गठन के भी निश्चित शास्त्रीय प्रतिमान थे। सुंदरता एवं नृत्य संगीत की उत्कृष्टता के निर्धारण हेतु निश्चित नियम एवं प्रतिमान थे।[36] मीरां ने न केवल इन नियमों प्रतिमानों की अवहेलना करते हुए उस नृत्य की श्रेष्ठता को प्रतिपादित किया, जो ईश्वर को अर्पित हो, न कि शास्त्रीय ढांचों में बंधा-बंधाया नृत्य। मीरां भी भजन गाते हुए 'लोक लाज' को त्यागकर नृत्य करती थी किंतु वह नृत्य किसी नियमों में बंधा हुआ न था। मीरां के भजन भी किसी भी प्रकार के शास्त्रीय नियमों, प्रतिमानों की पूर्ण अवहेलना करते हैं, तथा मीरां के भजन उत्तर से लेकर दक्षिण तक समान रूप से लोकप्रिय हैं। निश्चय ही इसका कारण मीरां के भजनों का लोक एवं लोक की भावनाओं के नज़दीक होना है। प्रसंगवश उल्लेखनीय है कि मीरां के समय स्त्रियों में शेरनी जैसी कमर विशेष तौर पर पसंद की जाती थी। दुर्ग के निवासियों के मध्य शेरनी जैसी कमर इतनी अधिक लोकप्रिय थी कि कई बार नायिका की मूर्ति बनाते समय शिल्पकार कमर से ऊपर का भाग स्त्री का बना देता था जबकि कूल्हे एवं कमर के नीचे का भाग पूंछ हटाकर शेरनी जैसा बना देता था।[37]

कीर्ति स्तंभ तथा चित्तौड़ दुर्ग के मंदिरों की बाहरी दीवारों के मूर्ति शिल्प से मीरां युग के समाज एवं सामाजिक विभेदों की भी सुव्यवस्थित जानकारी मिलती है। भारतीय मूर्तिकला का शब्दकोश कहे जाने वाले कीर्ति स्तंभ की भीतरी दीवारों पर नीचे से ऊपर चढ़ते हुए सीढ़ियों के साथ-साथ अनेक देवी-देवताओं यथा—अर्द्धनारीश्वर, उमा-महेश्वर, ब्रह्मा, लक्ष्मी-नारायण, सावित्री, हरिहर पितामह व विष्णु के विभिन्न रूपों व अवतारों की तथा महाकाव्यों के पात्रों की मूर्तियां बनी हुई हैं। उल्लेखनीय बात यह है कि इन विभिन्न देवताओं की मूर्तियों के साथ इन मूर्तियों को मूर्त रूप देने वाले शिल्पकार जइता व उसके पुत्रों नापा, पोमा, पूंजा, भूमि चुथी तथा बलराज की मूर्तियां भी उत्कीर्ण हैं। शिल्पकारों की इन मूर्तियों के

नीचे शिल्पिन् खोदकर तत्पश्चात् इन शिल्पियों के नाम दिए गए हैं। इसी भांति मीरां मंदिर की बाहरी दीवारों पर देव आकृतियों के साथ-साथ मानव आकृतियां भी खुदी हुई हैं। मीरां मंदिर की पूर्वाभिमुख दीवार पर छाछ बिलोती एक स्त्री की मूर्ति भी बनी हुई है।[38] ठीक इसी प्रकार अद्भुदनाथजी के मंदिर तथा वे मंदिर जो मीरां युग के हैं, पर देव-मूर्तियों के साथ-साथ मानव-मूर्तियां भी उत्कीर्ण की हैं। जहां तक शास्त्रीयता का प्रश्न है, मीरां युग पर शास्त्रीयता पूर्णरूपेण हावी थी। शास्त्रीयता का यह प्रभाव केवल नृत्य, संगीत, पूजा एवं आचार-व्यवहार में ही नहीं वरन् मूर्ति शिल्प पर भी हावी था। मूर्ति की उत्कृष्टता के भी निश्चित नियम एवं प्रतिमान तय थे। कौन से देव की मूर्ति दीवार के किस हिस्से में, कहां एवं किस कोण पर होनी चाहिए, यह भी निश्चित था। मंदिरों की पश्चिमी दीवार प्राय: रिक्त रखी जाती थी। वहां केवल साधारण बेल-पत्रों की आकृतियों को ही उत्कीर्ण किया जाता था।[39] मीरां के समय मंदिरों की बाहरी दीवारों पर जो मूर्तियां स्थापित की जाती थीं, उनमें सूर्य, यम, लक्ष्मी, देवी, लक्ष्मी-नारायण, शिव, पार्वती, सूर्य आदि देवताओं की मूर्तियां प्रमुख हैं। यहां तक कि दीवार के किस हिस्से में कहां पर मूर्तियां स्थापित की जानी हैं, इसके भी निश्चित शास्त्रीय नियम हुआ करते थे। इन मूर्तियों के साथ-साथ जैन तीर्थंकरों तथा लोक देवताओं की मूर्तियां स्थापित की जाती थीं।[40] इसके पश्चात् नायिकाओं और वीर पुरुषों की मूर्तियां स्थापित होती थीं।[41] लोक जीवन की झांकी प्रस्तुत करने वाली मूर्तियां भी इन मूर्तियों के मध्य में स्थापित की जाती थीं लेकिन, बहुत कम संख्या में। ध्यान देने वाली बात यह है कि मूर्ति के स्थान एवं क्रम के आधार पर हमें मीरां युग में भक्त तथा भगवान के परस्पर संबंधों में महत्त्वपूर्ण जानकारियां मिलती हैं। दक्षिण भारत में राजराजेश्वर अथवा वृहद्देश्वर मंदिर में ईश्वर की तरह राजाओं की मूर्तियां स्थापित हैं। मेवाड़ की ये मूर्तियां ऐसा दूसरा उदाहरण हैं, जिसमें ईश्वर के साथ-साथ मनुष्यों की मूर्तियां स्थापित की गई हैं। यह बात भी उल्लेखनीय है कि इन मूर्तियों में राजाओं के साथ-साथ मेहनतकश लोगों की मूर्तियां भी लगी हुई हैं। कीर्ति-स्तंभ के निर्माणकर्ताओं की मूर्तियां ईश्वर की मूर्तियों के साथ स्थापित हैं। अन्य मंदिरों में भी देव मूर्तियों के साथ-साथ योद्धाओं, नायिकाओं, लोक-देवताओं तथा जनसाधारण की मूर्तियां उकेरी गई हैं। देव व मनुष्य की समानता की भावना के कारण ही मीरां युग में भक्त व भगवान में परमशक्ति व मनुष्य के मध्य के अंतर को अस्वीकार करने की मान्यता का परिचय मिलता है। परवर्ती युग में अन्य धर्मों के प्रभावस्वरूप भक्त व भगवान के मध्य अंतर बढ़ता गया एवं धीरे-धीरे मीरां युग में भक्त व भगवान की समानता का भाव कम होता गया। मेवाड़ क्षेत्र में अलग-अलग समय एवं अलग-अलग स्थानों पर निर्मित एवं बिखरी हुई मूर्तियां हमें तत्कालीन समाज एवं परवर्ती सामाजिक विकास की जानकारियों के साथ-

साथ अन्य महत्त्वपूर्ण जानकारियां भी प्रदान करती हैं। चित्तौड़, उदयपुर एवं समीपवर्ती क्षेत्रों की मूर्तियों का कालक्रमानुसार अध्ययन करने पर हमें दो महत्त्वपूर्ण जानकारियां प्राप्त होती हैं। मीरां युग के परवर्ती युग की मूर्तियों को कालक्रमानुसार व्यवस्थित करें तो प्रथम हमें कृष्ण-भक्ति के विकास को समझने में महत्त्वपूर्ण मदद मिलती है। मीरां युग से पूर्ववर्ती युग में सूर्य, शिव का लिंग रूप, विष्णु, ब्रह्मा आदि प्रमुख देवताओं की मूर्तियां प्रमुखता से मिलती हैं, जबकि मीरां से परवर्ती युग में कृष्ण आदि देवताओं की मूर्तियां प्रमुखता से मिलती हैं। चित्तौड़ दुर्ग के किसी भी मंदिर में कृष्ण अथवा मुरलीधर की मूर्ति जो कि मीरां के आराध्य देव थे को ढूंढ़ना संभव नहीं जबकि परवर्ती युग में इस प्रकार की मूर्तियां बहुतायत से मिलती हैं। सहज ही इस निष्कर्ष तक पहुंचा जा सकता है कि कृष्ण-भक्ति की लोकप्रियता मीरां के परवर्ती युग में ही मिलती है। इसमें भी मुरलीधर कृष्ण जो बड़ा-सा मोर मुकुट धारण करते थे, विशेष लोकप्रिय थे। उदयपुर के निकट नाथद्वारा के समीप मोलेला गांव के मिट्टी के खिलौने विशेष प्रसिद्ध हैं। ये खिलौने मध्यकालीन कुंभकला का परिचय देते हैं। इन खिलौनों में कृष्ण को इसी रूप में चित्रित किया जाता है, जिनका मोर मुकुट अपेक्षाकृत बड़ा होता है।[42]

मूर्ति शिल्प के क्रमिक अध्ययन से अन्य महत्त्वपूर्ण जानकारी नग्नता के क्रमिक विकास के रूप में भी देखने को मिलती है। मीरां युग का शिल्पकार प्रायः स्त्री नग्नता को ही विशेष तौर पर उत्कीर्ण करता था। मीरां मंदिर एवं उस समय के निर्मित अन्य मंदिरों में नायिकाएं एवं देवियां नग्न उत्कीर्ण की गई हैं। परवर्ती युग में पुरुष नग्नता को भी मूर्ति शिल्प में स्थान मिलने लगता है। पुरुष नग्नता विशेष तौर पर जैन मंदिरों में अधिक मिलती है। अद्‌भुदनाथ मंदिर जो कि पहले जैन मंदिर था, के मूर्ति शिल्प में कुछ ऐसी पुरुष आकृतियां उत्कीर्ण हैं जिनका लिंग अपने पूर्ण आकार में उत्कीर्ण है। शेष शरीर से लिंग को बड़ा दिखाया गया है। इस उत्कीर्ण लिंग पुरुष का शेष शरीर शेर का बनाया गया है। मीरां युग के काफी समय पश्चात् जबकि उदयपुर नगर पूर्ण रूप से बस चुका था एवं मेवाड़ ने मुगलों की अधीनता स्वीकार कर ली थी, उस समय की बनी मूर्तियों में रति क्रिया का खुल्लम-खुल्ला चित्रण किया गया है। अर्थात् मीरां के समय कृष्ण के प्रेम को जिस प्रकार सामाजिक विद्रोह हेतु अस्त्र के रूप में काम में लिया गया था, मीरां के परवर्ती समय में कृष्ण लीला प्रेम न रहकर रतिक्रीड़ा का उत्कीर्णन हो गया था।[43]

मीरां के समय की मूर्ति कला में एक अन्य उल्लेखनीय विशेषता विभिन्न शरीरों को एक साथ जोड़ने के रूप में दिखाई देती है। मीरां मंदिर के पिछली दीवार पर एक ऐसी मूर्ति प्राप्त हुई है, जिसकी नाभि के नीचे का भाग शेरनी का है तो आगे का भाग हथिनी का है।[44] इसी प्रकार अद्‌भुदनाथ महादेव के मंदिर में सिंह पुरुष की मूर्ति में पुरुष का लिंग और खड़े रहने की क्रिया मानवों के समान है,

जबकि शेष सारी मूर्ति एक शेर का शरीर है। मीरां मंदिर के सामने वर्तमान में जिसे रैदास की छतरी कहा जाता है, उसकी छत पर बने पुरुष मुख से पांच शरीर जुड़े हुए हैं। इसी प्रकार अनेक देव मूर्तियों में इसी प्रकार की कला का प्रदर्शन मिलता है।[45] इन मूर्तियों में शेष शरीर मानव का है, तो मुख हाथी का। इसी प्रकार किसी-किसी देव के चार हाथ हैं। पाश्चात्य विद्वानों ने शिल्प कला के इस रूप को यथार्थ से दूर होने के कारण कमतर एवं हिंदू देवी-देवताओं की मूर्तियों के संदर्भ में इसे अंधविश्वास का परिणाम बताया है। वास्तविकता यह है कि देव-मूर्तियों के साथ-साथ मानव एवं पशु-आकृतियों को परस्पर मिश्रित करके मूर्ति का निर्माण करना अथवा देव आकृतियों में अतिरिक्त हाथों अथवा शरीर को जोड़ना उस युग के मूर्ति शिल्प की विशेषता थी न कि अंधविश्वास का परिणाम। इसका एक प्रमुख कारण ईश्वर के चरित्र विशेष की आराधना करना प्रमुख था और वे चरित्र यथार्थ की अपेक्षा आदर्श के अधिक निकट थे। मीरां के युग में ईश्वर के प्रति लोक की आराधना को इसी संदर्भ में समझना होगा।

मीरां युग के संपूर्ण मूर्ति शिल्प के अध्ययन से हमें मीरां युग के समाज की वेशभूषा के निर्धारण में भी सहायता प्राप्त होती है। निश्चित तौर पर मीरां की वेशभूषा भी इससे भिन्न नहीं होगी। प्राय: मीरां के युग में वस्त्रों का कम ही प्रयोग किया जाता था। शरीर के ऊपरी भाग को प्राय: खुला ही छोड़ दिया जाता था एवं उसे अश्लील नहीं माना जाता था। श्रृंगार चंवरी की बाहरी दीवारों पर उत्कीर्ण मूर्तियों एवं सतबीसदेवरी जैन मंदिर पर उत्कीर्ण मूर्तियां हमें उस युग की वेशभूषा की ठीक-ठाक जानकारी देती हैं। मीरां मंदिर में छाछ बिलोने वाली स्त्री के शरीर का ऊपरी भाग खुला हुआ है। अंत: इसी निष्कर्ष पर पहुंचा जा सकता है कि मीरां ओढ़नी और घाघरा पहनती रही होगी किंतु उसकी वेशभूषा वर्तमान राजपूती पहनावे से बिलकुल मेल नहीं खाती थी इतना निश्चित है।[46]

मेवाड़ की राजसत्ता ने धर्म का किस प्रकार उपयोग किया इसका अनुमान तत्कालीन मूर्ति शिल्प के अध्ययन से लगाया जा सकता है। यहां तक कि मेवाड़ के महाराणाओं ने आम जनता का विश्वास हासिल करने के लिए मूर्ति शिल्प एवं मूर्तियों की बनावट को भी बदल दिया। अभी हाल ही में चित्तौड़गढ़ दुर्ग से पुरातत्त्ववेत्ताओं को एक विशाल लिंग प्राप्त हुआ है। इस लिंग के मध्य भाग में चारों तरफ़ जैन तीर्थंकरों की मूर्तियां बनी हुई हैं। तीर्थंकरों के पास ही पार्श्व में जैन मंदिरों में स्थापित मूर्तियों के समान ही देवी-मूर्तियां उत्कीर्ण हैं। इसके ऊपर भी तीर्थंकरों की छोटी-छोटी मूर्तियां उत्कीर्ण हैं। इस लिंग का ऊपरी भाग पूरी तरह से गोल एवं शिवलिंग के समान पूर्ण लिंग का रूप लिये हुए है।[47] उदयपुर के निकट कैलाशपुरी में एकलिंगनाथ का लिंग ठीक इसी प्रकार की कला का परिचय देता है जिसके आधार बिंदु पर देव आकृतियां उत्कीर्ण हैं जबकि शीर्ष भाग लिंग का रूप

ग्रहण करता है। सूर्य मंदिर परिसर में प्राप्त लिंगाकृति में जैन मंदिर और चित्तौड़गढ़ दुर्ग में प्राप्त लिंग में ब्रह्मा, विष्णु और महेश तीनों की मूर्तियां उत्कीर्ण हैं। इसी भांति राजकीय संग्रहालय बीकानेर में ब्रह्मा की एक मूर्ति है जिसका पृष्ठ भाग वाराह मूर्ति का आभास कराता है। यह मूर्ति ढ़ांवा नागौर से प्राप्त की गई थी।[48] मीरां मंदिर में उत्कीर्ण नाथ योगियों की आकृतियां बहुत कुछ जैन तीर्थंकरों से मिलती हैं।[49] इस प्रकार के मूर्ति शिल्प का एक निश्चित प्रयोजन था। मीरां का पूर्ववर्ती युग विभिन्न संप्रदायों में तीव्र मतभेद का भी युग था। एक ही लिंग अथवा मूर्ति में विभिन्न देवताओं को समाहित करने का मुख्य उद्देश्य इन संप्रदायों में परस्पर समन्वय का प्रयास था। इस प्रयास का स्पष्ट प्रभाव तत्कालीन मूर्ति शिल्प पर पड़ा। मेवाड़ के महाराणा शैव थे एवं वे शिव की लिंग रूप में आराधना करते थे। एकलिंगनाथ उनका कुल देवता था। मेवाड़ की वृहत प्रजा में केवल शैव ही नहीं थे, उस प्रजा में बड़ी संख्या में जैन, वैष्णव, शाक्त एवं आदिवासी जातियां भी सम्मिलित थीं। महाराणाओं ने विशाल प्रजा की सदेच्छा प्राप्ति हेतु लिंगों का इस प्रकार निर्माण करवाया कि उनमें न केवल विष्णु और अन्य देव सम्मिलित हो जाए वरन् कभी-कभी तो वे इन लिंगों में सर्वथा दूसरे धर्म जैसे कि जैन तीर्थंकरों की मूर्तियां तक उत्कीर्ण करवा देते थे। महाराणाओं को इसका व्यापक राजनीतिक फायदा हुआ एवं स्वयं शैव होते हुए भी शेष जैन, शाक्त, वैष्णव तथा आदिवासी जातियों की सदेच्छा प्राप्ति में वे सफल रहे। इसके साथ ही इस प्रक्रिया में प्रजा के पारस्परिक सौहार्द में भी वृद्धि हुई। महाराणाओं की ही भांति मीरां ने भी धर्म का उचित उपयोग करते हुए मोर मुकुट एवं मुरली वाले कृष्ण की आराधना आरंभ की। प्रसंगवश शिव की एक पूर्व पत्नी जिसका नाम सती था एवं वह दक्ष प्रजापति की पुत्री थी, हवन कुंड में जलकर सती हो गई थी। इसी प्रकार विष्णु की पत्नी लक्ष्मी भी पति की अनुचरी मात्र ही थी एवं अनेक मूर्तियों में उसे पति के पांव दबाते हुए उत्कीर्ण किया गया है। मीरां ने नवीन सामाजिक जरूरतों को समझते हुए शिव व विष्णु की आराधना को प्रश्रय न देकर कृष्ण-भक्ति को महत्त्व दिया।

इस प्रकार मूर्तियों के अध्ययन से मीरां युग के धर्म, भक्ति के स्वरूप का ही नहीं वरन् धर्म व राजसत्ता के परस्पर संबंधों का भी ज्ञान होता है। नि:संदेह शिलालेखों, भवनों, मंदिरों व स्मारकों के समान मीरां के युग की मूर्तियां भी मीरां एवं उसके युग से संबंधित महत्त्वपूर्ण जानकारियां उपलब्ध कराती हैं।

संदर्भ

1. कविराजा श्यामलदास, वीर विनोद (भाग-2), पृ. 01
2. मीरां मंदिर, चित्तौड़ दुर्ग
3. गौवर्द्धनधर, राजकीय संग्रहालय, बीकानेर

4. चित्तौड़ दुर्ग का पुरातात्त्विक सर्वेक्षण, फरवरी-2006
5. सती स्तंभ, राजकीय संग्रहालय, उदयपुर
6. सती स्तंभ, राजकीय संग्रहालय, बीकानेर
7. जौहर साका स्मारिका, जौहर स्मृति संस्थान, चित्तौड़, 1997
8. जहाजपुर अभिलेख, राजकीय संग्रहालय, उदयपुर
9. सती स्तंभ, चंदेरी दुर्ग, चंदेरी (मध्य प्रदेश)
10. विजय (कीर्ति) स्तंभ, चित्तौड़ दुर्ग
11. कुमारपाल, जगत शिरोमणि एवं मोकल का शिलालेख
12. मीरां महल, कुंभा महल परिसर, चित्तौड़ दुर्ग
13. प्रवेश द्वार शिलालेख, सूर्य मंदिर, चित्तौड़ दुर्ग
14. गर्भगृह निकट लेख एवं स्तंभ लेख, सूर्य मंदिर, चित्तौड़ दुर्ग
15. स्तंभ लेख, शृंगार चंवरी, चित्तौड़ दुर्ग
16. लघु स्तंभ लेख, शृंगार चंवरी, चित्तौड़ दुर्ग
17. विहंगम दृश्य, चित्तौड़ दुर्ग
18. रैदास एवं उसके चरण, रैदास की छतरी, चित्तौड़ दुर्ग
19. मोकल का शिलालेख, समिद्धेश्वर मंदिर, चित्तौड़ दुर्ग
    सूर्य एवं चांद तथा बछड़े को दूध पिलाती गाय, सूर्य मंदिर, शैलचित्र
20. फारसी अभिलेख, राजकीय संग्रहालय, उदयपुर
21. बाहरी भाग, मीरां महल, मेड़ता
22. मेवाड़ प्रदेश का मूर्ति शिल्प, चित्तौड़ दुर्ग
23. मूर्ति संग्रह, सिंहपुर महल संग्रहालय, चंदेरी (मध्य प्रदेश)
24. जैन सरस्वती, राजकीय संग्रहालय, बीकानेर
25. मूर्ति संग्रह, सिटी पैलेस, उदयपुर
26. मूर्तिदीर्घा, राजकीय संग्रहालय, उदयपुर
27. दुर्ग क्षेत्र का मूर्ति शिल्प, चित्तौड़ दुर्ग
28. करणी माता, राजकीय संग्रहालय, बीकानेर
29. वात्सल्य रस प्रधान मूर्तियां, शृंगार चंवरी, चित्तौड़ दुर्ग
30. योद्धाओं की मूर्तियां, मंदिर परिक्रमा, मीरां मंदिर
31. मूर्ति शिल्प, जगत शिरोमणि मंदिर, उदयपुर
32. परशुराम-लोकदेव-भैरव, मीरां मंदिर, चित्तौड़ दुर्ग
33. परिक्रमा, कुंभश्याम मंदिर, चित्तौड़ दुर्ग
34. गर्भगृह प्रवेश द्वार, मीरां मंदिर, चित्तौड़ दुर्ग
35. गणेश, मंदिर परिक्रमा, मीरां मंदिर
36. नर्तकियां गर्भगृह प्रवेश द्वार, मीरां मंदिर
37. सिंहनी नायिका, कुंभश्याम मंदिर परिसर, चित्तौड़ दुर्ग

38. छाछ बिलोती स्त्री, पूर्वाभिमुख दीवार, मीरां मंदिर
39. बेलपत्र, पश्चिमाभिमुख दीवार, मीरां मंदिर परिक्रमा
40. तीर्थंकरों की मूर्तियां, विभिन्न मंदिर, चित्तौड़ दुर्ग
41. नायिकाएं, मंदिर परिक्रमाएं, मेवाड़ क्षेत्र
42. मोर मुकुटधारी कृष्ण, जगत शिरोमणि मंदिर, उदयपुर
43. रतिदृश्य, मंदिर परिक्रमा, जगत शिरोमणि मंदिर
44. सिंह हस्ती संगुफन, मंदिर परिक्रमा, मीरां मंदिर
45. जूते बनाते रैदास, रैदास की छतरी, चित्तौड़ दुर्ग
46. नायिका मूर्ति, सतबीस देवरी, चित्तौड़ दुर्ग
47. तीर्थंकर युक्त शिवलिंग, तोपखाना, चित्तौड़ दुर्ग
48. ब्रह्मा की मूर्ति, राजकीय संग्रहालय, बीकानेर
49. नाथयोगी, परिक्रमा, मीरां मंदिर

अध्याय : तीन

साहित्यिक स्रोत सामग्री

मीरां के काव्य, भक्ति एवं बहुत थोड़ी मात्रा में उनके जीवन के बारे में सर्वाधिक यही स्रोत सामग्री उपलब्ध है किंतु इसकी विश्वसनीयता सर्वाधिक संदेह के घेरे में है। लिखित स्रोत सामग्री में लेखकीय पूर्वाग्रह तो होते ही हैं साथ ही साथ तत्कालीन राजनीति, समाज परंपराओं एवं व्यक्तिगत मान्यताओं का प्रभाव भी रहता है। कई बार हस्तलिखित प्रतियों में गंभीर परिवर्तन भी कर दिए जाते थे, वहीं जब छापेखाने के अभाव में इन हस्तलिखित प्रतियों से नई प्रतियां तैयार की जाती थीं तब तैयार की कई प्रतियों का स्वरूप अपनी मूल प्रति से बहुत कुछ भिन्न हो जाता था। मीरां के नाम से प्रचलित पद भी इसका अपवाद नहीं हैं। मीरां के जीवन के बारे में जानकारी देने वाली हस्तलिखित स्रोत सामग्री का गंभीर अभाव है किंतु मीरां के नाम से प्रचलित पद उत्तर तथा दक्षिण, पूर्व तथा पश्चिम अर्थात् भारत के प्रत्येक कोने में मिल जाएंगे। केवल उनकी भाषा एवं विषयवस्तु बदल जाएगी। कुछ भक्त-कवियों एवं दो-चार ख्यातकारों ने भी मीरां का चलताऊ रूप से उल्लेख किया है। इन टिप्पणियों और उल्लेखों की मात्रा केवल कुछ पृष्ठों से अधिक नहीं है परंतु यदि मीरां के समस्त पदों को संगृहीत किया जाए तो इनसे अनेक ग्रंथ आसानी से तैयार किए जा सकते हैं।

देश के विभिन्न हिस्सों में मीरां के नाम से अनेक पद मिलते हैं, मीरां के आलोचक उन्हें स्वयं मीरां द्वारा रचित मानकर उनका अंत:साक्ष्य के रूप में प्रयोग करते हैं। गुजरात में मिलने वाले पदों में गुजराती, उत्तर प्रदेश तथा मध्य भारत में मिलने वाले पदों में ब्रज तथा राजपूताने के विभिन्न हिस्सों में मिलने वाले पदों में मेवाड़ी, हाड़ौती, मारवाड़ी आदि भाषाओं का प्रभाव दिखाई देता है। ठीक इसी प्रकार पूर्वी भारत में मीरां के नाम से प्रचलित पदों में पूर्वी भाषाओं का प्रभाव तथा दक्षिण भारत में मीरां के जो पद मिले हैं उनमें दक्षिणी भाषाओं के शब्दों का प्रभाव दिखाई देता है। इस तथ्य के आधार पर मीरां की मृत्यु के सैकड़ों वर्षों के अंतराल को देखते हुए एवं भोज-पत्रों व ताड़-पत्रों के संरक्षण की सीमाओं को समझते हुए इतना तो निश्चित है कि ये समस्त पद मीरां द्वारा रचित नहीं हैं। यदि यह मान भी लिया जाए

कि मीरां को मेवाड़ी, मारवाड़ी, गुजराती, ब्रज आदि अनेक भाषाओं का ज्ञान था तब भी, मीरां के नाम से प्रचलित पदों में क्षेत्रीयता एवं क्षेत्रगत शब्दों का बाहुल्य मिलता है। यदि ये पद मीरां द्वारा रचित होते तो गुजरात में ब्रज, मारवाड़ी व मेवाड़ी तथा ब्रज मंडल में गुजराती, मेवाड़ी मारवाड़ी एवं मेवाड़ मारवाड़ में ब्रज व गुजराती प्रभाव से युक्त मीरां के पद मिलने चाहिए परंतु ऐसा न होकर इन पर क्षेत्रीय प्रभाव ही स्थायी तौर पर दिखाई देता है। नि:संदेह इनके रचनाकार क्षेत्रीय व्यक्ति ही थे जिन्होंने मीरां काव्य से प्रेरणा तो अवश्य ग्रहण की किंतु उसकी हू-ब-हू नकल नहीं की। अत: मीरां के इन पदों को मीरां द्वारा रचित मानक़र अंत:साक्ष्य के रूप में प्रयोग करना सर्वथा अनुचित है जैसा कि कुछ मीरां के विद्वान आलोचक करते आए हैं।

मीरां के पदों की खोज के क्रम में एक विचित्र बात भी देखने को मिलती है— मीरां के अपने देश अर्थात मेवाड़ में मीरां के पद बहुत अधिक मात्रा में नहीं मिलते हैं जो कुछ मीरां के पद मिलते हैं वे मारवाड़, ब्रजमंडल एवं गुजरात में मिलते हैं। मध्यकालीन मेवाड़ के इतिहास के आधिकारिक विद्वानों से चर्चा के दौरान पता चला कि मेवाड़ का सत्ता प्रतिष्ठान मीरां संबंधी चर्चा से हमेशा बचता रहा है एवं मीरां की प्रसिद्धि भक्त व कवि के रूप में जन-सामान्य द्वारा स्वीकार किए जाने का प्राय: विरोध करता रहा है। यहां तक कि आज़ादी के बाद उदयपुर के गुलाब बाग में रानी विक्टोरिया की मूर्ति के स्थान पर मीरां की मूर्ति लगाने का मेवाड़ राजपरिवार ने विरोध किया था।[1] वर्तमान में यहां गांधी की मूर्ति प्रतिस्थापित है। संभवत: यही वजह थी कि मेवाड़ क्षेत्र में मीरां के पद अधिक नहीं मिलते हैं किंतु इसके ठीक विपरीत मीरां संबंधी चर्चा एवं किंवदंतियां भी सर्वाधिक मेवाड़ में ही मिलती हैं। नि:संदेह मीरां लोकनिधि थी न कि समाज के उच्च वर्ग की प्रतिनिधि। मारवाड़, गुजरात व मालवा की सत्ता से मेवाड़ का प्राय: विरोध रहा है, मीरां के पद अधिकांशत: इन्हीं प्रदेशों में मिलते हैं जिनसे मेवाड़ी सत्ता का लगातार छत्तीस का आंकड़ा बना रहता था। मीरां के पदों की इसलिए भी उपेक्षा हुई कि मीरां एक स्त्री थी जिसकी विद्वत्ता पर तत्कालीन वैष्णवों व समकालीन अन्य भक्त कवियों द्वारा लगातार संदेह किया जाता था जिनकी राय में स्त्रियां प्राय: बुद्धिविहीन होती हैं। इन बाधाओं के होते हुए भी यदि हमें आज भी मीरां के नाम पर प्रचलित पद मिल जाते हैं तो नि:संदेह इसका कारण मीरां की व्यापक लोकस्वीकृति थी जिसने मीरां के पदों को जीवित बनाए रखा।

प्रस्तुत शोध में मीरां के पदों का अध्ययन क्षेत्र मेवाड़, मारवाड़ एवं मध्यकालीन राजपूताने के क्षेत्र रहे हैं जो मीरां की जन्मस्थली एवं कर्मस्थली थी। सुविधा व साधनों के अभाव में शेष भारत में मिलने वाले पदों का प्राय: अध्ययन नहीं हो पाया तथापि उनका महत्त्व किसी भी दृष्टिकोण से कम नहीं है। राजपूताने में मीरां के नाम पर प्रचलित पदों में हरजसों, भजनों व गीतों का विशेष महत्त्व है। इन हरजसों, गीतों

व भजनों का रचयिता कोई न कोई स्थानीय विद्वान होता है जिसकी भाषा, शैली एवं समझ पर स्थानीय रीति-रिवाज एवं बोलियों का प्रभाव होता है। मीरां के इन पदों के साथ-साथ अन्य भक्त कवियों जैसे सूर, कबीर, दादू आदि अन्य भक्त कवियों के पद भी देखने को मिल जाते हैं किंतु विशिष्टता इस तथ्य में है कि इन पुरुष भक्त कवियों में मीरां अकेली ऐसी स्त्री होती है जिसके पदों, हरजसों व गीतों को पुरुष भक्त कवियों के पदों, हरजसों व गीतों के साथ सम्मिलित किया गया है। मारवाड़ के बीकानेर नगर के लालगढ़ महल की 'अनूप संस्कृत लाइब्रेरी' में मीरां के नाम पर प्रचलित कुछ ऐसे ही हरजसों की हस्तलिखित प्रतियां प्राप्त हुई हैं। ये हरजस अधिक प्राचीन न होकर कुछ सौ वर्ष पहले के प्रतीत होते हैं। इनकी कुल संख्या 73 है जिसमें मीरां के साथ-साथ सूरदास, ब्रह्मदास आदि अन्य भक्त कवियों के भजन तथा हरजस भी सम्मिलित हैं।[2]

इसी पुस्तकालय में बाइजी जड़ाव कुंवर की प्रतियों में भी मीरां के भजन मिलते हैं। इसके लेखक कोई साधु मनसुखदास थे जिनका संबंध रामसनेही शाखा से था। इन हरजसों की कुल संख्या 326 है जिनमें मीरां के साथ अन्य भक्त कवियों के भजन-गीत भी सम्मिलित हैं।[3] इसी क्रम में मेड़ता के समीप दरिया साहब के समाधि स्थल से, मेड़ता में ही चतुर्भुज मंदिर के निकट रामसभा से नागौर के समीप सिणोंद रामद्वारा में, नागौर के ही थांबायत रामद्वारा में, रामद्वारा अजमेर में, जयपुर स्थित नरेना में दादूपीठ से मीरां संबंधी पदों की हस्तलिखित प्रतियां मिलती हैं। यहीं से 'मीरांबाई की पदावली' नाम से मीरां की रचना प्राप्त हुई है जिसका लिपिकाल, लिपिकर्ता एवं लिपिस्थल अज्ञात है।[4] जयपुर के सिटी पैलेस के पोथीखाने से भी 'मीरां जी री लीला' व 'मीरां पद टीका' नामक ग्रंथ मिले हैं जिनका लिपिकाल एवं लिपिस्थल अज्ञात है।[5] इन हरजसों, भजनों व गीतों की एक उल्लेखनीय विशेषता यह है कि इनमें से अधिकांश का लिपिस्थल, लिपिकाल तथा लिपिकर्ता का नाम दिया गया है जबकि इनके मूल लेखक कोई और बताए गए हैं। राजपूताने से अलग-अलग भागों में पाए गए इन हरजसों, भजनों व गीतों से यह तथ्य साफ तौर पर उभरकर सामने आता है कि इन पदों के संकलन, संपादन व लिपीकरण की प्रक्रिया में अनेक परिवर्तन हुए हैं। प्राय: यह भी देखा गया है कि लोक में जो पद, गीत, भजन व हरजस प्रचलित थे प्राय: उनका ही संकलन करके हस्तलिखित प्रतियां तैयार कर ली गई हैं। इस आधार पर इनके रचयिता मूल लेखक न होकर लोक कवि एवं गायक हुए न कि मूल लेखक। इसी प्रकार स्थानीय शब्दों का बाहुल्य भी यह सिद्ध करने के लिए पर्याप्त है कि इन गीतों, भजनों, हरजसों के वास्तविक रचयिता स्थानीय लोकगायक एवं कवि ही थे। यह सत्य होते हुए भी कि मीरां के नाम से प्रचलित पद स्वयं मीरां ने न रचकर लोक ने इसकी रचना की है फिर भी इनका इस रूप में महत्त्व है कि इनके रचयिता मीरां के व्यक्तित्व से प्रभावित थे अत: इस प्रकार

मीरां के नाम से प्रचलित पद मीरां की विचारधारा का दसमांश ही सही पर उसका प्रतिनिधित्व अवश्य करते हैं। परवर्ती युग का जनमानस मीरां को किस रूप में देखता था एवं सैकड़ों वर्षों के लंबे अंतराल में मीरां की छवि धीरे-धीरे किस रूप में लोकप्रसिद्ध हो गई थी इसका परिचय भी इन पदों से हो जाता है। क्या यह कम आश्चर्यपूर्ण बात कही जाएगी कि राम के पूजा-स्थलों से कृष्ण-भक्त मीरां के पद मिल जाएंगे जबकि अन्य कृष्ण-भक्तों के भजन-गीत इन राम के मंदिरों व पूजा-स्थलों में प्राय: नदारद रहेंगे। और तो और गुरु ग्रंथ साहिब की पटियाला स्थित भाई बानो की प्रति में भी मीरां का एक पद मिल जाता है।[6] यदि मीरां को व्यापक लोकस्वीकृति एवं लोकस्नेह नहीं मिला होता तो ऐसा संभव नहीं था। मीरां के नाम पर प्रचलित पद भले ही मीरां ने नहीं रचे हो तथापि मीरां की लोकप्रियता एवं जनमानस पर उसका प्रभाव तो सिद्ध हो ही जाता है।

मीरां वस्तुत: राजनीतिज्ञ-कूटनीतिज्ञ एवं सामाजिक आंदोलन की प्रणेता थी। भक्ति को बतौर साधन उसने उपयोग में लिया था किंतु जनमानस से उसका परिचय बतौर कृष्ण-भक्त के रूप में ही था। जनता वही जानती-समझती थी जो उसे दिखाई देता था। अत: राजपूताने के लोगों एवं शेष भारत ने मीरां को भक्त रूप में ही याद रखा। दुर्ग की ऊंची दीवारें, दुर्ग में रहने वाली स्त्रियों के लिए ही नहीं वरन् दुर्ग के बाहर रहने वाली आम जनता के लिए भी अभेद्य थीं। जहां दीवार के उस पार आम जनता पर लगान वसूली के नाम पर अत्याचार होता था वहीं दीवार के इस पार मर्यादा के नाम पर स्त्रियों पर अत्याचार होता था। ऐसी स्थिति में दुर्ग की दीवारों को लांघ पाने में असमर्थ आम जनता दुर्ग के षड्यंत्रों एवं अत्याचारों से बिल्कुल बेखबर थी ऐसे में यह कैसे संभव था कि आम जनता चित्तौड़ दुर्ग में मीरां की विडंबनापूर्ण स्थिति को समझ पाती? लोक तो केवल इतना जानता था कि मेवाड़ की युवरानी मीरां कुशाग्र बुद्धि, गरीबों की हितचिंतक, कृष्ण-भक्त एवं कृष्ण के प्रेम में दीवानगी की हद तक पागल है एवं मीरां के देवर महाराणा मेवाड़ को उनकी यह कृष्ण-भक्ति बिल्कुल पसंद नहीं है। पर्दे के पीछे की सच्चाई तो दुर्गवासी ही जानते थे जो मीरां के संघर्ष, विडंबनापूर्ण स्थिति एवं महल में उसके प्रतिरोध को निकटता से देख रहे थे। इसी कारण से मीरां का जहां कहीं भी अन्य भक्तों द्वारा अथवा लोक में जो कुछ उसका उल्लेख हुआ है वह भक्त के रूप में ही हुआ है न कि राजनीतिज्ञ-कूटनीतिज्ञ एवं राजविद्रोहिणी के रूप में, क्योंकि दुर्ग के भीतर की सच्चाई तो मीरां ही जानती थी लोक तो वही जानता था जो दुर्ग के बाहर आम जनता को मीरां के बारे में बताया-समझाया जाता था। आम जनता मीरां को भक्त ही मानती थी एवं मीरां के नाम पर आम जनता में जो पद प्रचलित थे वे मीरां को भक्त मानकर ही रचे गए थे न कि उसे कूटनीतिज्ञ एवं राजविद्रोहिणी समझकर। इस आधार पर भक्त मीरां की छवि को ध्यान में रखकर लोक में अनेक पद प्रचलित

हो गए परंतु मीरां की विडंबनापूर्ण स्थिति दर्शाने वाला एक भी पद लोक को स्वीकार नहीं हुआ। इसे विडंबना ही कहा जाएगा कि जिन पदों की मीरां ने रचना ही नहीं की उन्हीं पदों को मीरां के अधिकांश आलोचक अंत:साक्ष्य के रूप में पेश करते हुए मीरां के पद घोषित कर देते हैं एवं फिर एक सिलसिला शुरू होता है मीरां की एक ऐसी छवि निर्माण का जिसमें वह पागल थी, दीवानी थी, भक्तिमती थी एवं त्याग की महान मूर्ति थी जैसे कि आम तौर पर स्त्रियों से समाज अपेक्षा करता है। परंतु आलोचकों को तब बात बिगड़ती नज़र आती है जब उन्हें प्रामाणिक तौर पर यह मानने के लिए बाध्य किया जाता है कि मीरां के पद मीरां ने नहीं वरन् लोक ने रचे हैं जिसे मीरां का कथन कहना सर्वथा अनुचित है। ऐसी स्थिति में जबकि मीरां की एक दूसरी ही छवि निर्मित होने लगती है एवं आलोचकों को अपना आलोचना कर्म निरर्थक लगने लगता है तब प्रयास होता है कुछ नई किंवदंतियां गढ़ने एवं ढूंढ़ने का कि मीरां ने स्वयं भले ही पद नहीं रचे हो परंतु उनकी ललिता नाम की किसी दासी ने उसका संपादन, संकलन एवं लेखन किया था। यदि यह सत्य भी होता है तब प्रश्न पैदा होता है कि ललिता ने अपने पदों में मीरां की भक्ति को ही क्यों प्रमुख स्थान दिया एवं उसने मीरां के दुर्ग में प्रतिरोध, संघर्ष तथा दुर्ग की आंतरिक राजनीति की पोल खोलने वाले भक्ति से इतर पदों की रचना क्यों नहीं की जैसा कि उस समय के दरबारी प्रशस्ति गायक किया करते थे। ललिता ने ऐसे किन्हीं पदों की रचना की होती तो अवश्य ही भक्ति के पदों के साथ-साथ दरबारी इतिहास भी आता अथवा मुख्य रूप से दरबारी इतिहास व षड्यंत्र ही आता एवं गौण रूप में मीरां की भक्ति की चर्चा होती। नि:संदेह लोक में प्रचलित भक्ति-पदों के आधार पर मीरां को भक्त साबित करना किसी दुर्घटना से कम नहीं है। मीरां के नाम पर प्रचलित पद किस हद तक मीरां या मीरां के किसी समकालीन द्वारा रचे हो सकते हैं इसका अनुमान इसी बात से लगाया जा सकता है कि काशी तथा मध्य गुजरात के डाकोर नामक स्थानों से प्राप्त मीरां के पद सबसे अधिक प्राचीन माने जाते हैं जिनका रचनाकाल मीरां की मृत्यु के सैकड़ों वर्ष पश्चात् ठहरता है जिन्हें कई बार संशोधित एवं संपादित किया गया था। इन प्रतियों में सबसे प्राचीन प्रति संवत् 1642 की है।[7] निश्चय ही मीरां की मृत्यु से लेकर संवत् 1642 तक के लंबे अंतराल में मीरां के नाम पर प्रचलित पदों में अनेक परिवर्तन एवं परिवर्द्धन किए गए होंगे फिर ये पद मीरां से किस हद तक संबंधित हैं यह भी एक विवादास्पद बिंदु है जबकि डाकोर व काशी की प्रतियों की भाषा में स्पष्ट अंतर दिखाई देता है। मीरां ही नहीं कबीर, विद्यापति आदि अनेक कवि-भक्त भी इस दुर्घटना के शिकार हुए हैं। लोक में उनके नाम पर अनेक पद प्रचलित हो गए यद्यपि इससे उन्हें लोकप्रसिद्धि तो मिली किंतु उनकी मूल विचारधारा का संरक्षण-संवर्द्धन नहीं हो पाया। दरभंगा, मधुबनी, जयनगर, जनकपुर आदि मिथिला क्षेत्र की यात्रा के दौरान पता चला कि जन्म-संस्कार से लेकर

विवाह-संस्कार तक एवं आगे मृत्युपर्यंत विभिन्न अवसरों पर मिथिला में मैथिल कोकिल के पद गाए जाते हैं। कोई भी पद जो विद्यापति के पदों जैसा हो उसके अंत में मिथिला वासी 'भनई विद्यापति' (अर्थात् विद्यापति का कहना है) जोड़कर उस पद को विद्यापति का पद घोषित कर देते हैं। अब भले ही उस पद की रचना लोक में हुई हो परंतु वह पद विद्यापति का हो जाता है। मीरां भी इसकी अपवाद नहीं है, ऐसा कोई भी पद जो मीरां की विचारधारा एवं जीवनवृत्त से संबंधित हो उसे मीरां का पद बताकर मीरां के नाम से प्रचलित कर लिया जाता है।

मीरां के पदों में सैकड़ों वर्षों से लगातार होते आए परिवर्तन के बावजूद उसके कुछ पदों के शब्दों में भले ही परिवर्तन आ गए हो किंतु उसकी मूल भावना आज भी संरक्षित है। मूल भावना के बजाय यहां मूलकथा कहना ज्यादा उचित रहेगा, जिसका परिचय लोक को था। अर्थात् मीरां के जीवनवृत्त से संबंधित कथाएं जिनकी जानकारी एवं प्रसिद्धि लोक में थी उनसे संबंधित जो पद प्रचलित हैं उन्हें मीरां के अधिक निकट समझना चाहिए। इस आधार पर मीरां से संबंधित वे पद जो लोक में मीरां के बारे में प्रचलित किंवदंतियों एवं उसके जीवनवृत्त की घटनाओं के अधिक निकट प्रतीत होते हैं उन्हें मीरां से संबंधित पद कहना अपेक्षाकृत अधिक उचित है। वे पद जो केवल भक्ति पद हैं उन्हें मीरां से संबंधित करना अपेक्षाकृत अधिक संदेहास्पद है। यहां यह ध्यान रखना भी उचित होगा कि भक्ति के वे पद जो गौण रूप में जीवन-संघर्ष अथवा मीरां के जीवन-वृत्त का परिचय देते हैं प्रामाणिकता के अधिक निकट हैं भले ही उनका प्रधान विषय भक्ति ही हो।

मीरां के नाम पर प्रचलित पदों के पश्चात् मीरां के जीवन से संबंधित अत्यंत महत्त्वपूर्ण जानकारी नाभादास के भक्तमाल से मिलती है। नाभादास अथवा नारायणदास जयपुर की गलता की पहाड़ियों में रहते थे। मेवाड़ में मीरां को सत्ता प्रतिष्ठान एवं सत्ता से जुड़े प्रशस्ति गायकों तथा ब्राह्मण वर्ग जो स्वयं को भक्त कहते थे ने मीरां को किस हद तक तिरस्कृत किया इसका प्रमाण 'भक्तमाल' के मीरां संबंधी छप्पय से मिलता है। क्या इसे कम आश्चर्यपूर्ण कहा जाएगा कि मीरां संबंधी चर्चा मेवाड़ में न होकर मेवाड़ से सैकड़ों कोस दूर गलता की पहाड़ियों में होती है जहां मेवाड़ी सत्ता का भय न था। भक्तमाल में मीरां संबंधी छप्पय इस प्रकार है—

लोक-लाज, कुल-शृंखला तजि, मीरां गिरधर भजी।
सृदश गोपिका प्रेम प्रगट, कलियुगहिं दिखायौ॥
निरअंकुश अति निडर, रसिक-जस रसना गायौ॥
दुष्टनि दोष विचारि, मृत्यु को उद्दिम कीयौ॥
बार न बांको भयो, गरल अमृत ज्यों पीयौ॥
भक्ति-निशान बजाय कै, काहू ते नाहिन लजी॥
लोक-लाज-कुल-शृंखला तजि, मीरां गिरधर भजी॥[8]

गुरुदेव[9] का मानना है कि नाभादास का यह छप्पय मीरां के जीवन-वृत का सूत्र वाक्य है तो उचित ही है किंतु नाभादास का भी मीरां से परिचय भक्त के रूप में ही था। नाभादास मीरां के बारे में वही कुछ जानते थे जो उन्होंने लोक तथा भक्तों-संतों के माध्यम से सुना व जाना था। अत: मीरां के जीवन से संबंधित भक्तमाल का यह छप्पय सूत्रवाक्य अवश्य है किंतु संपूर्ण वाक्य नहीं। स्वयं नाभादास भी चित्तौड़ दुर्ग की मीरां को नहीं जानते थे जो भक्त के अलावा और बहुत कुछ थी। एक ऐसी कुशाग्र बुद्धि वाला जिसने न सिर्फ हाड़ाओं की सत्ता को चुनौती दी थी वरन् मेवाड़ में एक ऐसा आंदोलन भी खड़ा किया जिसके पश्चात् स्त्रियां अपने अधिकारों को लेकर अधिक सजग होने लगीं।[10] नाभादास का उक्त छप्पय इस अर्थ में महत्त्वपूर्ण है कि मीरां के जीवन से संबंधित उपलब्ध लिखित स्रोत सामग्री में यह छप्पय सबसे प्राचीन एवं विश्वसनीय है जो सही-सही जानकारी देता है। इस छप्पय से मीरां के संबंध में जो जानकारी मिलती है वह यह है कि मीरां मध्यकालीन राजाधिकारियों की भांति निरकुंश एवं अति निडर थी जैसा कि आम तौर उस युग में राजसत्ता को धारण करने वाले हुआ करते थे। उन्होंने लोक-लज्जा को त्याग दिया था एवं सत्य की रक्षा के लिए उठ खड़ी हुई थी। मीरां ने कुलरूपी बेड़ियों को त्याग दिया था। यहां कुल से तात्पर्य सिसोदिया राजवंश से है जो कि मेवाड़ वाले थे। कुल की शृंखला त्यागने का साफ अर्थ राजकुल को त्यागकर लोक के निकट आने का प्रयास है। छप्पय की शेष पंक्तियां मीरां के भक्त रूप का उल्लेख करती हैं जैसे कि मीरां गिरधर को मानती थी एवं उनका प्यार गोपियों के सदृश प्यार था न कि भक्त-भगवान के रिश्ते के सदृश। इसी छप्पय में एक पंक्ति है—'रसिक-जस रसना गायो'। आलोचकों ने इसका अर्थ कृष्ण के यश के रूप में किया है एवं रसिक का अर्थ कृष्ण किया है किंतु ध्यान देने वाली बात यह है कि नाभादासजी ने हरि-जस न कहकर रसिक-जस कहा है जबकि उस समय हरि शब्द का ही व्यापक प्रयोग होता था किंतु उन्होंने रसिक शब्द का प्रयोग किया। इससे भी साफ है कि मीरां के लिए कृष्ण रसिक थे एवं रस अर्थात् शृंगार (भक्ति नहीं) से परिपूर्ण यशोगान मीरां ने किया। इस अर्थ में मीरां काव्य का प्रधान रस शृंगार ठहरता है विशेषत: वियोग शृंगार। परवर्ती रीतिकालीन कवियों का भी यह प्रधान रस था जहां भक्ति के स्थान पर व्यक्ति को अधिक महत्त्व दिया जाता था। इस प्रकार मीरां सामंतवाद के अग्रिम विकास व्यक्तिवाद की प्रणेता भी नजर आती है जिन्होंने सामंतवाद का मुखर विरोध किया था। नि:संदेह उपर्युक्त निष्कर्ष और अधिक अध्ययन की मांग करता है किंतु इतना तो सत्य है ही कि कृष्ण मीरां के ईश्वर से अधिक प्रेमी थे एवं मीरां भक्त से ज्यादा उनकी गोपिका या प्रेमिका थी जैसा कि नाभादास अपने छप्पय में उल्लेख करते हैं। छप्पय की अगली पंक्तियां मीरां के लोकप्रसिद्ध व्यक्तित्व एवं राजनीतिक संघर्ष का संकेत करती हैं। जिसमें संकेत किया गया है कि मीरां को मारने के कई

प्रयास सत्ता प्रतिष्ठान द्वारा किए गए क्योंकि उनको यह लगता था कि मीरां की भक्ति अनुचित है। निःसंदेह मीरां को मारने का प्रयास चित्तौड़ दुर्ग की आंतरिक राजनीति के कारण हुआ था। आगे बताया गया है कि मीरां का दुष्ट लोग बाल भी बांका न कर सके व विष भी अमृत हो गया। उस समय उनके बारे में ऐसा ही लोकप्रसिद्ध था। अंत में नाभादासजी ने मीरां को एक भक्त बताते हुए कहा है कि उन्होंने भक्ति रूपी वाद्य बजा लिया था इसलिए न तो वे किसी से डरी एवं न ही किसी से लज्जा ही की। निःसंदेह मीरां अपने संघर्ष एवं उद्देश्यों को लेकर दृढ़ थी।

भक्तमाल में नाभादास के उक्त छप्पय के पश्चात् भक्तमाल की प्रियादासकृत 'भक्तिरस-बोधिनी' टीका को महत्त्वपूर्ण माना जा सकता है। नाभादास जयपुर में रहते हुए मेवाड़ से फिर भी अपेक्षाकृत अधिक निकट थे किंतु प्रियादासजी जो कि नाभादासजी से संपर्क में थे किंतु मेवाड़ की भूमि एवं घटनाओं से पर्याप्त दूरी पर थे अतः मीरां संबंधी उनका वर्णन लोक के माध्यम एवं साधु-संतों के माध्यम से मीरां के संबंध में पहुंची हुई सूचनाओं पर ही आधारित था। अतः भक्तमाल की प्रियादासजीकृत 'भक्तिरस-बोधिनी' टीका में मीरां संबंधी जो भी उल्लेख मिलता है उसमें मुख्यतः लोकप्रचलित किंवदंतियों का ही आश्रय ग्रहण किया गया है जैसे कि मीरां बचपन से ही कृष्ण-भक्त थी एवं शादी के भांवर लगते समय भी उनका मन कृष्ण में ही खोया हुआ था। ससुराल आने पर मीरां ने देवी की आराधना करने से इनकार किया, ननद ने मीरां को साधु संगत छोड़ने के लिए समझाया किंतु मीरां नहीं मानी, मीरां को मारने के लिए विष का प्याला पीने के लिए दिया गया परंतु वह विष मीरां का कुछ भी न बिगाड़ सका। मीरां महल के एकांत में, अदृश्य कृष्ण से मिलती थी एवं किसी पुरुष की आशंका में राणा तलवार लेकर मीरां महल पहुंचे। किसी कुटिल साधु ने स्वयं को कृष्ण बताकर संभोगेच्छा प्रकट की एवं मीरां ने सबके सामने संभोग की शर्त रखकर कुटिल साधु को बेनकाब कर दिया। मीरां के रूप की चर्चा सुनकर बादशाह अकबर तानसेन के साथ मीरां से मिलने आए। मीरां वृंदावन में आकर जीव गोस्वामीजी से मिली थी। अंत में नए महाराणा ने मीरां को मनाकर वापस मेवाड़ लाने के लिए दूत भेजे। ऐसी अनेक घटनाएं, कथाएं एवं किंवदंतियां जो कि लोक में मीरां के संबंध में प्रसिद्ध थीं, प्रियादासजी ने उनका उपयोग अपनी 'भक्तिरस-बोधिनी' टीका में किया है। इस टीका से जहां हमें इस बात का पता तो चलता ही है कि प्रियादासजी के समय दुर्ग से बाहर मीरां की लोकमानस एवं जनमानस में क्या छवि थी, साथ ही साथ इससे कुछ महत्त्वपूर्ण जानकारियां भी मिलती हैं जैसे कि—"मेरतौ जन्म-भूमि, भूमि हित नैन लगे" टीका के इस वाक्य से मीरां की जन्म-भूमि मेड़ता प्रमाणित होती है। यह भी संभव है कि मेरतौ से प्रियादासजी का तात्पर्य मेड़ता शहर न होकर मेड़ता प्रदेश हो। इसी पंक्ति में प्रियादासजी एक अन्य महत्त्वपूर्ण बात बताते हैं कि मीरां के 'भूमि हित नैन

लगै' भूमि से यहां सीधा-सीधा तात्पर्य मेवाड़ की भूमि ही हो सकता है यदि ऐसा है तब यह मानना पड़ेगा कि मीरां ने एक कुशल राजनेता की तरह भूमि अर्थात् लोगों के हित के कार्य संपादित करना आरंभ कर दिया था। इस तथ्य की पुष्टि मेवाड़ क्षेत्र में प्रचलित कुछ किंवदंतियों से भी होती है। यदि ऐसा है तो मीरां के कुशल राजनेता होने में कोई संदेह शेष नहीं रह जाता। जहां तक भांवर लेने के समय उल्टे भांवर लेने अथवा कृष्णमूर्ति को बीच में रखकर भांवर लेने का प्रश्न है यह पूर्णतया लोक द्वारा गढ़ी गई कहानियों के अतिरिक्त और कुछ भी नहीं है। आज भी राजपूतों में भांवर लेते समय चंवरी स्थल पर आम जनता का आना तो दूर निकट सगे-संबंधियों तक का आना निषेध है। ऐसी स्थिति में मेवाड़ कुंवर के भांवर में क्या हुआ था और क्या नहीं कहना आसान नहीं है, निश्चय ही इस प्रकार की कथाएं शुचितावादियों द्वारा गढ़ी गई कहानियां ही हैं जो एक स्त्री के दो या अधिक प्रेम एवं विवाह-पुनर्विवाह को अनुचित मानते हैं। इसीलिए ये शुचितावादी राणा के पश्चात् कृष्ण के साथ मीरां के दूसरे प्रेम को स्वीकार करने के लिए तैयार नहीं हैं अतः इस प्रकार की किंवदंतियां गढ़कर प्रसिद्ध कर दी गईं। मीरां द्वारा देवी-पूजा से इनकार जहां मीरां के कृष्ण के प्रति प्रगाढ़ संबंध का संकेत करता है वही मीरां द्वारा कृष्ण-पूजा की अनिवार्यता की मजबूरी भी बताता है अन्यथा तुलसी जैसे भक्त तो एक नहीं अनेक देवताओं की आराधना में लगे हुए थे। यदि मीरां ऐसा करती तो उसकी प्रतिरोधी क्षमता ही प्रायः समाप्त हो चुकी होती, जिसे मीरां ने कृष्ण-भक्ति का आश्रय ग्रहण करके परवान चढ़ाया था। विषपान की घटना का भी टीका में उल्लेख किया गया है। इस प्रकार की घटना का वर्णन मीरां से संबंधित अधिकांश विवरणों में उपलब्ध होता है। इससे अनुमान होता है कि इस प्रकार की कोई घटना निश्चित रूप से हुई होगी यद्यपि इस घटना को समझने व इसके गहन विश्लेषण की आवश्यकता है जो आध्यात्मिकता व अनुकंपा के आवरण से निकलकर वैज्ञानिक दृष्टिकोण को प्रश्रय दे। इसके साथ ही कुटिल साधु की घटना, अकबर-तानसेन का मीरां से मिलन का प्रसंग, अदृश्य कृष्ण का मीरां से मिलने का लोकप्रसिद्ध विश्वास एवं जीव गोस्वामी से मिलने की घटना की जानकारी भी हमें इस टीका से मिलती है। इस टीका से यह भी साफ तौर पर पता चलता है कि मीरां अत्यंत रूपवती थी, प्रभावशाली व्यक्तित्व की थी तथा अंततः नए महाराणा ने मीरां को द्वारिका से पुनः मेवाड़ लौटा लाने के लिए दूत भेजे थे। प्रियादासजी की 'भक्तिरस-बोधिनी' टीका में मीरां संबंधी अंश इस प्रकार है—

"मेरतौ" जन्म-भूमि, भूमि हिन नैन लगे,
पगे गिरिधारीलाल पिता की के धाम मैं।
राना कै सगाई भई, करी ब्याह सामा नई,
गई मति बूड़ि, वा रंगीले घनश्याम मैं॥

भांवर परत, मन सांवरे सरूप मांझ,
तांवरे सी आवें चलिबे कौ पति ग्राम मैं।
पूछैं पिता माता "पट आभरन लीजियै जू",
लोचन भरत नीर कहा काम दाम मैं॥1॥
"देवौ गिरिधारीलाल, जौ निहाल कियौ चाहौ,
और धन माल सब राखियै उठाय कै"।
बेटी अति प्यारी, प्रीति रंग चढ़्यो भारी,
रोय मिली महतारी, कही "लीजियै लढ़ाय कै"॥
डोला पधराय, दृग-दृग सौं लगाय चलीं,
सुख न समाय चाय, प्रानपति पाय कै।
पहुंचीं भवन सासु देबी पै गवन कियौ,
तिया अरु अब गंठजौरो कर्यों भाय कैं॥2॥
देबी के पुजाबके कौं, कियौं लै उपाय सासु,
बर पै पुजाइ, "सुनि बधू पूजि" भाखियै।
बोली "जू बिकायौ माथौ लाल गिरिधारी हाथ",
और कौ न नवै, एक वही अभिलाखियै॥
"बढ़त सुहाग याके पूजे ताते पूजा करौ,
करौ जिनि हठ सीस पायनि पै राखियै"।
कही बार-बार "तुम यही निरधार जानौ,
वही सुकुमार जापै वारी नाखियै"॥3॥
तब तौ खिसानी भई, अति जरि बरि गई,
गई पति पास "यह बधू नहीं काम की।
अब ही जवाब दियौ, कियौ अपमान मेरौ,
आगे क्यों प्रमान करै? भरै स्वास चाम की॥
राना सुनि कोप करयौ, धर्यौ हिये मारिबोई,
दई ठौर न्यारी, देखि रीझी मति बाम की।
लालनि लड़ावै गुन गाय कै मल्हावै साधु,
संग ही सुहावै, जिन्हें लागी चाह श्याम की॥4॥
आय कै ननद कहै "गहै किन चेत भाभी?
साधुनि सौं हेतु में कलंक लागै भारियै।
राना देसपती लाजै, बाप कुल रती जात,
मानि लीजै बात बेनि संग निरवारियै"॥
"लागे प्रान साधू संत, पावत अनंत सुख,
जाको दुख होय, ताको नीके करि टारियै"।

सुनिकै, कटोरा भरि गरल पठाय दियौ,
लियौ करि पान रंग चढ़्यौ यों निहानियै ॥5॥
गरल पठायौ, सो तौ सीस लै चढ़्यौ, संग,
त्याग विष भारी, ताकी झार न संभारी है।
राना नै लगायौ चर, बैठे साधु ढिंग ढर,
तब ही खबर कर, मारौ यहै धारी है॥
राजै गिरिधारीलाल, तिनहीं सों रंग जाल,
बोलत, हंसत ख्याल, कान परी प्यारी है।
जाय कै सुनाई, भई अति चपलाई, आयौ,
लिये तरवार, दै किवार, खोलि न्यारी है॥6॥
"जाके संग रंगभीजि, करत प्रसंग नाना,
कहां वह नर गयौ बेगि दै बताइयै"।
"आगे ही बिराजै, कछू तोसों नहीं लाजै, अभूं,
देखि सुख साजै, आंखें खोलि दरसाइय"॥
भयोई खिलानौ राना, लिख्यौ चित्र भीत मानो,
उलटि पयानौ कियौ, नेकु मन आइयै।
देख्यौ हूं प्रभाव ऐ पै भाव में न भिद्यौ जाई,
बिना हरिकृपा कहौ कैसे करि पाइपै॥7॥
विषई कुटिल एक भेष धरि साधु लियौ,
कियौ यों प्रसंग "मोसों अंग संग कीजियै।
आज्ञा मोंको दई आय लाल गिरिधारी", "अहो,
सीस धरि लई, करि भेजन हूं लीजियै"॥
संतनि समाज में बिछाय सेज बोलि लियौ,
"संक अब कौन की निसंक रस भीजियै"।
सेतु मुख भयौ, विषैभाव सब गयौ, नयौ,
पांयन पै आय, "मोकों भक्तिदान दीजिए"॥8॥
रूपी की निकाई भूप 'अकबर' भाई हिये,
लिये संग तानसेन देखिबे को आयो है।
निरखि निहाल भयो, छबि गिरिधारीलाल,
पद सुखजाल एक, तब ही चढ़ायो है॥
वृंदावन आई, जीवगुसांई जू सों मिली झिलीं,
तिया मुख देखिबे को पन लै छुटयो है।
देखी कुंज कुंज लाल प्यारी सुखपंज भरी,
घरी उर मांझ, आय देस, बन पायो है॥9॥

रानी की मलीन मति, देखि बसी द्वारावति,
रति गिरिधारीलाल, नित ही लड़ाइयै।
लागी चटपटी भूप भक्ति कौ सरूप जानि,
अति दुख मानि, बिप्र श्रेणी लै पठाइयै॥
बेगि लैकै आवौ मोकों प्रान दै जिवावौ अहो,
गए द्वार धरनौ दै बिनती तौ सुनाइयै।
सुनि बिदा होन गई राय रणछोर जू पै,
छांडौं राखौ ही न लीन भई नहीं पाइयै॥10॥[11]

वैष्णवदासजी, प्रियादासजी के पौत्र थे। वे निंबार्क संप्रदाय से संबंधित एवं वृंदावन के रहने वाले थे। उन्होंने अपने दादा द्वारा लिखित टीका को और अधिक स्पष्ट रूप से व्याख्या करके समझाया है, कोई नई जानकारी नहीं दी है। भक्तों की मीरां के संबंध में जो थोड़ी बहुत टिप्पणियां उपलब्ध हैं, उन समस्त टिप्पणियों में मूलतः मीरां को भक्त के रूप में याद किया गया है, राजमहल से संबंधित किसी घटना का कहीं कोई उल्लेख नहीं है। वैष्णवदासजीकृत 'भक्तमाल का दृष्टांत' भी इसका अपवाद नहीं है। वह दृष्टांत इस प्रकार दिया गया है।

भक्तमाल छप्पय—मीराबाई जू प्रसंग

(क) मीरां गिरधर भजी॥ मीरां को गिरधर भज्यो॥ न पारयेच्व्हं निरवद्यसंयुजां स्वसाधुकृत्यं विबुधायुषापि वः॥ आसामहो चरणरेणजुषामहं स्या वृंदावने किमपि गुल्मलतौषधीनाम्॥

(ख) सद्स गोपिका प्रेम : जैसे साहुकार का लड़का है भीत फोरि आया है॥ चोर कहना नहिं॥ कह भी चुके॥ ऐसे गोपिन्ह ते अधिक नहीं पर अधिक है॥

टीका-कवित्त

(1) गई मति बूड़ि वा रंगीले घनश्याम मैं॥ मारु॥

लोना सांवल नागर सागर व मुरली धुनि गरजै॥
वल्लभ रसिक ताने लहरै गावत आवत सुर परजै॥
मोर पक्ष करहु लैहु लैक लगी पूतरी लौं बरजै॥
रूपक हर हरि आन आव जनि न[illegible] धरम की धरजै॥1॥
इन नैननि मधि मोहन सोहन मूरति आनि अमानी॥
धीरज धरम सरम सब भूल भूली नियम कहानी॥
वल्लभ रसिक कोउ कछु भाषौ मैं नेक न मन में आनी॥
हिय अटकी अटकी चटकीली पाग जु सुरंग सुहानी॥2॥

(2) ...टिप्पण नहीं है।

(3) देवी के पूजाइबे को ॥

रज्यंति जं तवस्तत्र स्थान राजं गमा अपि ॥
नंद गोपसुतं देवी पति में कुरु ते नम ॥

गोपिन को भगवत् प्राप्ति की जिज्ञासा है। इनके साक्षात्कार पति श्री कृष्ण होय रहे हैं।

(4) अति जर वर गई ॥

रही कैसे ॥ जैसे रसी (रस्सी) जरै ॥ वाको आकार रहै ॥ ऐसे रही ॥ जिनै लागी चाह स्याम की ॥ कृष्ण-भक्त नाते सत्संग करै ॥ वेगि संग निरवारियै ॥

जिनकी देह नेह परिपूरन ते जगमगात जग माहीं ॥
जिन दरसै तिनि परसै चिकने रोम रोम हैं जाहीं ॥
नर पशु दाग लगत उर जिनकी बातैं सुनत डेंराहीं ॥
वल्लभ रसिक निसंत अंक भरि-भरि तिनसौं लपटाहीं ॥

(5) उदाबार्द नंद सो कहा :

दोहा— मीन मारि जल धोई षाये अधिक पीयास।
कवित्त— तूतो निसि बासर प्रान मोमे रहत तातें
विनती करत सो न क्यौं हू बिसरायबी ॥
हौं तौ जरि जैहौं ज्वाल जालनि पै री मौपे
कैसे सहि जैहे बिरहाग की बलायबी ॥
कहैं कवि चिंतामनि हे रे बयारि रूप
पाछले सनेह मोहि तहां पहुंचायबी ॥
कीजियो उपाय सोई प्यारो धरै जहां पांय
षेह भये देह मरी तहां पहुंचायबी ॥

जादसी भावना जत्रसी धी भवती तादृसी ॥ तुलयामि लवेनापि ॥ 1 ॥
अर्चे विस्मोसिलाधी गुरुसुनरमति वैष्णवौ जाति बुद्धिः ॥
अर्चावतारी पादाना वैष्णवौत्पति चिंतन ॥
मात्र योनिपरीक्षयां तुल्यामाहु मनीक्षितां ॥

(6) गरल पठाय दियो :

राना तो बड़ो भक्त है और तो भक्त छुछि सो ॥
चरनामृत देहै यह कटोरा भर देहै ॥

(7) आखै षोलि दरसाईयौ :

राना ने रसाईनी को बांधा। रसाइन सीषा चाहै सो वह बतावै नहीं। नित्य मारने को उद्योग करै। रात्री को सखा का रूप करिकै सेवा करै। जीस रोज मारन की ठीक पड़ी आजू नै बताबै तो कल्हि मारौ। जिस रोजै सखा को बताया सो सेवा सो पाया। बिन सेबा चाहै तो नहीं॥

(8) संक अब कौन की :

चोरोजोनवनी तस्य जारोवल्लभजोषितां॥
ध्येयः सदैव साधूनां चोरजारसिरोमने॥
देस काल पात्र पाय विस ही य है॥

(9) रूप की निकाई भूप अकबर भाई :

बिलायत के पातसाह ने हिंद के पातसाह को लिख्यो कि अपने देश का मेवा सुंदर सरूप होय सो लिखियो। तब लिखा वृजवासी नंद ग्वाल को फरजंद एक कन्हैया नाम है जाकै रूप के ऊपर अनेक ईस्त्री बावली भई हैं। और टेडी एक फल बड़ा मेवा होय है सो पथिकन को बरबस अटकावै है। कहै कि षाय कैं जावो। सो उन्ह के मत मैं भी कन्हैया सुंदर है। सो देखन अकबर पातसाह तानसेन समेत गीरधारीजी छवि को मगन होय गया।

(10) पद सुष जाल एक तब ही चढ़ायो है :

पद— प्यारी क चिहुर विथुरे मानौं धाराधर की स्याम घटा उनई।
ता मधि पुहुप छुटि परैं जैसे बड़ी-बड़ी बूंदै॥
ता मध्य मुक्ता मांग बग पांति तरुण अलक बिच बिच कौंधति विज्जु लता सी नेत्र कंजरी। पीक बोलत बोलै रुंदै॥
लाला सारि हरि की रमघान सी घूंघट करि चली तरकै,
पीठ पाछै ते सोहै लाल मुनीया सी कंचुकी तनी की फूंदै॥
मेहदी सु आरक्त नर्ष वीर बहुटी सी, ऐसी पावस बनिता मिली।
मीरां लाल गीरधर कुं लै काम प्रीति हार गूंदै॥ 1॥
यह पद तानसेन समेत अकबर आय चढ़ायो॥

(11) वृंदावन आय गोसांई :

इही बूझत फीरै वृंदावन में कोउ मसाल है॥
कोई ने कहा आजू सौ जीवगुसांई है।
तिया मुष देशवे को पन ले छुड़ायो है—माता स्वस्त्रा दुहिताच नोविवक्तासनं भवेत॥
बलवान् इंद्रिया श्रामंविद्वांममतिवकषति।

(12) रति गीरधारीलाल नित ही लड़ाइयै—कवित्त—

सांझ सबेरो अंधेरो उजेरो अकेले दुकेले वही रस छाक्यो ॥
आइवो छोड़ो न तेरी गली को जो लोगन्ह वाक कुवाक हूं भाक्यो ॥
दीन भयो हम सी न हूं सो आए कान्ह समान सबै करि छाक्यो ॥
पौरि लौ आइकै अंग लषाय कै तै सुषदायक नीके न ताक्यौ ॥ 1 ॥
आत्मानं चिंतये तत्र तासां मध्ये मनोरमां ॥
रूपयोवनसंपन्ना किशोरि प्रमदावति ॥

दोहा— प्रेम एक एक चित्र सौ एकै संग बिकाइ ॥
गंधी की सोधो नहीं जन जन हाथ बिकाइ ॥
कबहूं रनकट प्रेम सो सीषो लाल विवेक ॥
जैसो नौलष कावरू पै दरवाजो एक ॥

(13) सुनि बिदा होन गई—

पद— राय श्री रनछोर दीजै द्वारिका को वास ॥
संख चक्र गदा पदुम दरसै मिटै जम की त्रास ॥
सकल तीरथ गोमती के रहत नित्य निवास ॥
संख माल रिमांमी बाजै सदा सुख की रास ॥
तज्यो देस रु बेसु हु तजि तज्यो राना राज ॥
दास मीरा सरन गिरिधर तुम्हैं अब सभ लाज ॥

(14) छाड़ौ राषौ ही न लीन भई—

पद— हे हरि हरहु जनकी भीर।
द्रोपती की लाज राषी तुम बढ़ायो चीर ॥
भक्त कारन रूप नरहरि धरयो आय सरीर ॥
हिरनकस्यप रूप नरहरि धरयो नाहिर धीर ॥
बूड़ते गज ग्राह तारयो कियो बाहर नीर।
दास मीरां लाल गीरधर दुष जहां तहां पीर ॥

पद— सुजन सुधि ज्यौं त्यौं लीजै।
तुम बिन मेरे और न कोई कृपा रावरी कीजै ॥
दिवस व भूष रैन नहिं निद्रा येन तन पल पल छीजै ॥
मीरा लाल गिरधर नागर अब मिली बिछुरन नहि कीजै ॥
या पद की छाप परत संते रनछोड़ जू आपु मैं समाय लिया सदेही ॥ 1 ॥[12]

राघौदास सुंदरदासजी के शिष्य थे उनकी 'भक्तमाल' व 'टीका' प्रसिद्ध है। इन कृतियों पर नाभादास की भक्तकाल का स्पष्ट प्रभाव देखा जा सकता है। मीरां संबंधी राघौदास का वर्णन इस प्रकार है—

मीरांबाई को बरनन—

(मूल)

मूल छप्पय— लोक बेद कुल जगत सुख मुचि मीरां श्री हरि भजे।
गोपिन की सी प्रीति रीति कालिकाल दिषाई।
रसिकराय जस गाइ, निडर रही संत-सभाई।
रानै रोस उपाइ जहर कौ प्यालौ दीन्हों।
रोम षुस्यौ नहीं एक मांनि चरनामृत लीन्हौं।
नौबति भक्ति घुराई कैं पति सो गिरिधर ही सजे।
लोक बेद कुल जगत सुष मुचि मीरां श्री हरि भजे।

मनहर

राजमी की भक्ति न भावै काहू दुष्टन कौं,
मीरां भई वैष्णव जहर दीन्हो जानि कैं।
रानौ कहै मारै लाज, मारि डारौ यानि आज,
आप करै कीरतन, संत बैठे आनि कैं॥
प्रेम मधि पीयो विस, पद गाये अहर्निस,
भै न ब्याप्यौ नैकहूं, न लीन्हौं दुष मानि कैं।
राधौ कहै रानै मुषि, बैरी सब राज-लोक,
मीरांबाई मगन भरोसौ चक्रपांनि कैं॥ 1॥[13]

भक्तमालों की परंपरा में अंतिम उल्लेख राघौदासजी की भक्तकाल पर चतुरदास अथवा छत्रदास की टीका का किया जा सकता है। उन्होंने इस टीका में मीरां पर 10 सवैये लिखे हैं।

टीका (इंदव छंद)

माता पिता जनमीं पुर मेड़त प्रीति लगी हरि पोहर मांही।
रांनहि जाइ सगाइ करावत ब्याहन आवत भावत नांही॥
फेर फिरावत बा न सुहावत, यौं मन में पति साथि न जांहीं।
देने लगे पितमात आभूषन, नैंन भरे जल मोहि न चांहीं॥ 1॥
द्यौ गिरिधारिहि लाल निहारन बेस अभूषन बेग उठावौ।
माता पिता सु सुता अति है प्रिय रोय दये प्रभु लेहु लड़ावौ॥
पाइ महासुष देशत है मुख डोलहि मैं बयठाइ चलावौ॥
धांमहि पौंचत मात पुजावत सास करावत गांठि जुरावौ॥ 2॥
मात पुजाइ लई सुत मैं पुनि पूजि बहू अब सास कही है।

सीसे नवै मम श्री गिरिधारिहि आन न मानत नाथ वही है॥
होत सुहागिणि याहिक पूजत टेक तजौ सिर नाई मही है।
एक नवै हरि और न नावत मानत क्यूं नहिं बुद्धि वही है॥ 3॥
होइ उदास भरै उस सास गई पति पास बहू नहिं आछी।
मानत मैं अब फेरि गिनै कब केति कहौ फिरि आत न पाछी॥
रोस कर्यौ नृप ठौर जुदी दइ रीझि लई वह नाचन काछी।
नृत्य करै उर लाल धरै सतसंग बरै सब है जन साछी॥ 4॥
आइ नणंद कहै सुनि भाभिहि साधुन संग निवारि भजीजे।
लाजत है नृत तासु बड़ौ कुल लाजत द्वै वंश बेगि तजीजे॥
संत हमारहि जीवन मानस तारस द्वै कुल सत्य मनीजे।
जाई कही तब झैर पठावत लै चरनांमृत पांन करीजै॥ 5॥
सीस नवाई कै पीत भई विष संतन छोड़न है दु भारी।
भूप कहै भृति चौकस राषहु आइ कनै जन बोलत मारी॥
स्यांमहि सौं बतलात सुनी अब जाइ कही अब है सत यारी।
सौ सुनिकैं तरबारि लई कर दौरि गयो पट पोलि निहारी॥ 6॥
बोलत हौस गयो कत मानंस देहु लषाइ न मारत तोही।
येर षरे कछु नांहि डरे चित लेत हरे किन बाहत मोही॥
भूप लजाइ रह्यौ जड़ होइर ऊठि गयो तजिकैं उर छोही।
देषि प्रताप न मानत आप रहै उर ताप करै हरि बोहि॥ 7॥
संतन भेष करौ विषई नर आइ कही मम संग करीजे।
लाल दई यह आइस जावहु मांनि लई अब भोजन लीजे॥
सेज बिछावन साधु सभा बिचि टेरि लियौ तब कारिज कीजै।
देषित ही मुष सेत भयो पगि जाइ नयौ अब सिष्षा मनीजे॥ 8॥
भूप अकबर रूप सुन्यो अति तानहिसेन लिये चलि आयौ।
देषि कुस्याल भयो छवि लालहि एक सबद्द बनाइ सुनायौ॥
जा बृज जीव मिली पन हौ तिय देशतनैं मुष ताहि छुड़ायौ।
कुजन कुंज निहारि बिहारिहि आइ रु देस बनैं बन गायौ॥ 9॥
भूपति बुद्धि असुद्ध लषी अति द्वारवती बसि लाल लड़ाये।
पेटि जलंध्र होत भयौ नृप जानि महादुष बिप्र षिनाये॥
लैकरि आबहु मोहि जिवावहु बेगि गए समचार सुनाये।
होन बिदा चलि ठाकुर पैं मुष मांहि लई तुछ चीर रहाये॥ 10॥[14]

प्रियादासजी कृष्णचैतन्य संप्रदाय के अनुयायी थे जबकि उनके पौत्र वैष्णवदासजी का संबंध निंबार्क संप्रदाय से था। नाभादासजी एवं प्रियादासजी के निकट संपर्क एवं विचारों के आदान-प्रदान का भी उल्लेख मिलता है जबकि राघौदास के बारे में कहा

जाता है कि उनका लेखन नाभादासजी के भक्तमाल से पर्याप्त प्रभावित था राघौदासजी का संबंध संत संप्रदाय से था। कुल मिलाकर निष्कर्ष यह निकलता है कि नाभादास, प्रियादास, वैष्णवदास, राघौदास तथा चतुरदास मध्यकालीन भक्ति के एक ही स्कूल के भक्त कवि थे। इस आधार पर उनकी विचार पद्धति में भी बहुत कुछ साम्य था भले ही वे भिन्न-भिन्न संप्रदायों एवं भक्तों से संबंधित थे तथापि भक्तों तथा भक्ति संबंधी दृष्टि में ऊपरी भेद के होते हुए भी हृदयगत रूप से ये सभी भक्त कवि एक ही भावना का प्रतिनिधित्व करते थे। ऐसे में यह तथ्य एक नया प्रश्न यह भी खड़ा करता है कि क्यों केवल नाभादास स्कूल ने ही मीरां को टिप्पणी योग्य समझा, अन्य भक्तों व संतों ने क्यूं नहीं। यद्यपि तुलसी से लेकर कबीर तक सभी भक्त कवियों से मीरां के संबंधों की चर्चा हुई है परंतु उनमें एक भी विश्वसनीय नहीं कहा जा सकता। संभव है तुलसी जैसे ब्राह्मणवादी तथा मीरां जैसी लोकप्रसिद्ध क्रांतिकारी व्यक्तित्व के मध्य पत्र-व्यवहार की चर्चा करना भी किसी विशिष्ट राजनीति का परिणाम हो।

भक्तमालों के रचयिता मेवाड़ की भूमि व मध्यकालीन सत्ता के आतंक से कोसों दूर ब्रजमंडल की भूमि में थे किंतु जहां तक वल्लभ संप्रदाय का प्रश्न है वल्लभ संप्रदाय के व्यक्तिगत हित मेवाड़ की सत्ता के हितों से संबंधित थे और वल्लभ संप्रदाय के आराध्य श्रीनाथजी को भी प्रगतिशील मुस्लिम धर्म के आतंक से बचकर स्वयं की रक्षा के लिए मेवाड़ राजवंश की शरण में आना पड़ा था। इसी मजबूरी के चलते वल्लभ संप्रदाय वालों ने सत्ताधारियों को प्रसन्न करने हेतु मेवाड़ की कुलवधू, जो कि उनकी राय में कुलकलंक थी, को रांड़ भी कहा। यह बात और है कि मीरां रांड़ (विधवा) होते हुए भी सदा सुहागिन थी। उनका पति तो अजर-अमर था। 'चौरासी वैष्णवन की वार्ता' में मीरां संबंधी जो तीन उल्लेख मिलते हैं उनसे अनुमान लगाया जा सकता है कि वल्लभ संप्रदाय मीरां से किस हद तक नफरत करता था। वजह चाहे जो कुछ रही हो वे मीरां की प्रसिद्धि से ईर्ष्या रखते थे अथवा मेवाड़ की सत्ता की चापलूसी करना चाहते थे परंतु सत्य सही है कि वल्लभ संप्रदाय मीरां के प्रश्न पर पर्याप्त असहिष्णु था।

(1) गोविंद दुबे साचोरा ब्राह्मण तिनकी वार्त्ता

और एक समय गोविंद दुबे मीरांबाई के घर हुते तहां मीरांबाई सो भगवद्वार्ता करत अटके तब श्री आचार्यजी ने सुनीं जो गोविंद दुबे मीरांबाई के घर उतरे हैं सो अटके हैं, तब श्री गोसाईजी ने एक श्लोक लिखि पठायो, सो एक ब्रजवासी के हाथ पठायो। तब वह ब्रजवासी चल्यौ सो वहां जाय पहुचौ। ता समय गोविंद दुबे संध्यावंदन करत हुते। तब ब्रजबासी ने आय के वह पत्र दीनो सो पत्र बांचि के गोविंद दुबे तत्काल उठे। तब मीरांबाई ने बहुत समाधान कीयो परि गोविंद दुबे ने फिर पाछे न देख्यो। प्रसंग ॥ 2 ॥[15]

(2) अर्थ मीराबाई के पुरोहित रामदास तिनकी वार्त्ता

सो एक दिन मीराबाई के श्री ठाकुर के आगे रामदासजी कीर्तन करत हुते। सो रामदासजी श्री आचार्यजी महाप्रभून के पद गावत हुते, तब मीराबाई बोली 'जो दूसरे पद श्री ठाकुरजी को गावो' तब रामदासजी ने कह्यो मीरांबाई सों 'जो अरे दारी रांड यह कौन पद है? यह कहा तेरे खसम को मूड़ है। जा आज सें ये तेरो मुंहडो कबहूं न देखूंगौ' तब कहां से सब कुटुंब को लेके रामदासजी उठि चले। तब मीरांबाई ने बहुतेरो कह्यौ, परि रामदासजी रहे नाहीं, पीछे फिर के बाको मुख न देख्यो। ऐसे अपने प्रभून सों अनुरक्त भए सो वा दिन से मीराबाई को मुख न देख्यो, वाकी वृत्ति छोड़ दीनी, फेरि वाके गांव के आगे होय के निकसे नाहीं। मीराबाई ने बहुत बुलाए परि वे रामदासजी आये नाहीं, तब घर बैठ भेट पठई सोऊ फेरि दीनी और कह्यो जो रांड तेरो श्री आचार्यजी महाप्रभून ऊपर समत्व नाहीं जो हमको तेरी वृत्ति कहा करनी है। हमारे तो श्री आचार्यजी महाप्रभून सर्वस्व हैं, हम तो उनके हैं, उनके हैं, उन बिना हमारे सर्वस्व त्याग करनो, उनके चरणाबिंद को आश्ररू राखनो, ऐसी वृत्ति बहुतेरी होयगी। वे रामदास श्री आचार्यजी महाप्रभून के ऐसे कृपापात्र भगवदीय हैं, ताते इनकी वार्ता कहां तांई लिखिए॥ प्रसंग 1॥ वैष्णव 54॥[16]

(3) अथ कृष्णदास अधिकारी तिनकी वार्त्ता

सो वे कृष्णदास शूद्र एक बेर द्वारिका गए हुते। सो श्री रणछोड़जी के दर्शन करिके वहां से चले। सो आपन मीराबाई के गांव आए। सो वे कृष्णदास मीराबाई के घर गए तहां हरिवंश व्यास आदिदे विशेषसह वैष्णव हुते। सो काहू को आये आठ दिन काहू को आये दश दिन काहू को आये पंद्रह दिन भये हुते। तिनकी बिदा न भई हुती और कृष्णदास ने तौ आवत ही कही जो हूं तो चलूंगो तब मीरांबाई ने कही जो बैठो। तब कितनेक महौर श्रीनाथजी को देन लागी। सो कृष्णदास ने न लीनी और कह्यो जो तू श्री आचार्यजी महाप्रभून की सेवक नाहीं होत ताते तेरी भेंट हम हाथ ते छुवेंगे नाहीं। सो ऐसे कहिं के कृष्णदास उहां ते उठि चले। सो आगे सब आये। तब एक वैष्णव ने कह्यो जु तुमने श्रीनाथजी की भेंट नहीं लीनी। तब कृष्णदास ने कह्यो जो भेंट की कहा है। मीराबाई ने यहां जितने सेवक बैठे हुते तिन सबन की नाक नीचे करके भेट फेरी है। इतने इकठौरे कहां मिलते। यह हूं जानेंगे जो एक बेर शूद्र श्री आचार्यजी महाप्रभून को सेवक आयो हुतो ताने भेंट न लीनी तो तिनके गुरु की कहा बात होयगी।[17]

उपर्युक्त वार्ता प्रसंग से मीरां के चरित्र के संबंध में जो बात उभरकर सामने आती है उससे पता चलता है कि मीरां एक उच्च कोटि की कुशाग्र बुद्धि चतुर महिला थी। वह मेवाड़ व आसपास के प्रदेशों में वल्लभ संप्रदाय के प्रसार एवं आम जनता में उनकी गहरी पैठ से भली-भांति परिचित थी। अत: वल्लभों द्वारा अपमानित किए जाने के बावजूद उसने कोई प्रतिक्रिया व्यक्त न करके शांति बनाए रखी

क्योंकि वल्लभों को अप्रसन्न करना न केवल राजनीतिक दृष्टि से अलाभकर था वरन् इससे भक्त के रूप में उसकी प्रसिद्धि पर भी आंच आ सकती थी। कारण कि ऐसी स्थिति में इस बात को लेकर बहस छिड़ सकती थी कि मीरां की भक्ति को कहां तक उचित कहा जा सकता है? और यदि ऐसा होता तो मीरां के प्रतिरोध एवं संघर्ष की दिशा भटक जाती एवं मीरां के लिए एक अप्रिय वातावरण की सृष्टि हो जाती। अतः मीरां ने एक चतुर राजनीतिज्ञ की तरह स्वयं को इस निरर्थक संघर्ष से बचाए रखा एवं लोक में अपनी प्रसिद्धि तथा भक्त के रूप में छवि को कायम रखा।

वल्लभ संप्रदाय के वार्ता साहित्य में दूसरा उल्लेख 'दो सौ बावन वैष्णवन की वार्ता' में आता है। यह उल्लेख अजब कुंवरि के प्रसंग में आता है।

अब श्रीगुसांईजी की सेवकिनी अजब कुंवरि बाई, मेवाड़ में सिंहाड गाम है तहां रहती, तिनकीवार्ता कौ भाव कहत हैं—

भावप्रकाश—ये राजस भक्त हैं। लीला में इन कौ नाम 'रूप-आधिनी' है। ये श्रीठाकुरजी, के रूप में आसक्त हैं। तातें श्रीठाकुरजी कौ वियोग सहि सकति नाहीं। ये 'सुभगा' तें प्रगटी हैं, तातें उनके भावरूप हैं।

वार्ता प्रसंग-1 : सो वह अजबकुंवरि बाई बाल विधवा हती। सो मीरांबाई के पास रहती। सो मीरांबाई अजबकुंवरि बाई के नाम सिंहाड में रहती। और मीरांबाई के दूसरी सिंहाड हुती। परि अजबकुंवरि बाई और मीरांबाई एक ग्राम घर में रहती।

सो एक समै श्रीगुसांईजी सिंहाड पधारे। तब बाग में उतरे। तब मीरांबाई दरशन कों गई। तब अजबकुंवरि हूं साथ गई। तब श्रीगुसांईजी कों अजबकुंवरि ने साक्षात् पूरन पुरुषोत्तम देखे। तब मन में आई, जो-हों इनकी सेवकिनी होऊ तो भली है। पाछें भेंट धरि कै दरशन करि कै तुरत ही मीरांबाई तो फिरी। तब श्रीगुसांईजी ने कही, जो-यह भेंट तो हम नाहीं राखें। हमारे काम की नाहीं। तब और वैष्णव ने मीरांबाई सों कही, जो—ये तो अपने सेवक बिना काहू की भेंट राखे नाहीं है। ता पाछें भेंट फरि दीनी। जब अजबकुंवरि बाई ने कही, मीरांबाई सों, जो-तुम कहो तो हों इनकी सेवकिनी होंऊं। तब मीरांबाई ने नाहीं करी। ता पाछें दोऊ घर कों गई। तब अजबकुंवरि बाई कों महा विरह-ताप भयो और ज्वर आयो। तब मीरांबाई ने पूछ्यो, जो-ताकों कहा भयो? अब ही तो आछी हती। तब अजबकुंवरि बाई ने कह्यो, जो-हों तो श्रीगुसांईजी की सेवकिनी होऊंगी। मैं तो उन कों दरशन करत साक्षात् श्रीकृष्ण देखे। तातें ताप भयो। तब मीरांबाई ने कही, जो-तेरी इच्छा। पाछें अजबकुंवरि बाई सावधान होइ कै श्रीगुसांईजी सों बिनती कराई। जो-महाराजाधिराज! अजबकुंवरि बाई कहत हैं, जो-मौकों नाम दीजिए। तब श्रीगुसांईजी ने कृपा करि कै अजबकुंवरि कों नाम सुनायो। पाछें श्रीगुसांईजी कों बिनती करि कै अपने घर पधराए। पाछें श्रीगुसांईजी कों भली-भांति रसोई करवाई। ता पाछें श्रीठाकुरजी कों भोग धरि कै पाछें। श्रीगुसांईजी ने भोजन किये। ता पाछें वैष्णव सेवक जो साथ के हते तिन कों

महाप्रसाद दियो। पाछें थारि कौ महाप्रसाद अजंबकुंवरि बाई कों दीनो। सो लेत मात्र सर्व ज्ञात स्फुर्त भयो। ता पाछें श्रीगुसांईजी उत्थान के समै गादी तकियान पर बिराज कै कथा सही। ता समै आत्मनिवेदन कौ प्रसंग कह्यो। सो अजबकुंवरि बाई सुन्यो। जब अजबकुंवरि बाई ने श्रीगुसांईजी सों बिनती कीनी, जो–महाराज! मोकों कृपा करि कै आत्मनिवेदन करवायो चाहिए। ता पाछें श्रीगुसांईजी ने विधपूर्वक आत्मनिवेदन करवायो। पाछें सर्व मार्ग की रीति सिखाई। ता पाछें श्रीगुसांईजी कों घनों आग्रह करि कै दिन चारि राखे। भली-भांति सों सेवा करी। भली-भांति सों सामग्री रसोई करवावी। ता पाछें श्रीगुसांईजी विजय करिवे कों बिदाय भए सो चले। तब तुरत ही अजबकुंवरि बाई कों विरह उपज्यो। सो अत्यंत आर्ति भई। प्राणांत होंन लाग्यो। तब दासी ने दोरि कै श्रीगुसांईजी सों पुकारि कै बिनती कीनी, जो–महाराज! अजबकुंवरि बाई ने प्रान जात हैं। यह सुनि कै श्रीगुसांईजी पाछें पांउ धारे। तब अजबकुंवरि बाई ने श्रीगुसांईजी के चरण स्पर्श करे, तब सावधान भई। तब श्रीगुसांईजी सों बिनती करी, जो–महाराज! राज के दरशन बिनु मोतें रह्यो नहीं जात है। मेरे प्रान रहेंगे नाहीं। तब श्रीगुसांईजी अपनी पादुका पधराय दिए। और श्रीमुख सों कहे, जो–तोकों जब विरह-ताप होंइ तब इनकौ दरशन करियो। सो तोकों मेरे दरशन होइंगे। ता पाछें कहे, जो–तू जैसी मेरी सेवा करी याही रीति सों सदा तू इनकी सेवा कीजो। ऐसे शेठ बात कहि कै शिखाई कै ता पाछें आप विजय कियो। तब अजबकुंवरि बाई ने बोहोत भेंट करी। ता पाछें श्रीगुसांईजी गुजरात पधारे। ता पाछें अजबकुंवरि बाई पादुकाजी की सेवा करन लागी। सो प्रेम संयुक्त शेठ काज करे। सेवा भली-भांति सों मार्ग की रीति सों करे। सो श्रीपादुकाजी शेठ सानुभावता जनावे, बातें करें। सो जब श्रीगुसांईजी कौ दरशन न होंई तब अजबकुंवरि बाई कों विरह-ताप होंई। तब श्रीपादुकाजी कौ टेरा खोलि कै देखे, तो श्रीगुसांईजी बैठे हैं। सो पोथी देखत हैं। सो श्रीगुसांईजी शेठ वार्ता करते। पाछें श्रीगुसांईजी की कृपा तें अजबकुंवरि बाई कों साक्षात् श्रीगोवर्द्धननाथजी हू दरशन देन लागे। सो श्रीगोवर्द्धननाथजी आप वासों बातें करें, चोपड़ खेलें। हास्यादिक करें। सो ऐसें नित्य दरशन देहि। जा दिन दरशन न होइ ता दिन जल-पान न करे, परि हरे। ता पाछें श्रीगोवर्द्धननाथीजी जब पांव धारे तब दरसन करे। ता पाछें जो–कछू नौतन नौतन सामग्री सिद्ध करि मैं राखती सो श्रीनाथजी कों भोग समर्पे।[18]

इस प्रकार वल्लभ संप्रदाय के वार्ता साहित्य में मीरां संबंधी जो उल्लेख मिलते हैं उनसे अनुमान लगाया जा सकता है कि वल्लभ संप्रदाय मीरां की लोकोन्मुखी भक्ति जिसमें शास्त्रीयता तथा रूखी दार्शनिकता का सर्वथा अभाव था पूर्णतया नापसंद करता था। वार्ता साहित्य में मीरां के चरित्र को इस रूप में उभारा गया है मानो वह कुटिल स्त्री थी। जैसा कि 'दो सौ बावन वैष्णवन की वार्ता' प्रसंग से स्पष्ट होता है। यहां यह भी ध्यान रखना चाहिए कि वल्लभ संप्रदाय वाले मेवाड़ की सत्ता से अधिक निकट संपर्क में थे अत: वहां की घरेलू राजनीति से भी परिचित थे। दुर्ग

में मीरां के प्रतिरोध की भी उनको जानकारी थी अतः पूर्वाग्रहों के कारण उन्होंने मीरां को कभी भी भक्त स्वीकार नहीं किया वरन् उसे हमेशा चालाक व कुटिल स्त्री मानते रहे। वास्तविकता यह थी कि मीरां चालाक व कुटिल नहीं वरन् चतुर व कुशाग्र बुद्धि थी जो भक्ति को साधन के रूप में उपयोग करके अपने संघर्ष को परिणति तक पहुंचाना जानती थी और यही बात पुरुषों की वर्चस्वशीलता के विचार से ग्रसित वल्लभ संप्रदाय के कर्णधारों को पसंद न थी। भक्तमाल के रचनाकारों के साथ यह दिक्कत न थी। भक्तमाल के रचनाकारों व टीकाकारों को न तो मेवाड़ के शासकों से किसी लाभ की ही आशा थी एवं न ही मेवाड़ के शासक उन्हें कोई हानि ही पहुंचा सकते थे किंतु उनके वर्णन में एक मात्र न्यूनता यही थी कि उनका वर्णन तटस्थ तथा निष्पक्ष होते हुए भी आधी-अधूरी जानकारी पर आधारित था। मेवाड़ की राजनीतिक तथा दुर्ग की विडंबनापूर्ण स्थितियों से अनभिज्ञ होने के कारण वे मीरां के व्यक्तित्व को अपने वास्तविक रूप में प्रस्तुत नहीं कर सके। उन्होंने मीरां को उसी रूप में जाना-पहचाना जिस रूप में मीरां को लोक में प्रसिद्धि प्राप्त थी।

वार्ताओं तथा भक्तमालों में मीरां संबंधी छिट-पुट टिप्पणियों के अलावा मीरां के संबंध में नागरीदासकृत 'सिंगार-सागर' के अंतर्गत पद प्रसंग माला में मीरां से संबंधित कुछ प्रसंग और तत्संबंधी पद हैं। पद प्रबोध माला के मंगलाचरण की स्तुति के पद में भी मीरां का उल्लेख है। डॉ. सी.एल. प्रभात ने अपने शोध-प्रबंध में इनको इस प्रकार प्रस्तुत किया है।

"नागरीदास की रचनाओं में मीरा संबंधी उल्लेख निम्नांकित हैं—

(क) पद-प्रबोधमाला का उल्लेख—

मेरे येई बेद व्यास॥
श्री हरिवंशरु व्यास गदाधार परमानंद नंददास॥
तुलसीदास मीरां माधव अरु उभै नागरीदास॥

(ख) पद-प्रसंगमाला के उल्लेख—

(1) अथ अन्य पद-प्रसंग॥ बचनिका॥ मेड़तें मीरांबाई तिनकों राना के छोटे भाई सों ब्याही, यह प्रसिद्ध है ही। सो कितनेक दिन उपरान्त काहू समै राना के वा भाई को देहांत भयो, अरु राना हुते सो मीरांबाई सों दुष पाय रहे ही हैं। ये वैष्णवनि को सतसंग करति। यातैं, वा समै राना ने कहाई, जो यह औसर है तुम भरता के संग सती होतु। तब मीरांबाई भगवत रंग आगै लहे हैं, त्योंही लगे रहे। या समै कछू षेद मानी नाही, अरु या बात के उत्तर कों एक विष्णुपद नयो बनाय राना कों लिषि पठयो। पद बहुत प्रसिद्ध भयो॥ सो वह यह पद॥

मीरां के रंग लग्यो को और रंग सब अटक परी॥
गिरधर गास्यां सती न होस्यां मन मोह्यो धननामी॥

जेठ–बहू को नातो नहीं राणाजी म्हे सेवग थे स्वामी॥
चूड़ों देवड़ो तिलक जु माला सीलवर्त सिंगार॥
और सिंगार भावै नहिं राणाजी यों गुरु ग्यान हमार॥
कोई निंदा कोई बिंदों गुण गोविंद रा गास्यां॥
जिण मारण वै संत पहूंता तिण मारण म्हे जास्यां॥
चोरी करां न जीव संतावां कांई करसी म्हांरो कोई॥
हसती चढ़ि गधै नहीं चढ़ां यातो बात न होई॥
राज करंता नरक पड़ेसी भोगीड़ा जम कै लीया॥
गिरधर धणी कडूंबो गिरधर मात पिता सुत भाई॥
थे थहारें म्हे ह्या हारें हो राणाजी यों कहै मीरांबाई॥

(2) पुनः अन्य पद–प्रसंग॥ मीरांबाई सों राना बहौत दुष पायै रहै। राना के घर की रीति तें इनके भिन्न रीत। यह भगवत संबंध सत्यसंग विशेष करै। देह संबंध को नातै व्यौहार कछु न मानैं, राना बहुत समुझाय रह्यो, निदान एक विष को प्यालो उनको पठयो, कह्यो चरनामृत को नाम लैके दीजियो, उनकै प्रण है चरणामृत के नाम तैं पी ही जायंगे, सो ऐसें ही भयो, जांनि बूझ, पीयो, राना तो इनके मरिबे की राह देखत रह्यो, अरु यह झांझ–मृदंग संग लैके परमरंग सो एक नयो पद बनाय ठाकुर आगे गावत भये, पद बहुत प्रसिद्ध भयो, सो वह यह पद—

रानैजू विष दीनो हम जानी।
जान बूझि चरनामृत सुनि पियो, नहिं बौरी भौरानी॥
कंचन कसत कसौटी जैसै तन रह्यौ बारह बानी॥
आपुन गिरधर न्याव कियो यह छान्यौ दूधरु पानी॥
राना कोटिक बारौ जिहिं पर हौं तिंहि हाथ बिकानी॥
मीरां प्रभु गिरधर नागर कै चरन कमल लपटानी॥ 2॥

(3) पुनः अन्य पद–प्रसंग॥ मीरांबाई की कई भांति की चरचा निंदकजन राना आगै बहुत करन लागे, तब एक समै राना नै अपने अंतःपुर की एक स्त्री कौं पठायो। कह्यौ कि आधी राति उपरान्त जहां वे होंय तहां चली जाइये, काहू की हटकी मत रहिये। सो बानैं ऐसैं ही कियो, मीरांबाई अटारी पर सोई सोई जगत ही सौंहैं, चन्द्रमा कौं देषि हरि प्रीतम के अंतराय को बिरह सह सहत हीं उनकी भांवनां करि–करि परी उसास लेत ही, इतने हीं ये जाय ठाढी भई। ताकूं मीरांबाई कहयो, तनकेक बैठिकै हमारो दुष सुनौं या समैं हमकूं तुम बड़े श्रोता मिले, सो जद्यपि वह बिजाती ही, परंतु ज्यों कोऊ अति अधीर अनुराकी होय, ताकूं बिजाती सजाती को ग्यान नांही रहै, वहि अपने चित मैं हैं सो कहैं ही कहैं। यातैं वाके आगैं वही बेर एक पद बनाय बनाय कैं गांवन लगी, सो पद सुनि इनकी अरस्था देषि वह आई हुती सो परम अनुराग में मूरछित हो गई। इनकी ही निकटवर्ती परम वैष्णव भई। फिरि राना के अंतःपुर में न

गई। फिरि राना और काहू स्त्रीनि कौं इनपै पठावैं सोई नट जाइ, अरु कहै उनपै ज्यो-ज्यो जाय हैं, सो बावरी है जात हैं। तातैं हम न जांहिनी। यह बात इनकैं बहुत प्रसिद्ध भई, सो पिछली रात के समैं जा पद के सुनै तैं राना की सहचरी की उनमत्त दसा होय गई सो वह यह पद—

सषी मेरी नींद नसांनी हो।
पिय को पंथ निहारतां सब रैंन बिहानी॥
सषीयनि मिलि सीष दई मन एक न मानी॥
बिन दैषैं कल ना परै जिय ऐसी ठानी॥
अंग छीन व्याकुल भई मुष पिय पिय बांनी॥
अंतर बेदन विरह की बहि पी न जानी॥
ज्यों चातक धन कौं रहै मछरी बिन पानी॥
मीरां व्याकुल बिरहिनी सुधि बुधि बिसरानी॥ 3॥

नागरीदास के उक्त उल्लेख तो महत्त्वपूर्ण हैं ही, पर उनके द्वारा उद्धृत पर एक प्रामाणिक हस्तलिखित प्रति-परंपरा के अंश भी हैं।

(4) पुनः अन्य पद-प्रसंग॥ राना को छोटो भाई मीरां के देह संबंध को भर्ता हो, सो ताको परलोक भयो, ता पीछै मीरांबाई गंगादिक तीरथ करिकै अरु श्री वृन्दावन हू आये, तहां जीऊ गुसांईजी को प्रण स्त्री के न देषिबे को छुटाय सब सों गुरु गोविंदवत सनमान सत्यसंग करि द्वारिका को चले, ऊंहा बास करिबै कैं लियैं, तहीं एक मारग में एक नयो पद बनायो, बहुत प्रसिद्ध भयो, सो वह यह पद—

राय श्रीरनछोड़ दीज्यो द्वारिका को बास॥
संख चक्र गदा पद्म दरसें मिटै जम की त्रास।
सकल तीरथ गोमती के रहत नित निवास॥
संख झालर झांझ बाजै सदा सुष की रास॥
तज्यो देसरु बेसहू तजि तज्यो राना राज॥
दास मीरा सरन आवत तुम्हैं अब सब लाज॥ 4॥

(5) पुनः-प्रसंग॥ सो या भांति मनोरथ करत यह पद गावत द्वारिका पहुंचे, तहां कोई दिन रहे। ता पीछै मीरांबाई के संग प्रौहितादिक जे राना के लोक है, तिन कह्यो अब बहुत दिन भये है, अब देश कौं चलो, राना की आग्या है, ऐसै द्वै तीन दिन तो कह्यो, फिरि मीरांबाई परि धरना कियो, तब मीरांबाई ठाकुर रनछोड़जू सौं बिदा ह्वैबे को नांव लै मंदिर में अकेले ही जाय महाआरति सहित एक नयो पर बनाय गायो, सो वह यह पद—

हरि हरितो जनकी भीर।
द्रोपती की लाज राषी तुम बढ़ायो चीर॥
भक्ति कारन रूप नरसिंघ धरयो आप सरीर॥
हरिकस्यप मारि लीनौं धर्यो नांहिन धीर॥

बूड़तैं गज ग्राह तायों कियो बाहिर नीर।
दास मीरा लाल गिरधर दुष जहां तहां पीर॥5॥

सो यह पद गाये हूं उततें न टरे, तब महाआरति प्रेमावेस सहित एक और पर बनाय गायो, तबही ठाकुर आप में उनकौं यानी शरीर तैं लीन करि लीने। देह हू न रही, सो जा पद के गायें लीन भये, सो वह यह पद—

सजन सुधि ज्यों जानैं त्यों लीजै।
तुम बिन मेरैं और न कोई कृपा रावरी कीजै।
द्यौस न भूष रैन नहिं निद्रा यह तन पल-पल छीजै॥
मीरा प्रभु गिरधर नागर अब मिलि बिछुरनि नहिं कीजै॥6॥

सो ये दोऊ पद निकट द्वार कै इनकी परम चतुर वैष्णव सषी ने कंठ करि लीनै तथा लिषि लीने ते प्रसिद्ध भये॥5॥[19]''

नागरीदास स्वयं मीरां के पितृकुल अर्थात् राठौड़ वंश से संबंधित थे किंतु वे वल्लभ संप्रदाय में दीक्षित थे फिर भी नागरीदास के मीरां संबंधी उल्लेख स्वतंत्र दृष्टिकोण से अनुप्राणित हैं। मीरां संबधी ये उल्लेख मीरां से सैकड़ों वर्ष पश्चात् के हैं।

कहा जाता है कि 'मीरांबाई की ख्यात' नाम से कोई मीरां की ख्यात भी उपलब्ध है किंतु तमाम प्रयासों के बावजूद इस प्रकार की किसी ख्यात की जानकारी नहीं हो सकी। यदि ऐसा सत्य है तब किसी स्त्री पर लिखी गई यह एक दुर्लभ ख्यात होगी जो नि:संदेह परंपरा का अतिक्रमण है। आमतौर पर ख्यातें राजपुरुषों की वीरता व प्रसिद्धि को केंद्र में रखकर लिखी जाती थी। इसी प्रकार गुजराती, मराठी एवं राजपूताने की बोलियों में मीरां से संबंधित चरित्र तथा परिचय (परचई) ग्रंथ भी उपलब्ध होते हैं जिनकी उपलब्धता के बावजूद समय के अभाव में प्रस्तुत शोध प्रबंध में उपयोग न हो सका। इस प्रकार के ग्रंथों में मराठी में सीपीनामाकृत चरित्र मीरांबाई, गुजराती में दयारामकृत मीरां चरित्र तथा राजस्थानी शोध संस्थान द्वारा प्रकाशित रामसनेही साधु सुखसारण द्वारा लिखित 'मीरांबाई की परचई' का उल्लेख किया जा सकता है। इनका परिचय डॉ. सी.एल. प्रभात ने अपने शोध प्रबंध में दिया है।

विभिन्न भक्तमालों में मीरां के उल्लेख का पूर्व में वर्णन किया जा चुका है। अंततः भक्तमालों की ही परंपरा में चारण ब्रह्मदासजीकृत भक्तमाल का उल्लेख करना भी प्रासंगिक होगा जिसमें मीरां संबंधी निम्न पद मिलता है—

मेड़त्यां कुल मुरधरा मझ,
अधपत्यां आधार।
मगन मूरत मांहि निरतन,
लई मीरां लार।

तौ रिझवारजी रिझवार,
भगवत गावतां रिझवार।[20]

इस पद की विशिष्टता यह है कि इसमें मीरां को क्षत्रीय राजाओं का आधार रूप कहा है। पद में मीरां का उल्लेख समर्पित भक्त के रूप में हुआ है। चारण ब्रह्मदासजी दादूपंथी थे किंतु उन्होंने सगुणा मीरां पर प्रशंसात्मक लेखनी चलाई। निःसंदेह हस्तलिखित पांडुलिपियों, वार्ता साहित्य तथा भक्तमालों के अध्ययन से यह साबित हो जाता है कि मध्यकाल में मीरां का व्यक्तित्व लोक से लेकर सत्ता प्रतिष्ठान एवं भक्त समुदाय के मध्य आकर्षण का केंद्र बन चुका था।

संदर्भ

1. विक्टोरिया हॉल, गुलाब बाग, उदयपुर
2. हरजस, अनूप संस्कृत लाइब्रेरी, बीकानेर, पत्र सं.-92
3. हरजस, राजस्थानी पांडुलिपियां, अनूप संस्कृत लाइब्रेरी, बीकानेर।
4. राजस्थान में ग्रंथों की खोज, निदेशक राजस्थानी शोध संस्थान, चौपासनी, पृ. 07, 14, 28, 40, 115 एवं 187
5. 'मीरां जी री लीला', पोथीखाना, जयपुर, क्रमांक-1570,
6. 'मीरां महोत्सव-96', मीरां स्मृति संस्थान, चित्तौड़, पृ. 26
7. ललिता प्रसाद सुकुल (सं.) मीरांबाई का जीवन-चरित्र : मुंशी देवी प्रसाद, पृ. 35
8. नाभादास, श्रीभक्तमाल, पृ. 712
9. प्रो. मैनेजर पांडेय, जे.एन.यू.
10. मीरांदासी संप्रदाय का साक्ष्य।
11. प्रियादास, श्रीभक्तमाल (रूपकला), पृ. 714
12. उद्धृत, मीरा : जीवन और काव्य, डॉ. सी.एल. प्रभात, पृ. 41
13. राघवदास, भक्तमाल (अगरचंद नाहटा), ग्रंथांक-78, प्रा.वि.प्र., जोधपुर, पृ. 99
14. उद्धृत, मीरां : जीवन और काव्य, डॉ. सी.एल. प्रभात, पृ. 48
15. चौरासी वैष्णवन की वार्ता, वेंकटेश्वर प्रेस, पृ. 163
16. वही, पृ. 207
17. वही, पृ. 342
18. दो सौ बावन वैष्णवन की वार्ता, पूजा प्रकाशन, पृ. 61
19. उद्धृत, मीरा : जीवन और काव्य, डॉ. सी.एल. प्रभात, पृ. 52
20. चारण ब्रह्मदास, भगतमाल, प्राच्यविद्या प्रतिष्ठान, पृ. 45

अध्याय : चार

किंवदंतियां, परंपराएं एवं रीति-रिवाज

पुरातात्त्विक स्रोत सामग्री के विपरीत किंवदंतियों, परंपराओं एवं रीति-रिवाजों के आधार पर इतिहास अथवा ऐतिहासिक व्यक्तित्व के संदर्भ में निश्चित प्रामाणिक सत्य का उद्घाटन करना अपेक्षाकृत कठिन कार्य है तथापि इतिहासकारों ने इतिहास निर्माण में इनका बेहतर उपयोग किया है। जरूरत केवल किंवदंतियों के विश्लेषण में वैज्ञानिक सोच की है। मीरां के जीवन से संबंधित प्रचलित किंवदंतियां भी मीरां के संदर्भ में महत्त्वपूर्ण जानकारियां उपलब्ध कराती हैं।

मीरां के संदर्भ में एक किंवदंती प्रचलित है कि मीरां को मारने के लिए उनके देवर महाराणा विक्रमादित्य ने विष का प्याला भेजा था। इस संबंध में एक पद प्रचलित है—

पग घुंघरू बांध मीरां नाची रे!
म्हें तो मेरे सांवरिया की आप ही हो गई दासी रे।
लोग कहें मीरां भई बावरी न्यात कहें कुलनासी रे॥
बिस का प्याला राणाजी भेज्या पीवत मीरां हांसी रे।
मीरां के प्रभु गिरधर नागर सहज मिलें अविनासी रे॥[1]

कहा जाता है कि जिस ब्राह्मण के हाथों मीरां के लिए विष का प्याला भेजा गया था, वह ब्राह्मण विजयवर्गीय ब्राह्मण था। एक मान्यता के अनुसार मीरां ने उस विजयवर्गीय ब्राह्मण को श्राप दिया था कि उसकी कभी वंशवृद्धि नहीं होगी। आज भी विजयवर्गीय ब्राह्मणों में ऐसी मान्यता है कि मीरां के मंदिर निर्माण अथवा आराधना से वे श्रापमुक्त हो सकते हैं।[2] अजमेर के निकट पुष्कर में तथा जयपुर में गलता के निकट मीरां के छोटे-छोटे मंदिर मिले हैं एवं उन दोनों ही मंदिरों का संबंध विजयवर्गीय ब्राह्मणों से हैं। उस क्षेत्र में और भी ऐसे मीरां मंदिर मिल जाएंगे। यदि मीरां को किसी प्रकार का विष नहीं दिया गया होता तो सैकड़ों वर्षों से विजयवर्गीय ब्राह्मणों में मीरां मंदिर के निर्माण की परंपरा नहीं चल रही होती। मीरां को विष तो दिया गया होगा परंतु वह विषमुक्त कैसे हुई यह विवाद का विषय हो

सकता है। संभव है विष कम असरदार रहा हो अथवा मीरां के शरीर की प्रतिरोधी क्षमता अधिक सशक्त हो। संभव है मीरां ने विष ग्रहण ही न किया हो। कारण चाहे जो रहे हों पर इस तरह की कोई घटना हुई थी, यह मानने में कोई संकोच नहीं होना चाहिए। यदि इस घटना पर विद्वानों द्वारा संदेह किया जाता है तब विद्वानों को उस परंपरा की भी विस्तृत व्याख्या करनी होगी जो सैकड़ों वर्षों से विजयवर्गीय ब्राह्मणों में चली आ रही है।

ऐतिहासिक तथ्य बताते हैं कि राजपूत स्त्रियां अफीम का सेवन करती थीं। जौहर अथवा सती होने से पूर्व भी राजपूत स्त्रियां अफीम का नशा करती थीं ताकि जलते समय दर्द का अहसास कम से कम हो।[3] संभव है मीरां भी ऐसा करती रही हो। आज लगभग 500 वर्ष पश्चात् हमारे पास ऐसे कोई पुष्ट प्रमाण नहीं हैं कि मीरां ऐसा करती ही रही हो तथापि राजपूत स्त्रियों के संदर्भ में यह ऐतिहासिक सत्य है। उल्लेखनीय है कि चित्तौड़ एवं आसपास का प्रदेश अफीम उत्पादन के लिए न केवल उस समय प्रसिद्ध था वरन् वहां आज भी सरकारी नियंत्रण में अफीम की खेती होती है। अफीम लेने वाले जो कि इसका नियमित रूप से सेवन करते हैं, कहा जाता है कि काले नाग (कोबरा) के जहर का भी उन पर असर नहीं होता। अधिक संभावना यही है कि मीरां को दिया जाने वाला जहर काले नाग का ही जहर रहा होगा। उस काल में इससे अधिक तीव्र जहर का उल्लेख नहीं मिलता है। परंतु आस्था का तकाज़ा यही है कि मीरां के विषपान की घटना को सत्य मानते हुए उस विष से विषमुक्ति को प्रभु कृपा मान लिया जाए। मीरां ही नहीं बाबर ने भी विषपान कर लिया था एवं बाद में जिंदा बचा रहा।

मीरां रैदास की शिष्या थी—कहना ज़रा कठिन है। प्रथम तो मीरां ने न तो रैदास द्वारा गृहीत भक्ति को अपनाया था एवं न ही दोनों भक्त कवियों के काल में कोई निश्चित साम्य स्थापित किया जा सकता है। इस भ्रम का कारण वस्तुतः मीरां मंदिर के ठीक सामने किसी निर्गुण पंथी संत की छतरी का होना है जिसके बारे में कहा जाता है कि वह रैदास की छतरी है। मीरां की कोई काकिया सास जो कि झाला सामंत की बेटी थी किसी निर्गुणपंथी संत की भक्त थी। बहुत कुछ संभव है कि इसका निर्माण उसी महारानी ने करवाया होगा न कि मीरां ने जो कि रैदास (रविदास) की शिष्या न रही थी।[4] जहां तक मीरां का किसी संत के शिष्यत्व का प्रश्न है, प्रत्येक संप्रदाय मीरां से अपना संबंध जोड़ना चाहता रहा है। निंबार्क से लेकर वल्लभ संप्रदाय तक मीरां की परवर्ती लोकप्रियता को देखते हुए मीरां से उनके संपर्क को लोकप्रसिद्ध करना चाहते हैं। उदयपुर के निंबार्क संप्रदाय के महंत का कहना है कि निंबार्क संप्रदाय के आचार्य स्वामी परशुराम देवाचार्य मीरां के कुलगुरु थे। ठीक इसी प्रकार उदयपुर के निकट नाथद्वारा मंदिर में जिसका संबंध वल्लभ संप्रदाय से है, में मीरां से संबंधित अनेक कहानियां मिल जाएंगी जिसमें प्रत्येक कहानी का निहितार्थ

एक ही है कि उनके संप्रदाय का कोई आचार्य मीरां का कुलगुरु अथवा दीक्षागुरु था। इन सब किस्से-कहानियों में मजेदार बात यह है कि सभी संप्रदाय अपने-अपने आचार्यों को मीरां का गुरु ही बताते हैं। कोई भी संप्रदाय यह दावा नहीं करता कि कबीर आदि संतों की तरह मीरां के कोई शिष्य भी थे एवं न ही कोई संप्रदाय अपने किसी भक्त का मीरां का शिष्य होने का दावा करता है। इसका कारण साफ है, अन्य भक्त कवियों की तरह मीरां का उद्‌देश्य दार्शनिक विवेचना न होकर शुद्ध रूप से राजनीतिक था। यदि मीरां का उद्‌देश्य बतौर भक्त के रूप में विशुद्ध रूप से भक्ति होती तो निश्चित रूप से मीरां चाहती तो अपने शिष्यों की एक लंबी परंपरा आरंभ कर सकती थी। किंतु उसने ऐसा नहीं किया न ही किसी दर्शन, भक्ति आदि झमेलों में पड़ी। मीरां को कृष्ण-भक्ति की जरूरत थी, इसलिए नहीं कि कृष्ण के माध्यम से वह वैकुंठवास चाहती थी वरन् इसलिए कि तत्कालीन समाज जो मीरां को सती करके मोक्ष दिलाने पर उतारू था, उन धर्म के ठेकेदारों से न केवल स्वयं वरन् समस्त स्त्री जाति की रक्षा चाहती थी। अत: मीरां ने भक्ति को वहीं तक प्रश्रय दिया जहां तक उसे उसकी जरूरत थी। यही कारण है कि युवरानी मीरां ने न तो किसी का शिष्यत्व ग्रहण किया एवं न ही कोई शिष्य बनाया। शिष्य या सहेलियां केवल वे दासियां (डावडियां) ही थीं जो मेड़ता से उसके साथ आई थीं एवं जिनके मध्य वह स्वयं को सुरक्षित महसूस करती थी।

हाड़ा सामंतों का भांजा महाराणा विक्रमादित्य न केवल मेड़तिया राठौड़ों को नापसंद था वरन् मेवाड़ के अन्य शक्तिशाली सामंत भी उससे नाखुश थे। उनमें से कुछ सामंत मेवाड़ में मेड़तिया राठौड़ों की महत्त्वपूर्ण उपस्थिति एवं राजमहल में मीरां की महत्तता को भी स्वीकार करते थे। राजनीतिक वैमनस्य के कारण मीरां की प्रताड़ना से मेड़तिया पहले से ही अप्रसन्न थे, इधर महाराणा की तुनकमिजाजी एवं कम उम्र ने मेवाड़ी सामंतों की एकता को छिन्न-भिन्न कर दिया था। कुछ सामंत परिवार मीरां के रिश्तेदार भी थे जैसे कि मीरां की मां झाला सामंतों की बेटी थी। अत: झाला मीरां के ननिहाल पक्ष से थे।[5] अत: मीरां का प्रश्न एवं राजमहल में उसकी उपस्थिति राजनीतिक संघर्ष का कारण हो गया था। सामंतों में भी परस्पर दो वर्ग हो गए थे। एक वे सामंत थे जो मीरां की भक्ति एवं राजमहल में उसकी उपस्थिति को उचित मानते थे। उनमें अधिकांशत: वे सामंत थे जो या तो मीरां के रिश्तेदार थे अथवा वे सामंत जो मेड़तियों की निष्ठा मेवाड़ हेतु प्राप्त करने के इच्छुक थे। दूसरे वे सामंत थे जो अभी इंतजार करना चाहते थे एवं उस पाले में रहना चाहते थे जो अधिक शक्तिशाली हो। यही कारण था कि मीरां को महाराणा द्वारा प्रताड़ित किए जाने का वहां के कुछ सामंतों ने विरोध किया था। मेड़तियों की मेवाड़ को हृदय से तभी सैनिक मदद मिलती है जब नया महाराणा उदयसिंह मीरां को मनाने के लिए मेवाड़ से द्वारिका के लिए कुछ सामंत एवं कुछ पुरोहित भेजता है। यदि मीरां

इस राजनीतिक रस्साकशी की केंद्रबिंदु न होती तो न तो मेवाड़ के सामंतों में मीरां के प्रश्न को लेकर किसी प्रकार का विभाजन ही देखने को मिलता एवं न ही मीरां के मेवाड़ त्याग के बाद मेड़तियों व मेवाड़ में दूरियां बढ़तीं।

मेवाड़ में एक परंपरा यह भी रही है कि राजनीतिक जरूरतों के चलते महाराणा कई-कई राजकुमारियों से विवाह तो कर लेते थे परंतु महाराणा व महारानी के मध्य मेल न होने पर महारानियां राजमहल छोड़कर अन्य किलों में जा बसती थीं। महाराणा प्रताप की मां एवं पिता उदयसिंह के मध्य संबंध मधुर न होने के कारण प्रताप की मां कुंभलगढ़ दुर्ग में बस गई थी। इसी प्रकार कुछ महारानियां रणथंभौर दुर्ग भी जा बसी थीं। परंतु इस प्रकार का निष्कासन उन्हें राजनीतिक गतिविधियों एवं दांवपेंचों से भी दूर कर देता था। यदि मीरां चाहती तो चित्तौड़ छोड़कर अथवा ऐसे ही किसी दुर्ग में जाकर चित्तौड़ की राजनीति से स्वयं को दूर करके महाराणा से होने वाले मनमुटाव से बच सकती थी परंतु मीरां ने ऐसा न करके चित्तौड़ में ही रहना उचित समझा। इसका कारण था कि मीरां एकांतवासी भक्तिनी न थी। मीरां का उद्देश्य यदि केवल कृष्णोपासना होता तो भक्ति चित्तौड़ से दूर रहकर भी कर सकती थी परंतु मीरां ने ऐसा नहीं किया। मीरां चाहती थी कि कृष्ण-भक्ति के द्वारा वह न केवल सामाजिक परिवर्तन का बिगुल बजाए वरन् वह यह भी साबित करना चाहती थी कि सती होने से इनकार करना केवल व्यक्तिगत भय न होकर एक महान उद्देश्य था।

मेवाड़ के प्रथम श्रेणी के सामंतों में चुंडावतों का नाम भी आता है। इन्हीं चुंडावतों में से एक सामंत की पत्नी ने अपने पति के युद्ध भूमि में जाने से पहले अपना सिर काटकर पति को भेंट कर दिया था। युद्ध वस्तुतः ऐसा था कि उसमें उसके पति की मृत्यु निश्चित थी। अतः रानी ने पति की मृत्यु के बाद सती होने से ज्यादा उचित पहले ही मर जाना समझा। इसी प्रकार जौहर एवं सामूहिक सती प्रथा मीरां युग का अंग बन चुकी थी, किंतु मीरां के सती होने के प्रश्न पर सामंतों में भी परस्पर फूट पड़ चुकी थी। इसका मुख्य कारण राजनीतिक था। यदि मीरां न रहती तो मेड़तियों के मेवाड़ में राजनीतिक हस्तक्षेप का कोई आधार शेष न रहता। अतः मीरां के पूर्ववर्ती आलोचकों द्वारा यह तर्क देना कि उस समय किसी स्त्री को सती होने हेतु बाध्य नहीं किया जाता था, अनुचित होगा। यदि मीरां को जबरन सती नहीं किया गया तो इसका कारण राजपूतों की उदारता नहीं वरन् कुछ राजनीतिक कारण थे। दूसरे स्वयं मीरां भी राजमहल में विशिष्ट राजनीतिक हैसियत रखती थी एवं नया महाराणा उससे बहुत छोटा था।

चित्तौड़ का महाराणा महल जहां कि महाराणा का परिवार रहता था, एक विस्तृत महल है। इस महल में कुछ अंधेरे तहखाने भी हैं। ये अंधेरे तहखाने आज भी इन महलों में देखे जा सकते हैं। आस-पास के प्रदेशों में यह किंवदंती प्रचलित है कि

मीरां की सास तथा महाराणा की मां ने मीरां को यहां छोड़कर बाहर से तहखाना बंद कर दिया था।[6] इस किंवदंती की सत्यता प्रमाणित करने हेतु हमारे पास कोई पुष्ट प्रमाण नहीं है तथापि राजमाता द्वारा ऐसा किया जाना राजनीतिक कारणों की ओर अवश्य संकेत करता है। यदि यह किंवदंती सही है तो मीरां को जिन तहखानों में कैद किया गया होगा, जो कि भूत महल के नाम से प्रसिद्ध थे, वे ही रहे होंगे जो महाराणा महल के अंदर स्थित हैं। संभवत: यहां बंदियों को कैद करके मार डाला जाता होगा। अत: ये भूत महलों के नाम से प्रसिद्ध हो गए थे।

लोक परंपरा में जो प्रसिद्ध है वह इस बात की ओर संकेत करता है कि महाराणा के द्वारा दी गई प्रताड़ना से तंग आकर मीरां ने चित्तौड़ छोड़ दिया था। आगे हम देखते हैं कि चित्तौड़ छोड़कर मीरां अपने पीहर मेड़ता जाती है। मीरां जब तक मेड़ता पहुंचती है तब तक मेड़ता जोधपुर के राजा मालदेव के आक्रमण का शिकार हो चुका होता है। मीरां के पीहर वाले मेवाड़ की राजनीति पर नियंत्रण करना तो दूर स्वयं अपनी जागीर बचाने के लिए भी संघर्ष कर रहे थे। अब मेड़तियों की यह स्थिति नहीं रह गई थी कि वे मेवाड़ में अपनी महत्त्वाकांक्षा को किसी परिणति तक पहुंचा पाते। अत: चित्तौड़ के राजमहल में मीरां के रुकने का भी कोई स्पष्ट कारण शेष नहीं रह गया था। मीरां ने शेष जीवन चित्तौड़ एवं चित्तौड़ की राजनीति से दूर रहकर बिताने का निश्चय किया एवं यहीं से मीरां वृंदावन के लिए प्रस्थान करती है।

मीरां का उद्देश्य अन्य भक्त कवियों की तरह मुक्ति प्राप्त करना नहीं था वरन् मुक्ति की अवधारणा से ही राजकुल की इस कुलवधू का विरोध था। वह न तो सती होकर मुक्ति चाहती थी एवं न ही भक्ति के द्वारा मुक्ति प्राप्त करने की ही आकांक्षिणी थी। भक्ति मीरां के लिए एक माध्यम था—श्रेष्ठ मानवीय मूल्यों की स्थापना का, अर्थात् भक्ति साधन था साध्य नहीं।

मीरां ने अपने राजनीतिक, व्यक्तिगत एवं सामाजिक उद्देश्यों के लिए भक्ति का उपयोग किया। यही कारण था कि परवर्ती समय में मीरां कूटनीतिज्ञ के रूप में नहीं वरन् भक्त के रूप में प्रसिद्ध हुई। मीरां की सामाजिक मोर्चे पर अभूतपूर्व सफलता के बावजूद वह एवं मेड़तिया राठौड़ राजनीतिक मोर्चे पर असफल रहे थे। अत: आने वाले समय ने मीरां को एक भक्त के रूप में ही याद किया। मीरां की यह भक्ति निश्चित रूप से चित्तौड़ की परिस्थितियों की देन थी किंतु जब वह एक बार भक्त बन गई तो उसके साथ अनेक किंवदंतियां भी जुड़ती गईं। पहले विभिन्न संप्रदायों ने मीरां को अपने संप्रदाय की अनुयायी बताया फिर जब बात इससे भी नहीं बनी तो ऐसी अनेक किंवदंतियां गढ़ ली गईं कि मीरां ने बचपन में उन-उन आचार्यों का शिष्यत्व ग्रहण किया अथवा यह कहा गया कि मीरां को बचपन में उस संप्रदाय के उस आचार्य ने भक्ति की दीक्षा दी थी। इनमें से अधिकांश किंवदंतियां मीरां के बचपन से ही जुड़ी हुई हैं। इसका स्पष्ट कारण था। कोई भी संप्रदाय विवाह के बाद

मीरां को भक्ति की शिक्षा देने का दावा करके मेवाड़ राजघराने के कोप का भाजन नहीं बनना चाहता था। मीरां के महलों तक पहुंचना तो दूर दुर्ग के दरवाजे से लेकर महाराणा महल के त्रिपोलिया दरवाजे तक पहुंचना भी हर किसी के बस की बात नहीं थी। अत: उनका यह दावा करना कि विवाहोपरांत उन्होंने मीरां को भक्ति की दीक्षा दी, आम जनता में विश्वसनीय नहीं हो सकता था। मेड़ता का राजपरिवार 'साधु सत्कार' एवं भक्ति के लिए प्रसिद्ध था। अत: मीरां को भक्ति की दीक्षा से संबंधित सारी किंवदंतियां एवं दावे उसके बचपन से जुड़े हुए हैं। इसका दुष्परिणाम यह हुआ कि मीरां को बचपन से ही कृष्ण-भक्त मान लिया गया एवं मीरां की छवि सामाजिक आंदोलन की अग्रगामी नेता एवं चतुर कूटनीतिज्ञ के रूप में निर्मित न होकर भक्त के रूप में निर्मित हो गई। परंतु पुरातात्त्विक साक्ष्य एवं ऐतिहासिक विश्लेषण कुछ और ही कहानी प्रस्तुत करते हैं।

मीरां ने न तो चारभुजादेव की ही आराधना की जो कि मेड़तियों के कुलदेव थे एवं न ही एकलिंगनाथ की ही आराधना की जो कि सिसोदियों के कुलदेव थे। मीरां ने एक नए ही ईश्वर की आराधना की जो कि कृष्ण थे। एक अल्पवय बालक से आराधना के स्तर पर इस क्रांतिकारी बदलाव की आशा करना प्राय: निरर्थक है। बालक उसी देव की आराधना करता है जिसकी प्राय: उसके माता-पिता एवं परिवार वाले करते हैं। परंतु मीरां आराध्य देव के स्तर पर मौलिक परिवर्तन लाई तो निश्चय ही यह किसी परिपक्व मन का ही निर्णय था, न कि किसी बालिका का। यदि मीरां को बचपन से ही भक्त माना जाएगा, तो उसकी छवि बतौर भक्त ही अधिक उभरती है। यदि ऐसा नहीं माना जाता है तो मीरां की छवि एक ऐसी कुलवधू के रूप में उभरने लगती है जिसने भक्ति को विद्रोह एवं सामाजिक क्रांति का मुख्य हथियार बनाया।

मीरां के नाम पर प्रचलित कुछ पदों को लेकर यह संदेह व्यक्त किया जाता है कि मीरां का संबंध नाथ संप्रदाय से था। वह पद इस प्रकार है—

जोगिया से प्रीत किया दुख होई
प्रीत किया सुख ना मोरी सजनी जोगी मीत न होई।
रात-दिवस कल नाहिं परत है तुम मिलियां बिन मोई॥
ऐसी सूरत या जग मोंही फेरि न देखी सोई।
मीरा रे प्रभु कब रे मिलोगे मिलियां आनंद होई॥[7]

वास्तविकता यह है कि ऐसा भ्रम तब उत्पन्न होता है जब हम मीरां को किसी विशिष्ट भक्त परंपरा में वर्गीकृत करने पर उतारू होते हैं। जब मीरां भक्त ही नहीं थी, तब उसे किसी विशिष्ट भक्त परंपरा में वर्गीकृत कैसे किया जा सकता है? जहां तक नाथों के प्रभाव का प्रश्न है एक किंवदंती इस प्रकार है कि बाल्यावस्था में मीरां का संपर्क निवृत्तिनाथ नामक किसी योगी से हुआ जिससे मीरां ने योग की

शिक्षा ग्रहण की थी। ऐसी भी किंवदंती है कि मीरां को जब तहखाने में छोड़ दिया गया था तब मीरां योगासन लगाकर उस अंधेरे तहखाने में बैठ गई थी एवं मीरां के मस्तक से निकलने वाली आभा ने तहखाने को प्रकाशमान कर दिया था।[8] चित्तौड़ में नाथ योगियों के प्रभाव का पहले ही उल्लेख किया जा चुका है। अंततः निष्कर्ष यही निकलता है कि किंवदंतियां एवं कुछ पद मीरां व नाथों के संपर्क का उल्लेख अवश्य करते हैं परंतु यह संपर्क कभी भी घनिष्ठ नहीं रहा। राजपरिवारों की बाध्यता भी थी कि वे सभी धार्मिक गुरुओं और प्रचारकों को प्रसन्न रखें क्योंकि इन धर्मगुरुओं का मध्यकालीन जनता पर व्यापक असर रहता था। राजनीति के इसी सिद्धांत का अनुसरण करते हुए मीरां ने भी अन्य भक्तों व संतों की तरह नाथ योगियों को भी सम्मान दिया। मीरां की भक्ति नाथ योगियों से किसी प्रकार का मेल नहीं खाती। स्वयं नाथ परंपरा में मीरां का उल्लेख बहुत कम हुआ है। आधारभूत सत्य यही है कि नाथ परंपरा से मीरां का किसी प्रकार का संबंध स्थापित करना सर्वथा असंगत ही होगा।

मेवाड़ तथा आसपास के क्षेत्र में जो किंवदंतियां प्रचलित हैं वे मीरां के दांपत्य जीवन पर उल्लेखनीय प्रकाश डालती हैं। वीरमदेव की पत्नी गोरज्या बाई (गिरिजा बाई) महाराणा रायमल की पुत्री तथा सांगा की बहन थी।[9] इस प्रकार मीरां के ताऊ वीरमदेव मीरां के पति कुंवर भोजराज के फूफा लगते थे। कुंवर भोजराज अपनी बुआ को लेने जब मेड़ता आए तभी मीरां से भोजराज की पहली मुलाकात हुई थी। बाद में भोज एवं मीरां में विवाह संबंध स्थापित हो गया। मीरां व भोज के विवाह के संबंध में कुछ अत्यंत ही रोचक किंवदंतियां प्रचलित हैं जैसे कि अग्नि के फेरे लेते समय मीरां ने कृष्णमूर्ति को अपने साथ रखा था अतः अग्नि से फेरे अंततः कृष्ण के साथ ही हुए न कि भोज के साथ। इसी प्रकार राजपूताने में विवाह पश्चात् दोवड़ा व जुआ की रस्म होती है जिसमें दूल्हे को दुल्हन के हाथ में बंधे धागे की सात गांठें एक हाथ की मदद से खोलनी होती हैं जबकि दुल्हन को दोनों हाथों की मदद से दूल्हे के हाथ में बंधे धागे की सातों गांठें खोलनी होती हैं। इसी प्रकार सात बार हल्दी मिली छाछ में अंगूठी फेंक दी जाती है। दूल्हा अथवा दुल्हन में से जो कोई सर्वाधिक बार अंगूठी को छाछ से ढूंढ़कर निकाल देता है वह उस खेल में जीता हुआ माना जाता है। कहा जाता है कि इस खेल में जीतने वाला व्यक्ति शेष वैवाहिक जीवन में अपने जीवन साथी पर जीत हासिल करता है। इस प्रकार के खेलों में दूल्हे व दुल्हन में परस्पर छीना-झपटी होती है जिसमें दोनों के हाथ एक-दूसरे को स्पर्श करते हैं। मीरां के संदर्भ में किंवदंतियां हैं कि न तो इस खेल में ही एवं न ही सुहागरात एवं शेष वैवाहिक जीवन में मीरां व उसके पति भोजराज के मध्य किसी प्रकार का शारीरिक संपर्क रहा। कुछ लोगों ने भोज की इस ब्रह्मचर्य व्रत के लिए प्रशंसा भी की है।[10] परिस्थितियों का तकाज़ा कुछ और ही कहानी प्रस्तुत करता है। वस्तुतः मेवाड़ प्रदेश

में ऐसी एक भी कहानी अथवा कथा नहीं मिलती है जिसमें मीरां को पति द्वारा प्रताड़ित करने का उल्लेख हो। इससे अनुमान होता है कि मीरां व उसके पति के मध्य संबंध मधुर थे। मीरां के कष्टों की वास्तविक शुरुआत पति की मृत्यु के बाद ही होती है तब से बतौर विधवा मीरां को प्रताड़ित करने के प्रयास होते हैं। मीरां के विद्रोह की शुरुआत भी यहीं से होती है। पहले वह सती होने से इनकार करती है एवं बाद में उसे विधवा का कष्ट भोगने के लिए बाध्य करने पर वह घोषणा करती है कि वह विधवा का कष्ट भोगने के लिए अभिशप्त अथवा बाध्य नहीं है कारण कि वह कृष्ण को अपना पति मानती है। वास्तव में मीरां का व्यक्तित्व निर्माण भी यहीं से होना आरंभ होता है।

विधवा-विवाह के विरोधी तथा शुचितावादी लोगों ने बाद में मीरां की 'शुचिता' एवं कथित 'पवित्रता' बनाए रखने के लिए ऐसे किस्से-कहानी गढ़ने आरंभ कर दिए कि जिससे ऐसा आभास होता है कि मीरां व उसके पति का संबंध परस्पर मित्र अथवा सखा से ज्यादा नहीं था तथा उनमें किसी प्रकार का शारीरिक संसर्ग नहीं हुआ एवं न ही उन्होंने एक दूसरे को स्पर्श किया। मीरां व कुंवर भोजराज के विवाह संबंधी एवं विवाह पूर्व घटनाओं के जो उल्लेख मिलते हैं उससे ज्ञात होता है कि विवाह पूर्व भी कुंवर भोजराज एवं मीरां का परस्पर परिचय था। इस आधार पर मीरां व भोजराज के विवाह को प्रेम विवाह भले ही न कहे पर विवाह पूर्व परिचय तो मानना ही पड़ेगा। मीरां की भक्ति से उसके पति अथवा श्वसुर की किसी प्रकार की नाराजगी का कोई उल्लेख अथवा कथा नहीं मिलती है एवं न ही मीरां के ज्येष्ठ देवर रत्नसिंह एवं मीरां के परस्पर विवाद का कहीं कोई संकेत अथवा कथा मिलती है। उल्लेखनीय है कि रत्नसिंह की मां रक्त संबंध के आधार पर मीरां के वंश के करीब थी। वास्तविक विवाद की शुरुआत महाराणा विक्रमादित्य के राज्याभिषेक के बाद ही होती है। इस प्रकार मीरां के वैवाहिक जीवन से संबंधित किंवदंतियों, उल्लेखों व कथाओं के विस्तृत विवेचन के पश्चात् यही निष्कर्ष निकलता है कि मीरां का वैवाहिक जीवन सुखद तथा बतौर युवरानी वह अपने अधिकारों का भरपूर उपयोग करती थी परंतु भोज की मृत्यु के साथ ही राजमहल में मीरां की स्थिति लगातार दुर्बल होने लगती है। बतौर पत्नी मीरां व भोज के परस्पर शारीरिक संसर्ग को झूठा बताना भी वास्तविकता, प्रचलित परंपराओं और वस्तुस्थिति की अवहेलना करना होगा। निःसंदेह इस प्रकार की किंवदंतियों में शुचितावादी आग्रह ही अधिक प्रदर्शित होते हैं।

मीरां के ताऊ वीरमदेव मेवाड़ के जमाई थे। एक कहानी इस प्रकार प्रचलित है कि वीरमदेव अपनी गर्भवती पत्नी गोरज्या बाई के पुत्र-जन्म के अवसर पर अपने ससुराल चित्तौड़ आए। शर्म के कारण एक दिन रात का खाना ढंग से नहीं खा सके एवं रात में उठकर घोड़ों के खाने के लिए रखा गया रातिब खा गए। धीरे-धीरे

यह बात पूरे महल में फैल गई। सांगा की पत्नी हाड़ी रानी ने इसका बहुत मज़ाक बनाया और अपने पति से कहा कि रातिब खाने वालों की भतीजी को अपनी कुलवधू बनाना क्या ठीक होगा। अगले दिन राणा सांगा ने मदिरापान कराए हाथी को वीरमदेव के महलों के बाहर भेज दिया। कहते हैं कि वीरमदेव ने इस मदमत्त हाथी को मार डाला और महाराणा से कहा कि मेड़तियों की परीक्षा लेने के लिए यह सब करने की क्या ज़रूरत थी ? वे तो हमेशा एकलिंगजी के दीवान (श्री जी अर्थात् महाराणा) के लिए अपनी जान तक देने के लिए हर समय तैयार हैं।[11] इस कहानी से हम जिस निष्कर्ष पर पहुंचते हैं, वह यह कि हाड़ी रानी नहीं चाहती थी कि मेवाड़ के युवराज व सांगा के ज्येष्ठ पुत्र कुंवर भोजराज का विवाह मेड़तियों से हो क्योंकि ऐसी स्थिति में हाड़ाओं का पलड़ा कमज़ोर होना तय था। महाराणा सांगा मेड़तियों से विवाह संबंध चाहते थे, इसकी एक वजह तो यह थी कि सांगा राठौड़ों की आपसी एकता के विरोधी थे क्योंकि राठौड़ संघ मेवाड़ की एकता व अखंडता के लिए खतरा हो सकता था। जोधपुर के संस्थापक जोधा के समय यह हो चुका था एवं परवर्ती समय में भी गोड़वाड़ की भूमि को लेकर मेवाड़ व मारवाड़ में संघर्ष होता रहता था तथापि अरावली पर्वतमाला एक सीमा-रेखा का कार्य करती थी। मेड़तियों की वीरता से भी सांगा प्रभावित थे जैसा आने वाले समय में खानवा के युद्ध में मीरां के पिता रत्नसिंह तथा ताऊ रायमल ने अपने प्राणोत्सर्ग द्वारा सिद्ध किया। मीरां का भाई जयमल्ल भी चित्तौड़ क़िले में अकबर की गोली का शिकार हुआ।[12] अत: मीरां के मेवाड़ में विवाह के राजनीतिक महत्त्व से इनकार नहीं किया जा सकता। दूसरे हाड़ाओं व मेड़तियों के संघर्ष की बात भी हमें स्वीकार करनी पड़ेगी जिसके पुष्ट प्रमाण हमें अनेक किस्से-कहानियों एवं कुछ ऐतिहासिक स्रोतों से मिल जाते हैं।

प्राय: प्रश्न उठाया जाता है कि क्या मीरां को सती होने के लिए बाध्य किया गया था ? उत्तर इतना सरल नहीं है परंतु सत्य यही है कि मीरां सती नहीं हुई और उसने संघर्ष का रास्ता चुना। तत्कालीन परिस्थितियों को देखते हुए भी ऐसा लगता है कि मीरां को बलात् सती होने के लिए बाध्य भले ही न किया गया हो परंतु उसे ऐसा करने के लिए मानसिक दबाव में अवश्य लाया गया होगा जिसका प्रत्युत्तर मीरां ने स्वयं की मानसिक दृढ़ता प्रदर्शित करके दिया। मीरां के इस प्रत्युत्तर का सामंती समाज ने भले ही विरोध किया हो परंतु लोक ने इसे सहर्ष स्वीकार किया।

मीरां ने जिस प्रकार कथित कुल-मर्यादा एवं पर्दे का त्याग किया, ठीक इसी प्रकार का एक प्रगतिशील उदाहरण मेवाड़ की राजनीति में और भी मिलता है जिसमें मेवाड़ के महाराणा ने एक विधवा स्त्री से विवाह किया एवं उसे अपनी रानी बनाया। यद्यपि यह विवाह धोखे में हुआ था तथापि विवाह के पश्चात् महाराणा ने उसे रानी स्वीकार किया एवं आगे जाकर उससे एक पुत्र भी उत्पन्न हुआ। घटना इस प्रकार है

कि अलाउद्दीन के क़िलेदार मालदेव ने महाराणा हम्मीर को धोखे से मारने के लिए अपनी बेटी से विवाह प्रस्ताव के रूप में नारियल भेजा। मालदेव की यह पुत्री पहले से ही किसी भाटी राजपूत के साथ ब्याही जा चुकी थी जो बाद में विधवा हो गई थी। यह सोचकर कि विधवा और क्या विधवा होगी विवाह के पश्चात् महाराणा हम्मीर को मारने की योजना बनाई गई। नई विवाहिता ने राणा पर आक्रमण से पहले ही सारी बात राणा से कह डाली एवं आक्रमण होने से पहले ही सजगता के कारण महाराणा आक्रमणकारियों को पराजित करने में सफल रहा। महाराणा हम्मीर की उस पत्नी से आगे चलकर जो पुत्र हुआ वह इतिहास में खेता (षेता-पुरानी लिपि में) अथवा क्षेत्रपाल के नाम से प्रसिद्ध हुआ। अत: मेवाड़ राजवंश को मज़ाक में विधवा के पूत अर्थात् विधवा के बेटों का राजवंश भी कहा जाता है। इसी प्रकार मारवाड़ के इतिहास में भी एक घटना प्रसिद्ध है जिसमें महाराजा की रानी ने महाराजा की उपेक्षा से दुखी होकर परिणीता होकर भी दूसरा प्रेम-विवाह कर लिया था। इन घटनाओं के उल्लेख का उद्देश्य उस युग की सामाजिक स्थिति से अवगत होना है। साथ ही उन घटनाओं का संबंध मीरां के परिवार से है।[13]

पति भोजराज एवं महाराणा सांगा की मृत्यु के पश्चात् मीरां अपने पीहर मेड़ता गई थी। वहां से वापस लौटते समय मीरां ने देखा कि मालवा एवं गुजरात के सुल्तानों ने चित्तौड़ पर धावे बोलना एवं मेवाड़ में लूट-मार आरंभ कर दी थी। मीरां ने ससुराल लौटते समय अपने प्रजाजनों के दुख-दर्द भी सुने एवं उन्हें यथायोग्य मदद भी दी। कहते हैं कि मीरां ने अपने सारे गहने एवं कीमती सामान प्रजा में बांट दिए थे। यदि सूक्ष्मता से देखें तो मीरां का यह कार्य एक चतुर राजनीतिज्ञ के कृत्यों के समान था। इन घटनाओं से प्रजाजनों के मध्य मीरां की लोकप्रियता न केवल तेजी से बढ़ी वरन् अनेक सामंतों व प्रजा में विक्रमादित्य की अलोकप्रियता तेजी से बढ़ने लगी। लोग धीरे-धीरे मीरां के पक्ष में तथा महाराणा विक्रमादित्य के विरुद्ध आवाज़ उठाने लगे। जब मीरां अपने ससुराल पहुंची तो मीरां के इस कृत्य के लिए महाराणा विक्रमादित्य ने न केवल नाराज़गी व्यक्त की वरन् आगे से ऐसा न करने की हिदायत भी दी।[14] दीन-दुखियों में धन व गहने बांटना किसी को भी बुरा नहीं लग सकता परंतु यदि इसमें राजनीतिक कारण विद्यमान हो तो प्रश्न कुछ और हो जाता है। वैसे भी मीरां का इस प्रकार का कार्य भक्त जैसा कार्य न होकर एक राजनेता जैसा कार्य था एवं जनता में लोकप्रियता पाने का साधन। इस प्रकार मीरां के नाम से प्रचलित किंवदंतियों का गहन विश्लेषण करें तो कुछ और ही सत्य सामने आता है।

मेवाड़ की आबादी का विश्लेषण करें तो उसमें मुस्लिम आबादी कभी भी बहुतायत में नहीं रही। जो थोड़े बहुत मुस्लिम मेवाड़ में थे उनमें से अधिकतर सैनिक सेवाओं में थे एवं उनके अपने व्यक्तिगत स्वार्थ मेवाड़ से जुड़े हुए थे। अत: मीरां के

यहां हिंदू-मुस्लिम एकता को लेकर किसी प्रकार की कोई विशेष चिंता देखने को नहीं मिलती है। तथापि कुछ उल्लेख ऐसे अवश्य मिलते हैं जिनमें मीरां की भक्त मंडली में मुस्लिम दर्शनार्थियों के आने का उल्लेख है। एक किंवदंती इस प्रकार प्रचलित है कि एक बार सारंगपुर का नवाब अपने वज़ीर के साथ चित्तौड़ में मीरां के भजन सुनने एवं मीरां को देखने के लिए हिन्दुओं के वस्त्र धारण करके आया एवं भजन सुनने के बाद जब वह स्वयं को रोक नहीं सका तो उसने उर्दू में मीरां की प्रशंसा में कुछ कह डाला। इससे लोगों का ध्यान उनके मुस्लिम होने की ओर गया किंतु तब तक शीघ्रता से नवाब व उसका वज़ीर चित्तौड़ की सीमा पार कर चुके थे। ठीक इसी प्रकार एक किंवदंती यह भी प्रचलित है कि मीरां जब वृंदावन में थी तब बादशाह अकबर अपने दरबारी बीरबल के साथ हिंदू वेश धारण कर मीरां को देखने व भजन सुनने आया था किंतु मीरां ने उन दोनों को पहचान ही लिया एवं फिर मीरां, अकबर व बीरबल के मध्य राजनीति, धर्म व दर्शन पर लंबी बातें हुईं। इन किंवदंतियों में सत्य का कितना अंश है यह कहना तो मुश्किल है, परंतु इससे यह तो जाहिर हो ही जाता है कि न केवल हिंदुओं वरन् मुस्लिम प्रजा में भी मीरां को लेकर आकर्षण था।[15] यह भी संभव है कि बाद के समय में मीरां के प्रशंसकों ने इस प्रकार की किंवदंतियां बना दी हों।

जब एक बार मीरां को विष देने एवं उसका मीरां पर असर न होने की घटना प्रसिद्ध हो गई तो बाद में मीरां को लेकर अनेक किंवदंतियां गढ़ी जाने लगीं। इन किंवदंतियों में मीरां महल में शेर का आना एवं मीरां को उसका प्रणाम करके चले जाना। महाराणा का मीरां पर सैकड़ों बार तलवार से वार करना किंतु मीरां का जीवित बच जाना। मीरां का इस प्रकार नृत्य करना मानो उस नृत्य क्रिया में और भी कोई सम्मिलित हो अर्थात् अदृश्य कृष्ण के साथ मीरां का नृत्य, राणा द्वारा विषैले सर्पों का पिटारा भेजना एवं उन सांपों का फूलों की माला में बदल जाना इत्यादि। ये किंवदंतियां जहां एक ओर मीरां की तेजी से फैलती हुई लोकप्रियता की ओर संकेत तो करती ही हैं, वहीं दूसरी ओर इस बात का भी आभास देती हैं कि मीरां के करिश्माई व्यक्तित्व में लोगों का विश्वास लगातार बढ़ता जा रहा था। न केवल मीरां वरन् मेड़ता में उनके भाई जयमल्ल के साथ भी अनेक किंवदंतियां जुड़ती जा रही थीं एवं कहा जा रहा था कि स्वयं चारभुजानाथ उनके राज्य की सीमाओं की रक्षा करने के लिए तलवार लेकर युद्ध में लड़ते हैं। इन तमाम किंवदंतियों का इतना ही महत्त्व है कि मीरां की लोकप्रियता में लगातार वृद्धि होती जा रही थी।

एक प्रसंग आता है कि मीरां व जीव गोस्वामी की वृंदावन में भेंट हुई थी, किंतु मीरां की भक्ति का स्वरूप दर्शन तत्त्व से नहीं मिलता था। अत: मीरां ने स्वयं को इस प्रकार की दार्शनिक भक्ति से दूर ही रखा यद्यपि वृंदावन में मीरां के अकेले बैठे-बैठे खो जाने एवं लीलामग्न हो जाने की कहानियां अनेक जगहों पर मिल जाती हैं।[16]

उल्लेखनीय बात यह है कि मीरां के चित्तौड़ छोड़ने तक मेड़ता की शक्ति भी नष्ट प्राय: हो चुकी थी एवं मीरां के चित्तौड़ छोड़ने के बाद राजमहल में भी संघर्ष का कोई कारण शेष नहीं रह गया था। कहते हैं मीरां के चित्तौड़ छोड़ने के ठीक पश्चात् मेवाड़ में भयंकर अकाल पड़ा, लोग त्राहि-त्राहि करने लगे। मध्यकालीन अकाल प्राय: भयंकर होते थे। राजस्थान जैसे सूखे प्रदेश में तो इनकी भयंकरता और भी अधिक थी। अब तक आम जनता में मीरां की दैवीय शक्ति एवं कृष्ण की प्रेमिका के रूप में प्रसिद्धि फैल चुकी थी। लोगों में तथा मेवाड़ के राजपरिवार में यह बात घर कर गई थी कि यह सब मीरां को प्रताड़ित करने का नतीजा है। मेवाड़ की जनता का ही नहीं वरन् कुछ सामंती परिवारों की ओर से भी नए महाराणा उदय सिंह पर यह दबाव था कि मीरां को किसी भी प्रकार मेवाड़ वापस बुलाया जाए। इस समय मीरां द्वारिका चली गई थी। मेड़तियों, हाड़ाओं का संघर्ष भी समाप्त हो चुका था एवं मेड़ता पहले जैसी ताकत नहीं रह गई थी। इन सब बातों को ध्यान में रखते हुए नए महाराणा उदयसिंह ने मीरां को वापस मेवाड़ बुला लाने का निश्चय किया एवं मीरां को बुलाने के लिए कुछ प्रथम श्रेणी के सामंत एवं मेड़ता व मेवाड़ के पुरोहित द्वारिका भेजे।[17]

किंवदंती है कि मीरां यहीं द्वारिका में कृष्ण की मूर्ति में विलीन हो गई। आज भी यह स्थल द्वारिका में 'बैठ द्वारका' के नाम से प्रसिद्ध है। कहते हैं कि मीरां की मूर्ति में विलीनता के क्रम में साड़ी का एक टुकड़ा शेष रह गया था। साड़ी का यही टुकड़ा इस बात का प्रमाण था कि मीरां कृष्ण की मूर्ति में विलीन हो गई। आज के युग में यह मानना तो अविश्वसनीय है कि मीरां कृष्ण की मूर्ति में विलीन हो गई होगी तथापि इसका निश्चित उत्तर ढूंढ़ना भी अनिवा है। मीरां का कृष्ण की मूर्ति में विलीन होना आज 21वीं सदी में ही नहीं वरन् मध्यकाल में भी अविश्वसनीय रहा होगा। इसीलिए द्वारिका के पंडों ने मीरां की प्रसिद्धि को भुनाने व उससे अर्थोपार्जन करने के लिए मूर्ति में साड़ी के पल्लू के बचे रहने की मनगढ़न्त कहानी बनाई एवं कृष्ण की मूर्ति में कोई साड़ी का पल्लू ठूंस दिया होगा ताकि लोगों को यह विश्वास दिलाया जा सके कि मीरां का विलीनीकरण मूर्ति में ही हुआ है, अन्यथा मीरां के मूर्ति में विलीनीकरण के पश्चात् केवल साड़ी के पल्लू के बचे रहने का कोई विशेष प्रयोजन नहीं बचता, सिवाय इसके कि इससे लोगों का विश्वास प्राप्त करके २२ चामत्कारिक मूर्ति के नाम पर सैकड़ों रुपयों की भेंट वसूली जाए। यह भी संभव है कि मीरां की मृत्यु के सैकड़ों वर्ष पश्चात् द्वारिका के पंडों ने मीरां के विलीनीकरण की बात गढ़ ली हो ताकि मीरां के द्वारिका प्रवास की घटना का उपयोग अर्थोपार्जन के लिए कर सके। वजह चाहे जो रही हो किंतु इस किंवदंती का विस्तृत विवेचन ज़रूरी है। क्योंकि इसका संबंध मीरां की मृत्यु से है।

कुछ विद्वानों का कहना है कि इसी 'बैठ द्वारका' में मंदिर के पीछे समुद्र में कूदकर मीरां ने आत्महत्या कर ली। वह मीरां जिसने जिजीविषा के चलते जीवन-भर

संघर्ष किया बतौर विधवा उसे मानसिक प्रताड़ना देने वालों का पूरी मानसिक दृढ़ता के साथ जवाब दिया एवं जो अकेली न केवल सामंती समाज वरन् ब्राह्मणों से भी लोहा लेती रही हो अपनी प्रसिद्धि के चरम पर आत्महत्या कर ली हो, ऐसा विश्वास करना आसान नहीं लगता। निश्चय ही मीरां ने आत्महत्या नहीं की होगी तथापि इस तथ्य से इनकार नहीं किया जा सकता कि द्वारिका में पुरोहितों व सामंतों द्वारा मीरां को लौटने के लिए भूख हड़ताल द्वारा बाध्य करने की घटना के पश्चात् मीरां से संबंधित न तो किसी घटना का कोई उल्लेख मिलता है एवं न ही किसी प्रकार की कोई किंवदंती। शोध छात्रा परिता मुक्ता का निष्कर्ष है कि द्वारिका से मीरां अपनी पहचान को गुप्त रखकर वहीं गुजरात की कुछ ऐसी जातियों में विलीन हो गई जहां स्त्री स्वतंत्रता को अपेक्षाकृत अधिक सम्मान प्राप्त था।

दक्षिण भारत के अनेक मंदिरों में आज भी मीरां के भजन लोकप्रिय हैं। इस आधार पर अनेक विद्वानों का यह भी निष्कर्ष है कि द्वारिका के पश्चात् मीरां संभवत: दक्षिण चली गई होगी। यही कारण है कि दक्षिण में भी मीरां के भजन लोकप्रिय हैं। विद्वानों के इस निष्कर्ष को सही मानना भी विश्वसनीय नहीं लगता क्योंकि दक्षिण में मीरां के भजनों की लोकप्रियता परवर्ती घटना भी हो सकती है। हम जानते हैं कि मुगल साम्राज्य के पतन के साथ ही मराठा एक ताकत बनकर उभरे थे। वे मालवा को रौंद चुके थे एवं मेवाड़ की सीमाओं में प्रवेश करने लगे थे। महादजी सिंधिया एवं ऐसे अन्य सेनानायकों के नेतृत्व में मराठों व पिंडारियों की सेना मेवाड़ को कितनी ही बार रौंद चुकी थी। इन सैनिक लुटेरों द्वारा लूटे गए गांवों में खेमली व गुड़ली का नाम विशेष उल्लेखनीय है। संभव है मीरां के भजन भी इन्हीं मराठा व पिंडारी लुटेरों के साथ-साथ दक्षिण में पहुंच गए हो एवं धीरे-धीरे सारे दक्षिण में लोकप्रिय हो गए हो, उस समय स्वयं मराठा समाज सामाजिक क्रांति के दौर से गुजर रहा था।[18] मीरां के भजनों की क्रांतिकारिता के कारण तेज़ी से वहां की जनता में ये भजन लोकप्रिय हो गए हों। अत: भजनों के कारण मीरां के दक्षिण गमन को सत्य बताना अधिक प्रामाणिक नहीं हो सकता। फिर भी ज़रूरी नहीं कि हर प्रश्न का जवाब ढूंढ़ ही लिया जाए और भविष्य के लिए कुछ भी न छोड़ा जाए। वैसे भी मीरां की मृत्यु से ज्यादा जरूरी एवं महत्त्वपूर्ण उसका जीवन था जो समाज को संघर्ष की प्रेरणा देता है।

मीरां एवं तुलसी दोनों ही अपने युग के महान कवि हुए हैं। कहा जाता है कि मीरां व तुलसी में किसी प्रकार का पत्र-व्यवहार हुआ था। किंवदंती के अनुसार ससुराल वालों की प्रताड़ना से दुखी होकर मीरां ने किसी सुखपाल नाम के ब्राह्मण के हाथों तुलसी को यह पत्र भेजा था—

स्वस्ति श्री तुलसी कुल भूषण-दूषण हरण गुसाई।
बारहि बार प्रणाम करऊं अब हरहु सोवफ समुदाई॥

घर के स्वजन हमारे जेते सबन उपाधि बढ़ाई।
साधु संग अरू भजन करत मोहि देत कलेस महाई॥
बालपन में मीरां कींन्हीं गिरधरलाल मिटाई।
सो तो अब छुटत नहिं क्यों हूं लगी लग्न बरियाई॥
मेरे मात पिता सम तुम हो हरिभक्तन सुखदाई।
मोंको कहा उचित करिबों अब सो लिखियों समुझाई॥

कहा जाता है कि मीरां के उपर्युक्त पत्र के प्रत्युत्तर में तुलसी ने यह खत भेजा—

जाके प्रिय न राम वैदेही।
तजिये ताहि कोटि बैरी सम जद्यपि परम सनेही॥
तज्यो पिता प्रह्लाद विभीषण बंधु मरत महतारी।
बलि गुरु तज्यो कंत ब्रज बनितनि भये मुद मंगलकारी॥
नातो नेह राम को मनियत सुहृद सुसेव्य जहां लों।
अंधन कहा आंखि जेहि फूटे बहु तक कहौं कहां लों॥
तुलसी सो सब भांति परम हित पूज्य प्रान ते प्यारो।
जासो बढ़े सनेह रामपद ऐसो मतो हमारो॥[19]

इस किंवदंती में सत्यता का कितना अंश है कहना मुश्किल है। स्थान एवं परिस्थितियों का विचार करने पर तुलसी व मीरां में कोई पत्र-व्यवहार हुआ होगा ऐसा संभव नहीं लगता। जिस प्रकार अकबर-बीरबल से मीरां की मुलाकात आदि किंवदंतियां गढ़ ली गईं ठीक उसी प्रकार इसे भी उसी प्रकार की किंवदंती समझा जाना चाहिए।

मीरां के संबंध में एक अन्य रोचक किंवदंती प्रचलित है कि मीरां द्वापर की गोपी माधवी थी। अपने घमंड के कारण उसने कृष्ण की उपेक्षा की। फलतः कृष्ण ने भी माधवी को लीला दर्शन से इनकार कर दिया। बाद में माधवी को भूल का अहसास होने पर उसने कृष्ण से क्षमा याचना की। कृष्ण ने उसे कलयुग में दर्शन देने की एवं उसका जन्म मीरां के रूप में होने का आशीर्वाद दिया।[20] वर्तमान समय में काल की चक्रीय अवधारणा पूर्णतया अमान्य है। यहां तक कि डी.डी. कौशांबी जैसे विद्वान कृष्ण की ऐतिहासिकता पर ही संदेह व्यक्त करते हैं।[21] ऐसे में माधवी का मीरां के रूप में जन्म लेना कितना सत्य हो सकता है? इस किंवदंती एवं मीरां द्वारा चित्तौड़ में देवी पूजा से इनकार करने की किंवदंतियों के आधार पर यह कहा जा सकता है कि मीरां और कृष्ण लगभग पर्याय हो चुके थे। मीरां को कृष्ण के साथ इतना अधिक संबंधित करके देखा जा रहा था कि लोग मीरां को द्वापर की माधवी ही मानने लग गए थे।

निश्चय ही किंवदंतियों के विश्लेषण में सजग मस्तिष्क की ज़रूरत है, परंतु इतना तय है कि किंवदंतियों के माध्यम से इतिहास का निर्माण भले ही संभव न हो

एवं मीरां के संपूर्ण जीवन का इतिहास भी यद्यपि किंवदंतियों के आधार पर निर्धारित करना संभव नहीं, तथापि यह सत्य है कि किंवदंतियां इतिहास-निर्माण में महत्त्वपूर्ण सहायक स्रोत सामग्री हैं। मीरां के जीवन के संदर्भ में भी इनके महत्त्व से इनकार नहीं किया जा सकता।

संदर्भ

1. मम्मी व स्वर्गीय नानी से यह पद सुना था।
2. पुजारी, मीरां मंदिर, बालकृष्णजी का साक्ष्य।
3. जौहर स्मारिका 2005, जौहर स्मृति संस्थान, चित्तौड़, पृ. 42
4. श्री एस.एन. समदानी, चित्तौड़ का साक्ष्य।
5. यह दावा स्वयं कुछ झाला सामंतों का है।
6. मेवाड़ में प्रचलित एक किंवदंती।
7. नरोत्तमदास स्वामी, मीरां मुक्तावली, पृ. 13
8. कालिका मंदिर के पुजारी का कथन।
9. प्रचलित मान्यता के आधार पर।
10. सौभाग्य कुंवरी राणावत, मीरा चरित, पृ. 176
11. वही, पृ. 124
12. कविराजा श्यामलदास, वीर विनोद (भाग-2), पृ. 01
    मुंशी देवी प्रसाद, मीरांबाई का जीवन-चरित्र, पृ. 24
13. मेवाड़ व मारवाड़ में प्रचलित कथाएं।
14. बचपन में सुनी कहानी पर आधारित।
15. मीरां से संबंधित विवरणों व कहानियों के आधार पर।
16. गुजरात में प्रचलित किंवदंती।
17. नाथद्वारा मंदिर में सुनी कथा के आधार पर।
18. मेवाड़ के इतिहासकारों से चर्चा का निष्कर्ष।
19. आचार्य रामचन्द्र शुल्क, हिंदी साहित्य का इतिहास, पृ. 101
20. गुजरात में प्रचलित किंवदंती।
21. डी.डी. कौशांबी, प्राचीन भारत की संस्कृति और सभ्यता, पृं. 149

अध्याय : पांच

ऐतिहासिक विवरण एवं आलोचनात्मक ग्रंथ

क्रांतिधर्मिता, परंपरा-विरोध, सामंत-विरोध, प्रतिरोध की क्षमता एवं चामत्कारिक व्यक्तित्व के बावजूद हिंदी आलोचना एवं इतिहासकारों ने मीरां की लगातार उपेक्षा की है। कुछ दशकों पूर्व स्थिति यह थी कि मीरां पर अध्ययन एवं अनुसंधान को हिंदी के विद्वान अनुपयोगी एवं व्यर्थ मानते थे। बुद्धिजीवी वर्ग के विपरीत लोक से मीरां को सदैव स्नेह एवं प्यार मिला तथा लोक ने उसे कभी भी विस्मृति के गर्त में जाने नहीं दिया। आज नव चेतना के परिणामस्वरूप सैकड़ों वर्षों से दमित, शोषित स्त्री-वर्ग पूर्ण प्रतिरोध के साथ पुरुषों की वर्चस्वशीलता को चुनौती देने के लिए तैयार है तब मीरां का प्रतिरोधी चामत्कारिक व्यक्तित्व ऐतिहासिक प्रेरणा के रूप में लोकप्रिय होता जा रहा है।

राजपूताने तथा देश के मध्यकाल से संबंधित आरंभिक इतिहास-ग्रंथों पर नजर डालें तो प्राय: अधिकांश इतिहास-ग्रंथ मीरां के संदर्भ में मौन नज़र आते हैं। यह एक कड़वी सच्चाई है कि सांस्कृतिक तथा सामाजिक मोर्चे पर मीरां भले ही सफल रही हों, किंतु राजनीतिक मोर्चे पर मीरां को अपने प्रतिद्वंद्वियों से परास्त होना पड़ा। एक तो मीरां स्त्री थी एवं वह भी विधवा स्त्री जो स्त्रियों में भी सर्वाधिक दमित एवं शोषित वर्ग था। अपनी इसी कमजोरी के कारण मीरां का राजनीतिक संघर्ष कुछ सीमाओं के अंतर्गत ही जारी रह सकता था। इधर राठौड़ों के आंतरिक संघर्ष के कारण मेड़तियों की शक्ति क्षीण हो चुकी थी एवं मेड़ता व जोधपुर राज्य के संघर्ष में मेड़तियों को पराजय का मुंह देखना पड़ा था। इस संघर्ष ने न केवल मेड़ता नगर को तहस-नहस कर दिया था वरन् इसने मेड़तियों की शक्ति को गहरा आघात पहुंचाया। मेवाड़ में मीरां की सारी महत्त्वाकांक्षाएं मेड़तियों पर आश्रित थीं। मेड़तियों के पराभव के साथ ही मेवाड़ के प्रसंग में मीरां की समस्त महत्त्वाकांक्षाओं को गहरा धक्का लगा एवं अंततः मीरां ने राजनीतिक मोर्चे पर पराजय स्वीकार करते हुए चित्तौड़ नगर ही छोड़ दिया। राजनीतिक मोर्चे पर मीरां की इसी पराजय के कारण इतिहास-ग्रंथों ने मीरां की घोर उपेक्षा की एवं उसे

मध्यकालीन मेवाड़ के इतिहास से लगभग बाहर ही कर दिया एवं इसके पश्चात् मेवाड़ का जो इतिहास शेष बचा वह विजेताओं का इतिहास था जिसमें पराजित मीरां के लिए कोई स्थान नहीं था।

कर्नल जेम्स टॉड राजपूताने के आरंभिक इतिहासकारों में से एक थे। इतिहास-ग्रंथों में मीरां को स्थान दिलाने का प्रथम श्रेय उन्हें ही मिलना चाहिए। कर्नल टॉड ने राजपूताने के इतिहास पर 'एनल्स एंड एंटीक्विटी ऑफ राजस्थान' नामक ग्रंथ की रचना की थी। यह ग्रंथ इतना अधिक लोकप्रिय हुआ कि इसे राजस्थान के इतिहास का संदर्भ-ग्रंथ माना जाने लगा। कहा जाता है कि कर्नल टॉड ने इस ग्रंथ की रचना चित्तौड़ दुर्ग में रहते हुए की थी। आज जिसे पद्मिनी महल कहा जाता है, वहीं कर्नल टॉड का निवास स्थल था जहां से मीरां मंदिर एवं मीरां महल (कुंवरपदा के महल) थोड़ी ही दूर थे।[1] फिर भी दुर्भाग्यवश कर्नल टॉड के मीरां संबंधी उल्लेख एवं निष्कर्ष पूर्णत: गलत थे। अनुमान किया जा सकता है कि टॉड के समय तक चित्तौड़ दुर्ग में मीरां के समय के अवशेष लगभग मिट चुके होंगे या मिटाए जा चुके होंगे। पूरे दुर्ग में मीरां से संबंधित जानकारी देने वाला एक मात्र अवशेष था मीरां मंदिर। उस मंदिर के बारे में कहा जाता है कि उसका निर्माण मीरां ने स्वयं को प्राप्त होने वाली राजस्व राशि से करवाया था। टॉड ने राजपूताने के अपने इतिहास-ग्रंथ को सन् 1829 तक लिखकर पूरा कर लिया था, जिसमें मीरां के बारे में निम्न जानकारी दी गई है—

"मीरां मेवाड़ के राणा कुंभा की पत्नी थीं। वे सौंदर्य और स्वच्छंद पवित्रता के लिए अपने युग की सबसे प्रसिद्ध राजकुमारी थीं। उन्होंने बहुत से गीत लिखे, जो भक्तों में प्रचलित हैं। मीरां के काव्य-तत्त्व से उनके पति को प्रेरणा मिली या कुंभा से उन्हें काव्य-सौन्दर्य प्राप्त हुआ, यह निश्चयपूर्वक नहीं कहा जा सकता। भक्ति के अतिरेक एवं स्वच्छंदता के कारण अनेक प्रवादमूलक कथाओं को जन्म मिल गया।"[2]

कर्नल टॉड का यह विवरण गलत तथ्यों का प्रस्तुतीकरण होने के बावजूद मीरां के बारे में अनेक महत्त्वपूर्ण जानकारियां देता है। टॉड की सबसे बड़ी भूल यह थी कि उन्होंने मीरां को कुंभा की पत्नी बताया। टॉड के इस निष्कर्ष को परवर्ती विद्वानों ने न केवल पूर्णतया गलत एवं व्यर्थ बताया वरन् परवर्ती समय में टॉड की मीरां संबंधी पूरी व्याख्या को ही संदेह की नज़र से देखा जाने लगा। चित्तौड़ दुर्ग में स्थित कुंभश्याम मंदिर जिसका निर्माण कुंभा ने करवाया था एवं मीरां मंदिर जो मीरां को प्राप्त राजस्व राशि से निर्मित हुआ था, दोनों ही एक दूसरे के निकट स्थित हैं। कुंभा के समान ही मीरां की प्रसिद्धि भी एक भक्त एवं संगीतज्ञ के रूप में थी। संगीत, भक्ति, विद्वत्ता, लोकप्रियता तथा बुद्धिमत्ता आदि बातों में मीरां व कुंभा में अनेक समानताएं थीं। संभवत: इसी से प्रेरित होकर कर्नल टॉड ने मीरां को कुंभा की पत्नी बताया होगा। मीरां संबंधी टॉड की इस भारी भूल के

बावजूद टॉड का मीरां संबंधी उल्लेख मीरां के बारे में अनेक जानकारियां देता है। जैसे कि मीरां सुंदर थी एवं अत्यंत लोकप्रसिद्ध थी। मीरां के लिखे पद भक्तों के मध्य प्रसिद्ध हैं। कुंभा तथा कथित तौर पर कुंभा की पत्नी अर्थात् मीरां दोनों ही अत्यंत प्रतिभाशाली एवं एक दूसरे के गुणों से प्रभावित थे। मीरां के संबंध में सच्ची तथा झूठी अनेक किंवदंतियां प्रचलित हैं। एवं मीरां मूलतः भक्त थी। कर्नल टॉड ने मीरां के संबंध में स्वच्छंद पवित्रता का उल्लेख किया है अर्थात् टॉड को मीरां के संबंध में जो जानकारी मिली थी उसमें मीरां को पवित्र बताया गया था। इसका अर्थ यह हुआ कि लोक मीरां में गंभीरता, विद्वत्ता का दर्शन करता था, उच्छृंखलता का नहीं।

टॉड ने अपने इसी इतिहास-ग्रंथ में मीरां का उल्लेख आगे के पृष्ठों में इस प्रकार किया है—"वे मरुधर वीर मेड़तिया राठौड़ों की शाखा के प्रवर्तक दूदाजी की पुत्री थीं।"[13] टॉड ने मेड़तियों को मरुधर वीर कहा एवं मीरां को दूदा की पुत्री बताया। मीरां अपने पिता की बजाय दादा के अधिक निकट थी। पाश्चात्य देशों में दादा व पोती में इतनी अधिक निकटता नहीं होती है जितनी कि भारतीय परिवारों में। यही कारण रहा होगा कि टॉड ने मीरां को दूदा की पौत्री कहने की बजाय बेटी कहना अधिक उचित समझा। कहीं-कहीं टॉड मीरां को दूदाजी की पोती भी बताते हैं। इससे भी स्पष्ट होता है कि टॉड स्वयं दूदा व मीरां के संबंध को लेकर भ्रम की स्थिति में थे।

मेवाड़ के इतिहास-ग्रंथों में मीरां की चर्चा मिलना तभी आरंभ होता है जब मेवाड़ राज्य सामंती शिकंजे से धीरे-धीरे बाहर निकलने लगता है एवं मेवाड़ में राजनीतिक जनजागरण का दौर शुरू होता है। मेवाड़ के इतिहास में मीरां का पहला उल्लेख सदियों पश्चात् कविराजा श्यामलदास के 'वीर विनोद' में आता है। यह मेवाड़ का पहला व्यवस्थित इतिहास-ग्रंथ भी है जो कि महाराणा सज्जन सिंह के समय लिखा गया था। इस इतिहास-ग्रंथ की केवल चार प्रतियां ही छपी थीं कि मेवाड़ सरकार ने इसे जब्त कर लिया था। अनुमान किया जा सकता है कि मेवाड़ राज्य में महाराणाओं के खिलाफ कुछ भी कहना अथवा लिखना किसी भी व्यक्ति के लिए कितना खतरनाक हो सकता था। मीरां तो हमेशा से ही महाराणाओं और सामंतवादी व्यवस्था से लोहा लेती रही थी, ऐसे में किस इतिहासवेत्ता की यह हिम्मत थी कि वह मीरां के पक्ष में कुछ भी लिखे? स्वयं कविराजा श्यामलदासजी ने भी मीरां का केवल इतना ही उल्लेख किया कि वह महाराणा सांगा की पुत्रवधू तथा राव दूदा की पौत्री थी। उनकी भक्ति एवं क्रांति के बारे में कविराजा पूरी तरह से मौन हैं किंतु यहां सबसे महत्त्वपूर्ण यह है कि अन्य रानियों, महारानियों के मध्य उन्हें केवल मीरां ही उल्लेख योग्य लगी। कोई और राजकुल से संबंध रखने वाली स्त्री कविराजा के 'वीर विनोद' में अपना यथायोग्य स्थान न बना सकी। कविराजा

का 'वीर विनोद' में मीरां संबंधी उल्लेख भी इस रूप में आता है मानो सांगा, दूदा व भोज की पहचान भी मीरां के कारण है न कि मीरां की पहचान उनसे बनती है। कविराजा का मीरां संबंधी वर्णन इस प्रकार है—

"महाराणा सांगा (संग्रामसिंह) के सात पुत्र हुए—1 पूर्णमल्ल, 2. भोजराज, 3. पर्वतसिंह, 4. रत्नसिंह, 5. विक्रमादित्य, 6. कृष्णसिंह और 7. उदयसिंह। 1. पूर्णमल्ल, 2. भोजराज, 3. पर्वतसिंह और 6. कृष्णसिंह—चार तो महाराणा सांगा के सामने ही परलोक सिधारे, इनमें से 2. भोजराज, जो सोलंखी रायमल की बेटी के गर्भ से जन्मे थे, उनका विवाह, मेड़ते के (1) राव दूदा जोधावत के पांचवें बेटे, रत्नसिंह की बेटी, मीरांबाई के (2) भोजराज साथ हुआ था। मीरांबाई बड़ी धार्मिक और साधु-संतों का सम्मान करने वाली थी। यह विराग के गीत बनाती और गाती, इससे उसका नाम अब तक बहुत प्रसिद्ध है।

महाराणा सांगा के देहांत के समय सात में से तीन पुत्र—रत्नसिंह, विक्रमादित्य और उदयसिंह—बाकी रहे। इनमें से रत्नसिंह गद्दी विराजे, और छोटे विक्रमादित्य और उदयसिंह 'रणथंभौर' के मालिक बने।

इनको रणथंभौर की मालिकी मिलने का कारण यह है, कि बूंदी के राव भांडा के दूसरे बेटे नरबद की बेटी कर्मवती बाई, महाराणा सांगा को ब्याही गई थी। उसके गर्भ से विक्रमादित्य और उदयसिंह हुए। महाराणा सांगा महाराणी हाड़ी कर्मवती से अधिक प्रसन्न थे।"

'रणथंभौर' यह मशहूर क़िला इस समय जयपुर के राज्य में है—

नीचे फुटनोट में कविराजा मीरां के संबंध में कुछ और महत्त्वपूर्ण जानकारियां देते हैं जैसे कि—

"(1) मेड़ता—जोधपुर के राज्यों में एक कस्बा है जिसके नाम से एक परगना 'मेड़ता की पट्टी' कहलाता है।

(2) कर्नल टॉड साहब, मीरांबाई को महाराणा कुंभा की राणी लिखते हैं परंतु यह बात ठीक नहीं है, क्योंकि राव जोधा ने विक्रमी 1515 (= हि. 862 = ई. 1448) में जोधपुर बसाया। विक्रमी 1525 (= हि. 872 = ई. 1468) में महाराणा कुंभा का देहांत हुआ। विक्रमी 1542 (= हि. 890 = ई. 1485) में राव दूदा जोधावत को मेड़ता (झाला देव के वरदान से) मिला। विक्रमी 1584 (= हि. 933 = ई. 1527) में महाराणा सांगा और बाबर बादशाह की लड़ाई में, दूदा के दो बेटे वीरमदेव और रत्नसिंह (मीरांबाई का पिता) मारे गए, और वीरमदेव का बेटा जयमल्ल विक्रमी 1624 (= हि. 975 = ई. 1548) में चित्तौड़ पर अकबर की लड़ाई में मारा गया।

1. सोचना चाहिए कि महाराणा कुंभा के वक्त दूदा को मेड़ता ही नहीं मिला था फिर दूदा की पोती मीरांबाई मेड़तणी कुंभा की राणी किस तरह हो सकती है?

2. महाराणा कुंभा के देहांत से 59 वर्ष पीछे बाबर और महाराणा सांगा की लड़ाई में मीरांबाई का बाप रत्नसिंह मारा गया— तो महाराणा कुंभा के वक्त में (टॉड साहब का लिखना ठीक समझा जाए तो) रत्नसिंह की अवस्था चालीस वर्ष से कम न होगी, इस हिसाब से मारे जाने के वक्त सौ वर्ष के आसपास होनी चाहिए और इतनी उम्र के आदमी का बहादुरी के साथ लड़ाई में मारा जाना असंभव है—
3. महाराणा कुंभा से 100 वर्ष पीछे मीरांबाई के चचेरे भाई जयमल्ल का मारा जाना लिखा है, इस हालत में जयमल्ल की बहन मीरांबाई कुंभा की राणी किस तरह समझी जाए?
4. मीरांबाई महाराणा विक्रमादित्य व उदयसिंह के समय तक जीती रही, और महाराणा ने उसको जो जो दुख दिया वह उसकी कविता में स्पष्ट है।

कर्नल टॉड साहब ने धोखा खाया है, इसका सबब यह होगा कि महाराणा कुंभा ने चित्तौड़गढ़ पर कुंभश्यामजी के नाम से एक मंदिर बनाया था और उसके पास ही एक दूसरा मंदिर बना हुआ है, जो मीरांबाई के नाम से मशहूर है, पर न मालूम कि वह मंदिर मीरांबाई का ही बनाया हुआ है या किसी औरत का। शायद इन दोनों मंदिरों के पास-पास होने से मीरांबाई महाराणा कुंभा की स्त्री मानी गई। परंतु हमारे यहां, व मेड़तिया राठौड़ों की व जोधपुर की तवारीखों में मीरांबाई को भोजराज की राणी लिखा है।''[4]

कविराजा के इन वर्णनों से मीरां के संबंध में अनेक महत्त्वपूर्ण जानकारियां प्राप्त होती हैं एवं हमें ज्ञात होता है कि मीरां सांगा के जन्मकाल में ही विधवा हो चुकी थी। कविराजा के विवरणों से मीरां के संबंध में उन भ्रमों का निवारण भी होता है जिनका निर्माण कर्नल टॉड के इतिहास-ग्रंथ से हुआ था। कविराजा ने इस बात का सप्रमाण गंभीरता से खंडन किया कि मीरां कुंभा की पत्नी थी। साथ ही उन्होंने कुंवर भोज को मीरां का पति भी बता दिया। कविराजा के मीरां संबंधी विवरण अन्य किसी भी इतिहासकार एवं मीरां के आलोचक से अधिक विश्वसनीय माने जाएंगे। कविराजा को मेवाड़ के इतिहास की जो गहनतम जानकारियां थीं, उस ऊंचाई पर आज तक कोई भी इतिहासकार पहुंच नहीं पाया है। कविराजा के विवरणों से हमें यह भी ज्ञात होता है कि मीरां रत्नसिंह की पुत्री थी न कि राव दूदा की। राव दूदा मीरां के दादा थे। मीरां के पिता खानवा की लड़ाई में मारे गए थे। कविराजा हमें यह महत्त्वपूर्ण जानकारी भी देते हैं कि मेड़ता व मारवाड़ की तवारीखों में मीरां का उल्लेख भोज की पत्नी के रूप में हुआ है। संभव है कविराजा ने उन्हें देखा हो किंतु काफी प्रयास के बावजूद मारवाड़ अथवा मेड़ता से इस प्रकार का मीरां संबंधी कोई प्रामाणिक विवरण उपलब्ध नहीं हो पाया है। बहुत संभव है मीरां संबंधी मारवाड़ व मेड़ता की तवारीखों से प्राप्त ये विवरण आज भी कहीं गुमनामी के अंधेरे में पड़े हों।

कविराजा ने कुंभश्याम मंदिर के समीप स्थित मीरां मंदिर को मीरां के नाम पर मशहूर बताया है किंतु वे इस संबंध में यह तय नहीं कर पा रहे थे कि वह मीरां का ही बनाया हुआ था या किसी और के द्वारा। मीरां के परवर्ती काल में मेवाड़ का पराभव तीव्र गति से होता है अत: परवर्ती समय में किसी युवरानी के पास इतना धन कभी नहीं रहा कि वह मीरां मंदिर जैसा उत्कृष्ट शिल्प का नया मंदिर निर्मित करा सके। राजमहल में मीरां की स्थिति भी शक्तिशाली थी एवं नए महाराणा उससे कनिष्ठ थे अत: मीरां में इस प्रकार के मंदिर निर्माण की क्षमता थी परंतु परवर्ती समय में कोई महारानी ऐसा नहीं कर सकी। अत: पुष्ट प्रमाण के अभाव में कविराजा यह तय नहीं कर पा रहे थे कि मीरां मंदिर मीरां द्वारा निर्मित है अथवा नहीं।

अपने इतिहास-ग्रंथ में कविराजा ने हाड़ा-राठौड़ संघर्ष का संकेत भी कर दिया है जिसकी पुष्टि निम्न उद्धरण से हो जाती है—

"एक दिन महाराणी हाड़ी ने महाराणा से प्रार्थना की कि मेरे दोनों बेटों के लिए आप के हाथ से जागीर न मिलेगी तो पीछे रत्नसिंह इनको दुख देंगे। तब महाराणा सांगा ने कहा कि जो जागीर तुम मांगो वही तुम्हारे बेटों के लिए दी जावे। इस पर राणी ने रणथंभौर के वास्ते अर्ज की और वह महाराणा को मंजूर हुई। फिर दुबारा महाराणी हाड़ी ने कहा कि यदि आपने मेरी विनती स्वीकार की, तो विक्रमादित्य, मेरे भाई सूर्यमल्ल को सौंपा जाए कि वह इनकी संहाल रक्खे। महाराणा ने राणी की प्रार्थना के अनुसार आज्ञा दी—परंतु सूर्यमल्ल ने कहा कि मुझे इस आज्ञा के पूरा करने में कदाचित् आपके अनंतर रत्नसिंह से सामना करना न पड़े, इसलिए रत्नसिंह की भी इसमें सलाह लेनी जरूर है। तब महाराणा सांगा ने राजकुमार रत्नसिंह को बुलाकर इस विषय में पूछा—रत्नसिंह ने ऊपरी दिल से सूर्यमल्ल को अनुमति दी। इस तरह पक्का बंदोबस्त होने पर सूर्यमल्ल ने भी महाराणा की आज्ञा का पालन करना स्वीकार किया।"[5]

उल्लेखनीय है कि कुंवर रत्नसिंह राठौड़ों के भानजे थे अत: राठौड़ों का पूर्ण समर्थन उन्हें प्राप्त था। रत्नसिंह का विरोध भी हाड़ाओं से था। अत: मीरां को वास्तविक प्रताड़ना केवल उच्छृंखल महाराणा विक्रमादित्य से ही मिली। रत्नसिंह एवं मीरां के संबंध परस्पर अत्यंत मधुर थे एवं बतौर देवर रत्नसिंह मीरां का बहुत सम्मान करता था।

मीरां का तीसरा महत्त्वपूर्ण उल्लेख पं. गौरीशंकर हीराचंद ओझा ने अपने इतिहास-ग्रंथ 'उदयपुर राज्य का इतिहास' में किया है। मीरां संबंधी ओझाजी का वर्णन प्राय: कविराजा श्यामलदास के वर्णन की ही पुनरावृत्ति है। यहां तक कि कुछ पंक्तियां तो 'उदयपुर राज्य का इतिहास' में 'वीर विनोद' से ज्यों की त्यों ग्रहण कर ली गई हैं जैसा कि 'उदयपुर राज्य का इतिहास' से मीरां संबंधी लिए गए निम्न उद्धरण से स्पष्ट हो जाता है—

"महाराणा सांगा का ज्येष्ठ कुंवर भोजराज था, जिसका विवाह मेड़ते के राव वीरमदेव के छोटे भाई रत्नसिंह की पुत्री मीरांबाई के साथ वि.सं. 1573 (ई.स. 1516) में हुआ था। परंतु कुछ वर्षों बाद महाराणा की जीवित दशा में ही भोजराज का देहांत हो गया, जिससे उसका छोटा भाई रत्नसिंह युवराज हुआ। कर्नल टॉड ने जनश्रुति के अनुसार मीरांबाई को महाराणा कुंभा की राणी लिखा है और उसी आधार पर भिन्न-भिन्न भाषाओं के ग्रंथों में भी वैसा ही लिखा जाने से लोग उसको महाराणा कुंभा की राणी मानने लग गए हैं, जो भ्रम ही है।"

हिंदुस्तान में बिरला ही ऐसा गांव होगा, जहां भगवद्भक्त हिंदू स्त्रियां या पुरुष मीरांबाई के नाम से परिचित न हो और बिरला ही ऐसा मंदिर होगा, जहां उसके बनाए हुए भजन न गाए जाते हो। मीरांबाई मेड़ते के राठौड़ राव दूदा के चतुर्थ पुत्र रत्नसिंह की, जिसको दूदा के निर्वाह के लिए 12 गांव दे रखे थे, इकलौती पुत्री थी। उसका जन्म कुड़की गांव में वि.सं 1555 (ई.सं. 1498) के आसपास होना माना जाता है। बाल्यावस्था में ही उसकी माता का देहांत हो गया, जिससे राव दूदा ने उसे अपने पास बुलवा लिया और वहीं उसका पालन-पोषण हुआ। वि.सं. 1572 (ई.सं. 1515) में राव दूदा के देहांत होने पर वीरमदेव मेंड़ते का स्वामी हुआ। गद्दी पर बैठने के दूसरे साल उसने उसका विवाह महाराणा सांगा के कुंवर भोजराज के साथ कर दिया। विवाह के कुछ वर्षों बाद युवराज भोजराज का देहांत हो गया। यह घटना किस संवत् में हुई, यह निश्चित रूप से ज्ञात नहीं हुआ, तो भी संभव है कि यह वि.सं. 1575 (ई.सं. 1518) और 1580 (ई.सं. 1523) के बीच किसी समय हुई हो।

मीरांबाई बचपन से ही भगवत-भक्ति में रुचि रखती थी, इसलिए वह इस शोकप्रद समय में भी भक्ति में ही लगी रही। यह भक्ति उसके पितृकुल में पीढ़ियों से चली आई थी। दूदा, वीरमदेव और जयमल्ल सभी परम वैष्णव थे। वि.सं. 1584 (ई.सं. 1527) में उसका पिता महाराणा सांगा और बाबर की लड़ाई में मारा गया। महाराणा सांगा की मृत्यु के बाद रत्नसिंह उसका उत्तराधिकारी हुआ और उसके भी वि.सं. 1588 (ई.सं. 1531) में मरने पर विक्रमादित्य मेवाड़ की गद्दी पर बैठा। इस समय से पूर्व ही मीरांबाई की अपूर्व भक्ति और भावपूर्ण भजनों की ख्याति दूर-दूर तक फैल गई थी और सुदूर स्थानों से साधु-संत उससे मिलने आया करते थे। इसी कारण विक्रमादित्य उससे अप्रसन्न रहता और उसको तरह-तरह की तकलीफें दिया करता था। ऐसा प्रसिद्ध है कि उसने उस (मीरांबाई) को मरवाने के लिए विष देने आदि के प्रयोग भी किए, परंतु वे निष्फल ही हुए। मीरांबाई की ऐसी स्थिति जानकर उसको वीरमदेव ने मेड़ते बुला लिया। वहां भी उसके दर्शनार्थी साधु-संतों की भीड़ लगी रहती थी। जब जोधपुर के राव मालदेव ने वीरमदेव से मेड़ता छीन लिया, तब मीरांबाई तीर्थयात्रा को चली गई और द्वारिकापुरी में जाकर रहने लगी, जहां वि.सं. 1603 (ई.सं. 1546) में उसका देहांत हुआ।

भक्तशिरोमणि मीरांबाई के बनाए हुए ईश्वर-भक्ति के सैकड़ों भजन भारत-भर में प्रसिद्ध हैं और जगह-जगह गाए जाते हैं। मीरांबाई का मलार राग तो बहुत ही प्रसिद्ध है। उसकी कविता भक्तिरस-पूर्ण, सरल और सरस है। उसने राग-गोविन्द नामक कविता का एक ग्रंथ भी बनाया था। मीरांबाई के संबंध की कई तरह की बातें पीछे से प्रसिद्ध हो गई हैं, जिनमें ऐतिहासिक तत्त्व नहीं हैं।

कुंवर भोजराज की मृत्यु के बाद रत्नसिंह युवराज हुआ, जिसके छोटे भाई उदयसिंह (ओझाजी के 'उदयपुर राज्य के इतिहास' से ही उद्धृत) और विक्रमादित्य थे। उनको जागीर मिलने के संबंध में मुहणोत नैणसी ने लिखा है—''राणा सांगा का एक विवाह हाड़ा राव नर्बंद की पुत्री करमेती (कर्मवती) से भी हुआ था, जिससे विक्रमादित्य और उदयसिंह उत्पन्न हुए। राणा का इस राणी पर विशेष प्रेम था। एक दिन करमेती ने राणा से निवेदन किया कि आप चिरंजीवी हों, इसलिए आपके सामने ही इनकी जागीर नियत हो जाय तो अच्छा है। राणा ने पूछा, तुम क्या चाहती हो? इसके उत्तर में उसने कहा कि रत्नसिंह की सम्मति लेकर रणथंभौर जैसी कोई जागीर इनको दे दी जाय और हाड़ा सूरजमल जैसे राजपूत को इनका संरक्षक बनाया जाय। राणा ने इसे स्वीकार कर दूसरे दिन रत्नसिंह से कहा कि विक्रमादित्य और उदयसिंह तुम्हारे छोटे भाई हैं, जिनको कोई ठिकाना देना चाहिए। महा शक्तिशाली सांगा से रत्नसिंह ने यही कहा कि आपकी जो इच्छा हो, वही जागीर दीजिए। इस पर राणा ने उनको रणथंभौर का इलाका जागीर में देने की बात कही, तो रत्नसिंह ने कहा—'बहुत अच्छा'। फिर जब विक्रमादित्य और उदयसिंह को रणथंभौर का मुजरा करने की आज्ञा हुई, तो इन्होंने मुजरा किया। उस समय बूंदी का हाड़ा सूरजमल भी दरबार में हाजिर था। राणा ने उसको कहा कि हम इन्हें रणथंभौर देकर तुम्हारी संरक्षा में रखते हैं। सूरजमल ने निवेदन किया कि मुझे इस बात से क्या मतलब है, मैं तो चित्तौड़ के स्वामी का सेवक हूं। तब राणा ने कहा—'ये दोनों बालक तुम्हारे भानजे हैं, बूंदी के रणथंभौर निकट भी है और हमें तुम्हारे पर विश्वास है, इसीलिए इनका हाथ तुम्हें पकड़वाते हैं।' सूरजमल ने जवाब दिया कि आपकी आज्ञा शिरोधार्य है, परंतु आपके पीछे रत्नसिंह मुझे मारने को तैयार होंगे, इसलिए आपके कहने से मैं इसे स्वीकार नहीं कर सकता। यदि रत्नसिंह ऐसा कह दें, तो बात दूसरी है। राणा ने रत्नसिंह की ओर देखा, तो उसने सूरजमल से कहा कि जैसा महाराणा फरमाते हैं वैसा करो, ये मेरे भाई और आप भी हमारे संबंधी हैं, मैं इसमें बुरा नहीं मानता। तब सूरजमल ने राणा की यह आज्ञा मान ली और साथ जाकर रणथंभौर में विक्रमादित्य और उदयसिंह का अधिकार करा दिया।''

नीचे संदर्भ इस प्रकार दिए गए हैं—मीरांबाई 'मेड़तणी' कहलाती है, जिसका आशय मेड़तिया राजवंश की कन्या है। जोधपुर के राव जोधा का एक पुत्र दूदा, जिसका जन्म वि.सं. 1497 (ना.प्र.प. भाग 1, पृ. 114) में हुआ था, वि.सं. 1518

(ई.सं. 1461) या उससे पीछे मेड़ते का स्वामी बना। उसी से राठौड़ों की मेड़तिया शाखा चली। दूदा का ज्येष्ठ पुत्र वीरमदेव, जिसका जन्म वि.सं 1534 (ई.स. 1477) में हुआ था। (वहीं पृ. 114), उस (दूदा) के पीछे मेड़ते का स्वामी बना। उसके छोटे भाई रत्नसिंह की पुत्री मीरांबाई थी। महाराणा कुंभा वि.सं. 1525 (ई.स. 1468) में मारा गया, जिसके 9 वर्ष बाद मीरांबाई के पिता के बड़े भाई वीरमदेव का जन्म हुआ था। ऐसी दशा में मीरांबाई का महाराणा कुंभा की राणी होना सर्वथा असंभव है।[6]

पं. गौरीशंकर हीराचंद ओझा कविराजा श्यामदास की शिष्य परंपरा में आते थे एवं मेवाड़ व राजपूताने के इतिहास के संबंध में इनकी गहरी समझ थी। ओझाजी एवं मीरां के प्रथम आलोचक मुंशी देवीप्रसाद निकट संपर्क में थे एवं मुंशीजी द्वारा लिखित 'मीरांबाई का जीवन-चरित्र' के लिए ओझाजी ने महत्त्वपूर्ण सूचनाएं एवं जानकारियां मुंशीजी को उपलब्ध कराई थीं।[7] वर्तमान समय में गौरीशंकर हीराचंद ओझा का समस्त इतिहास-लेखन एवं उनकी पांडुलिपियां प्रताप शोध प्रतिष्ठान, उदयपुर में सुरक्षित हैं।

कर्नल टॉड के बाद मीरां पर कलम चलाने वाले दूसरे उल्लेखनीय अंग्रेज इतिहासकार ऐलेक्जेंडर किन्सोक फॉर्बस है, जो ईस्ट इंडिया कंपनी के ऑनरेबल सिविल सर्वेंट थे। उन्होंने 'रासमाला, हिंदू एनल्स ऑफ दी प्रॉविंस ऑफ गुजरात इन वेस्टर्न इंडिया' नामक ग्रंथ लिखा था जिसमें उन्होंने कर्नल टॉड का ही अनुसरण करते हुए मीरां को कुंभा की पत्नी बताया है। फार्बस मूलतः पुरातत्त्ववेत्ता थे।

जैसाकि कविराजा ने संकेत किया था कि उन्हें मारवाड़ व मेवाड़ की तवारिखों में मीरां संबंधी उल्लेख मिले थे किंतु कोई महत्त्वपूर्ण सूचना अथवा जानकारी किसी भी इतिहास-ग्रंथ से प्राप्त नहीं हो पाई है। न ही उन ग्रंथों की जानकारी हो पाई है जिनसे मीरां संबंधी किसी घटना के वर्णन अथवा उसके जीवन की जानकारी मिलती हो। सुनने में आया है कि मुहणोत नैणसी ने अपनी ख्यात में मीरां के संबंध में केवल इतना कहा है कि "मीरां नाम की कोई स्त्री हुई थी ऐसा सुनने में आया है।" जबकि डॉ. प्रभात का मानना है कि नैणसी ने अपनी ख्यात में मीरां का कहीं कोई उल्लेख नहीं किया है।[8] मुहणोत नैणसी ने 'मारवाड़ परगना री विगत' नाम का ग्रंथ भी लिखा है जिसमें मेड़ता परगने का हाल भी दिया गया है। इस प्रकार परवर्ती समय में मेड़तियों के पराभव के साथ ही उनका पूर्ण अधिग्रहण मारवाड़ राज्य द्वारा किया जा चुका था। ऐसी स्थिति में मेड़ता एवं पूर्ववर्ती स्वतंत्र मेड़ता राज्य का उल्लेख मारवाड़ के इतिहासकारों ने अधिक नहीं किया है, क्योंकि ऐसा करने पर मारवाड़ के महाराजा का सहज ही में उन्हें कोपभाजन बनना पड़ता। अतः मारवाड़ के ख्यातकारों एवं इतिहासकारों ने मेड़ता का जहां भी कोई उल्लेख किया है, वह मुख्य रूप से मारवाड़ के परगने के रूप में ही न कि स्वतंत्र राज्य के रूप

में। ऐसी स्थिति में इतिहासकारों द्वारा जो इतिहास रचा गया उसमें मेड़ता की गौरवगाथाओं को काफी हद तक दबा दिया गया। इस न्यूनता के बाद भी 'मुंदियाड़ री ख्यात' नामक एक ख्यात उपलब्ध होती है जिससे मेड़तियों के बारे में महत्त्वपूर्ण जानकारियां प्राप्त होती हैं। मीरां के संबंध में विश्वेश्वरनाथ रेउ के 'मारवाड़ का इतिहास' जैसे ग्रंथों का महत्त्व केवल इस अर्थ में है कि इनसे मीरां युगीन समाज व परिवेश के बारे में अनेक विश्वसनीय सामग्रियां प्राप्त होती हैं। अंत में ठाकुर गोपाल सिंह के 'जयमल्ल वंश प्रकाश' का उल्लेख करना भी प्रासंगिक होगा जो मीरां के चचेरे भाई जयमल्ल के व्यक्तिव पर केंद्रित है। इस ग्रंथ में मीरां पर एक स्वतंत्र अध्याय भी सम्मिलित किया गया है। इन ग्रंथों के अलावा 'बाबरनामा' एवं 'अकबरनामा' जैसे ग्रंथों से भी मीरां युगीन समाज एवं राजनीति की जानकारी प्राप्त होती है।

मीरां के प्रथम व्यवस्थित आलोचक मुंशी देवीप्रसाद मूलतः इतिहासकार थे। इन्होंने 'मीराबाई का जीवन-चरित्र' नाम से मीरां पर लगभग 30 पृष्ठों की एक पुस्तिका प्रकाशित की थी जिसका प्रथम संस्करण संवत् 1955 में प्रकाशित हुआ था। मुंशीजी की 30 पृष्ठों की यह छोटी सी पुस्तिका इतनी अधिक लोकप्रिय रही कि पुस्तिका प्रकाशन के कुछ ही दिनों के अंदर इसकी सारी प्रतियां समाप्त हो गईं।[9] दुर्भाग्यवश इसका अगला संस्करण कई वर्षों पश्चात् संवत् 2011 में बंगीय हिंदी परिषद, कलकत्ता से प्रकाशित किया गया जो आलोचकों की मीरां विषयक उदासीनता प्रकट करने के लिए पर्याप्त है। इस नवीन संस्करण के संपादक ललिता प्रसाद सुकुलजी थे। उन्होंने पुस्तक का कलेवर बढ़ाने के लिए उसमें कुछ अतिरिक्त परिशिष्ट जोड़े, तब कहीं जाकर यह पुस्तक 70-80 पृष्ठों तक विस्तृत हो सकी। पुस्तिका में मुंशीजी के निष्कर्ष उनके महत्त्वपूर्ण ऐतिहासिक ज्ञान से अनुप्राणित थे जिसमें मीरां संबंधी मुंशीजी का वर्णन मेवाड़ के इतिहासकारों द्वारा प्रदान की गई सूचनाओं पर आधारित था। कविराजा श्यामलदास एवं गौरीशंकर हीराचंद ओझा के समान ही उन्होंने कर्नल टॉड के निष्कर्षों का खंडन किया एवं कहा कि मीरां का जन्म-स्थल कुड़की है। मुंशीजी का 'मीरांबाई का जीवन-चरित्र' इस अर्थ में विशिष्ट था कि यह पुस्तिका पूर्णरूपेण मीरां को केंद्र में रखकर लिखी गई। मुंशीजी ने मीरां का जीवन-चरित्र प्रस्तुत करने हेतु ऐतिहासिक सामग्री के साथ-साथ प्रचलित किंवदंतियों का भी भरपूर उपयोग किया एवं उन पर आलोचनात्मक दृष्टिकोण अपनाया। मीरां एवं उनके जीवन से संबंधित स्रोत सामग्री के अभाव में उन्होंने आलोचनात्मक विषय को विस्तृत करके मेड़तियों तथा सिसोदियों के इतिहास तक विस्तारित फलक में कलम चलाई। यथा 'मीराबाई का जीवन-चरित्र' के कुछ अध्याय इस प्रकार हैं—'मेड़ते और मेड़तिये राठौड़ों का कुछ हाल', 'मीरांबाई की कौम और ससुराल' इत्यादि। उक्त पुस्तिका में मुंशीजी ने मीरां को एक लोकप्रिय

भक्त कवयित्री के रूप में प्रस्तुत किया है, यद्यपि मीरां संबंधी इस पुस्तिका में ऐतिहासिक विवरण एवं मीरां से संबंधित ऐतिहासिक घटनाक्रम एवं उन घटनाओं का मीरां के जीवन पर पड़े प्रभावों की चर्चा ही अधिक की गई है। संभवत: स्त्री होने के कारण युगीन मानसिकता के अनुरूप मुंशीजी यह मानने के लिए तैयार नहीं थे कि मीरां कोई राजनीतिक व्यक्तित्व भी हो सकती है। मुंशीजी की यह पुस्तक छोटी होते हुए भी अत्यंत व्यवस्थित रूप से मीरां से संबंधित घटनाओं का क्रमबद्ध विवरण प्रस्तुत करती है। मीरां को जहर दिए जाने की घटना का वर्णन एक स्वतंत्र अध्याय में किया गया है।

हिंदी साहित्य के तीन आरंभिक इतिहासकारों अर्थात् फ्रांसीसी विद्वान गार्सा द तासी, शिवसिंह सेंगर एवं जार्ज ग्रियर्सन ने अपने इतिहास-ग्रंथों में मीरां का उल्लेख किया है। उनके उल्लेख का मूल आधार नाभादास के ग्रंथ 'भक्तमाल' में मीरां संबंधी पद एवं परवर्ती समय की उसकी टीकाएं थीं। जब ये तीनों ही इतिहासकार साहित्येतिहास के ग्रंथों की रचना कर रहे थे उस समय राजस्थान के इतिहास की जानकारी हेतु कर्नल टॉड के इतिहास-ग्रंथ 'एनल्स एंड एंटीक्विटी ऑफ राजस्थान' को ही आधार ग्रंथ के रूप में प्रयोग करने की परिपाटी चल पड़ी थी। अत: साहित्येतिहास के इन विद्वान इतिहासकारों का मीरां संबंधी वर्णन भी नाभादास एवं टॉड की कृतियों से प्रेरित था।

मीरां के संबंध में इन साहित्येतिहासकारों का महत्त्व इस बात में है कि इन्होंने मीरां को अपने साहित्येतिहास में जगह प्रदान की जिसमें पुरुष भक्त-कवियों के मध्य मीरां, अपने पूर्ण चामत्कारिक व्यक्तिव के साथ मौजूद है।

हिंदी साहित्य के इतिहास पुरुष आचार्य रामचन्द्र शुक्ल संवत् 1986 तक 'हिंदी साहित्य का इतिहास' लिख चुके थे। तुलसी उनके प्रिय कवि थे। जहां तक मीरां का प्रश्न है, शुक्लजी मीरां को सगुणा मानते थे। शुक्लजी ने अपने 'इतिहास' में मीरां का जो वर्णन दिया है। वह इस प्रकार है—

"मीरांबाई : ये मेड़तिया के राठौर रत्नसिंह की पुत्री, राव दूदाजी की पौत्री और जोधपुर को बसानेवाले प्रसिद्ध राव जोधाजी की प्रपौत्री थीं। इनका जन्म संवत् 1573 में चोकड़ी नाम के एक गांव में हुआ था और विवाह उदयपुर के महाराणा कुमार भोजराजजी के साथ हुआ था। ये आरंभ से ही कृष्ण-भक्ति में लीन रहा करती थीं। विवाह के उपरांत थोड़े दिनों में इनके पति का परलोकवास हो गया। ये प्राय: मंदिर में जाकर उपस्थित भक्तों और संतों के बीच श्रीकृष्ण भगवान की मूर्ति के सामने आनंदमग्न होकर नाचती और गाती थीं। कहते हैं कि इनके इस राजकुलविरुद्ध आचरण से इनके स्वजन लोकनिंदा के भय से रुष्ट रहा करते थे। यहां तक कहा जाता है कि इन्हें कई बार विष देने का प्रयत्न किया गया, पर भगवत् कृपा से विष का कोई प्रभाव इन पर न हुआ। घरवालों के व्यवहार से खिन्न होकर

ये द्वारिका और वृंदावन के मंदिरों में घूम-घूमकर भजन सुनाया करती थीं। जहां जाती वहां इनका देवियों का-सा सम्मान होता। ऐसा प्रसिद्ध है कि घरवालों से तंग आकर इन्होंने गोस्वामी तुलसीदासजी को पद लिखकर भेजा था। ...

पर मीरांबाई की मृत्यु द्वारिका में संवत् 1603 में हो चुकी थी। अत: यह जनश्रुति किसी कल्पना के आधार पर ही चल पड़ी। ...

मीरांबाई की उपासना 'माधुर्यभाव' की थी अर्थात् वे अपने इष्टदेव श्रीकृष्ण की भावना प्रियतम या पति के रूप में करती थीं। पहले यह कहा जा चुका है कि इस भाव की उपासना में रहस्य का समावेश अनिवार्य है। इसी ढंग की उपासना का प्रचार सूफी भी कर रहे थे अत: उनका संस्कार भी इन पर अवश्य कुछ पड़ा। जब लोग इन्हें खुले मैदान मंदिरों में पुरुषों के सामने जाने से मना करते तब वे कहतीं कि कृष्ण के अतिरिक्त और पुरुष है कौन जिसके सामने लज्जा करूं? मीराबाई का नाम भारत के प्रधान भक्तों में है और इनका गुणगान नाभाजी, ध्रुवदास, व्यास जी, मलूकदास आदि सब भक्तों ने किया है। इनके पद कुछ तो राजस्थानी मिश्रित भाषा में हैं और कुछ विशुद्ध साहित्यिक ब्रजभाषा में। पर सबमें प्रेम की तल्लीनता समान रूप में पाई जाती है। इनके बनाए चार ग्रंथ कहे जाते हैं—नरसीजी का मायरा, गीतगोविन्द टीका, राग गोविन्द, राग सोरठ के पद।''[10]

शुक्लजी के वर्णन से ऐसा लगता है कि मीरां के बारे वे कुछ खास नहीं जानते थे जैसा कि उन्होंने लिखा है, मीरां का विवाह उदयपुर के महाराणा कुमार भोजराजजी के साथ हुआ था। प्रथम तो यह कि कुंवर कभी महाराणा नहीं होता दूसरे भोज के समय तक उदयपुर नगर की स्थापना ही नहीं हुई थी। उदयपुर की स्थापना मीरां के सबसे छोटे देवर उदयसिंह ने मीरां के चित्तौड़ त्यागने के कई वर्षों पश्चात् की थी परंतु आचार्य शुक्ल ने मीरां को चित्तौड़ नहीं वरन् उदयपुर के कुंवर की पत्नी बताया। आचार्य शुक्ल ने मीरां के गांव का नाम तक गलत उद्धृत किया है, तथा कुड़की को चोकड़ी नाम से संबोधित किया। शुक्लजी ने मीरां का जो कुछ संक्षेप में विवरण दिया उससे अनुमान होता है कि वे मीरां की भक्ति तुलसी की भक्ति की तरह श्रेष्ठ नहीं मानते थे तथा मीरां के विद्रोह एवं संघर्ष को गृहक्लेश से ज्यादा स्वीकार करने के लिए तैयार नहीं थे। आगे वे मीरां पर रहस्यवाद का आरोपण करते हुए उन्हें सूफी संतों से प्रभावित बताते हैं। उन्होंने मीरां द्वारा कथित रूप में प्रणीत चार ग्रंथों का हवाला भी दिया है। शुक्लजी के वर्णन से ऐसा लगता है कि वे मीरां के पति के संबंध में चलने वाली बहस से परिचित थे। इसीलिए उन्होंने मीरां को भोज की पत्नी बताया न कि महाराणा कुंभा की पत्नी। उल्लेखनीय है कि शुक्लजी कर्नल टॉड के 'एनल्स' का भली प्रकार अध्ययन कर चुके थे एवं राजस्थान के वीर-काव्यों का वर्णन करते समय उन पर टॉड की इस पुस्तक का गहरा प्रभाव विद्यमान था। शुक्लजी को बंगीय हिंदी परिषद् की मदद से मीरां से

संबंधित विभिन्न पदों को देखने का मौका भी मिला था जिसे भ्रमवश उन्होंने मीरां द्वारा रचित ही मान लिया एवं अपने इतिहास में इनकी चर्चा करते हुए निश्चयात्मक लहजे में कह डाला कि इन पर राजस्थानी और ब्रज का प्रभाव है। वास्तविकता यह थी कि वे पद लोक द्वारा रचे गए थे फलतः लोकभाषाओं का प्रभाव उन पर दिखाई देता था। इन पदों की प्राप्ति के आधार पर अंततः वे इस निष्कर्ष पर भी पहुंच गए कि मीरां ने कुल चार ग्रंथों की भी रचना की थी। ध्यान रहे कि कबीर एवं मीरां लोक कवि थे जिन्होंने स्वयं उस प्रकार के पदों, भजनों अथवा ग्रंथों की रचना नहीं की जिस प्रकार तुलसी ने रामचरित मानस, कवितावली, गीतावली आदि ग्रंथों की रचना की थी। मीरां व कबीर के पद लोक में ही रचे गए एवं उन्हें वही प्रसिद्धि मिली क्योंकि मूलतः कबीर व मीरां लोक की ही निधि थे शास्त्रनिधि नहीं।

मुंशीजी के 'मीरांबाई का जीवन-चरित्र' के संपादित संस्करण के प्रकाशन के पश्चात् बंगीय हिंदी परिषद् से ही मीरां पर लगभग 300 पृष्ठों का एक संपादित ग्रंथ प्रकाशित किया गया। जिसका नाम 'मीरां स्मृति ग्रंथ' रखा गया। इसके संपादक मंडल में एक महिला कमला देवी गर्ग के अलावा 5 अन्य व्यक्ति थे जिनमें से एक ललिता प्रसाद सुकुल भी थे।[11] संभवतः यह ग्रंथ शुक्ल के इतिहास के प्रकाशन से पूर्व ही प्रकाशित हो गया था। इसी ग्रंथ के प्रभाव स्वरूप जिसमें मीरां पर रहस्यवाद का आरोपण किया गया है शुक्लजी ने कबीर की भांति मीरां को भी रहस्यवादी कवयित्री घोषित कर दिया। मीरां स्मृति ग्रंथ में कुल 19 लेखकों के आलेख सम्मिलित थे जिनमें प्रो. शिवाधर पांडेय का एक आलेख भी सम्मिलित था जिसका शीर्षक था 'मिस्टिक, लिपिस्टिक और मीरां'। इसी ग्रंथ की भूमिका में रामप्रसाद त्रिपाठी ने मीरां को निर्गुण भक्तों से अलगाते हुए सगुण भक्तिधारा में रखा है। वे लिखते हैं—

"मीरां का संपर्क निर्गुणवादी संतों के साथ भी संभवतः हुआ होगा। किंतु उनके उपास्य देव तथा उनकी उपासना तथा साधना से स्पष्ट प्रतीत होता है कि उन पर निर्गुण विचार-धारा का प्रभाव नगण्य था। रैदास की शिष्या हो जाने की अनुश्रुति भी कपोल कल्पित सी जान पड़ती है। त्याग तथा विचार की वृत्ति निर्गुण उपासकों की विशेषता नहीं। निर्गुण संप्रदाय में भी त्यागियों और विरक्तों की कमी नहीं।"[12]

संभव है इन्हीं निष्कर्षों के आधार पर शुक्लजी ने मीरां की सगुण भक्ति को कृष्ण-भक्ति शाखा के अंतर्गत वर्गीकृत किया हो। इस ग्रंथ के अंत में मैथिलीशरण गुप्त की पंक्तियां उद्धृत की गई हैं जो कि मीरां को आदर्श भक्तिमती हिंदू स्त्री के रूप में चित्रित करती हैं। वस्तुतः 'मीरां स्मृति ग्रंथ' के माध्यम से मीरां की एक ऐसी छवि निर्मित करने का प्रयास किया गया जो उस युग के मध्यवर्गीय बुद्धिजीवियों द्वारा निर्मित आदर्श भारतीय नारी के अनुरूप थी। इस ग्रंथ में मीरां के वेदना तत्त्व की

चर्चा है, उन्हें करुणा से युक्त बताया गया है तथा उनका वर्णन एक ऐसी स्त्री के रूप में किया गया है जो घर के पुरुषों तथा कुटुंबियों द्वारा दिए गए कष्टों को लगातार धैर्यपूर्वक सहती रही। पूरे ग्रंथ में मीरां के विद्रोही चरित्र एवं संघर्ष की कहीं कोई चर्चा नहीं है। इस ग्रंथ के द्वारा उस समय के बौद्धिक समाज में मीरां की जो छवि निर्मित हुई वह एक कष्टसहिष्णु भक्त की छवि थी जिसके काव्य में रहस्यात्मकता एवं वेदना का तत्त्व था। लगभग उसी तरह जिस तरह की वेदना व रहस्यात्मकता छायावादी रोमेंटिक कवियों में हुआ करती थी। मीरां के व्यक्तित्व में समर्पण ज्यादा एवं संघर्ष कम दिखाया गया है।

जिन लोगों ने मीरां के अध्ययन को अपना जीवन प्रदान कर दिया, उन लोगों में पुरोहित हरिनारायणजी का नाम उल्लेखनीय है। कहा जाता है कि उन्होंने मीरां के जीवन से संबंधित स्रोतों एवं उनके नाम पर प्रचलित पदों को एकत्र कर एक पोथा तैयार किया था। तमाम प्रयासों के बावजूद केवल राजस्थानी शोध संस्थान, चौपासनी द्वारा प्रकाशित उनके पत्रों का संग्रह ही प्राप्त हो सका है। अब मीरां संबंधी वह पोथा कहां है कुछ अनुमान नहीं लगाया जा सकता। पुरोहितजी का दिनांक 1-2-40 में लिखा गया उनका एक पत्र यहां उद्धृत किया जा रहा है जिससे हमें पता चलता है कि उस समय तक मीरां के जीवन से संबंधित प्रमुख रूप से कौन-कौन सी आलोचनात्मक पुस्तिकाएं प्रकाशित हो चुकी थीं जिनका अध्ययन पुरोहितजी ने किया था। अपने दिनांक 1.2.40 ई. के पत्र में पुरोहितजी ने रूपाहेली के ठाकुर साहब चतुरसिंहजी को लिखा—

"श्रीमती मीरांबाई के पदों का संग्रह मेरे पास कई वर्षों से हो रहा है। वैसे तो घर में मेरी दादीजी एवं बहन मोतीबाईजी के किए गए संग्रह के पद थे परंतु मैं जब जनानी ड्योढ़ी में हाकिम रहा था तब से कई वर्षों तक संग्रह बढ़ता रहा। तत्संबंधी ग्रंथ भी 50 से ऊपर हो गए (अंग्रेजी, संस्कृत, हिंदी, गुजराती, मारवाड़ी, बंगला, पंजाबी, उर्दू) और 500 के लगभग पद भी हो गए। कई हस्तलिखित 'मीरां-लीला' इत्यादि की भी प्रतियां संगृहीत हुईं। मेरी अल्प बुद्धि में इतना विस्तृत संग्रह एवं अनुसंधान शायद ही कहीं हिंदुस्तान से हुआ हो। जीवन-चरित्र की कई गुत्थियां सुलझाने की पूर्ण चेष्टा की गई है। पद श्रीमती (मीरांबाई) जी के असल हैं या नहीं, इसका विचार भी किया गया है। पदों को प्रकरणों में बांधा गया है, जैसे प्रेम-भक्ति-विरह-उत्सुकता-उपालंभ-संवाद-वैराग्य इत्यादि और अकारदिक्रम की सूची भी रखी गई है। इस संग्रह के अगाड़ी मीरांजी के पद और भी प्राप्त होते रहेंगे परंतु यह संग्रहरूपी स्तंभ संत-साहित्यरूपी प्रदेश में ऐसा खड़ा हो जाएगा कि अवशिष्ट पदादिक कालांतर में आप ही इसके आसपास आ जावेंगे। और वह मारवाड़ या मेवाड़ का बूझ-बुझक्कड़ (आधार) ग्रंथ गिना जाएगा।"

आगे अपने कार्य का परिचय देते हुए पुरोहितजी ने उसी पत्र में लिखा है—

''मैंने अपने अनुसंधान में बहुत से विद्वानों को प्रश्नादित भेजकर लिखा ... परंतु उनमें एक तो बदनोर ठाकुर गोपालसिंहजी तथा ओझा गौरीशंकरजी का और एक आपका उत्तर ही संतोषजनक रहे। देवीप्रसादजी की पुस्तक तो मेरे पास गहलोत जगदीशसिंहजी के पास से बहुत पहिले आ चुकी थी। वही प्रधान पथ प्रदर्शक रही। फिर 'जयमल्लवंश प्रकाश', ओझाजी का 'उदयपुर का इतिहास', नरोत्तमदासजी की 'मीरां मंदाकिनी' मंजुदेवी की 'मीरां पदावली' इत्यादि संग्रह में आ गए परंतु इन सबसे पहिले स्वर्गीय बाबू बालेश्वर, प्रसादजी बेल्वेडियर प्रेस के स्वामी द्वारा संगृहीत 'मीरां पदावली' तथा 'वृहद्रागरत्नावली' आदि पुस्तकों से बहुत काम लिया गया। 150 वर्ष प्राचीन 'मीरां लीला' की पोथियां मिलीं। भक्तवर बख्तावरसिंहजी खंगारोत रचित 'मीरां लीला' की पोथियां मिलीं। भक्तवर बख्तावरसिंहजी खंगारोत रचित 'मीरां लीला' बहुत सुंदर है। बाबू अनाथदास वसु मेरे पास तीन-चार दिन रहे थे। अनुसंधान और संग्रह हुआ फिर वे विदेश चले गए। डां. पीतांबरदत्तजी बड़थ्वाल, डां. मोहनलालजी लाहौर वाले और पं. मोहन लालजी, एम.ए. मेवाड़ वालों आदि के ग्रंथों से भी सहायता ली गई।

सबसे बड़ी बात दृढ़ प्रमाणों सहित यह प्राप्त हो गई कि मीरांबाई की एक पूज्य मूर्ति चित्तौड़गढ़ से आंबेर में आई और उसे प्रसिद्ध मंदिर जगत शिरोमणिजी में महाराजा मानसिंहजी ने स्थापित किया।''[13]

जिन विद्वानों ने मीरां के पदों को संगृहीत करके उनके प्रकाशन का महत्त्वपूर्ण कार्य किया उसमें नरोत्तमदास स्वामी की 'मीरा मुक्तावली' आचार्य परशुराम चतुर्वेदी की 'मीरांबाई की पदावली' तथा अली सरदार जाफरी की पुस्तक 'प्रेमवाणी मीरां' का नाम विशेष रूप से उल्लेखनीय है। इसी क्रम में मीरां के जीवन पर जो उपन्यास प्रकाशित हुआ है उसमें भी भगवतीशरण मिश्र के उपन्यास 'पीतांबरा' का नाम लिया जा सकता है। विश्वनाथ त्रिपाठीजी ने 'मीरा का काव्य' नामक एक पुस्तक लिखी है किंतु वह किसी नई बहस अथवा सूचनाओं को प्रदान करती हो, ऐसा नहीं लगता। पुस्तक में कुछ तो बड़ी-बड़ी तथ्यात्मक भूलें भी हैं जैसे कि मीरां के ससुराल को मरुधरा बताना एवं मीरां को उदयपुर से संबंधित करना आदि।[14]

प्राय: ऐसा देखने में आया है कि क्षेत्रगत अजनबीयत एवं बहस के केंद्र में न होने के कारण हिंदी आलोचकों ने जो मुख्यत: गंगा के मैदानी क्षेत्रों से थे, मीरां की तरफ़ कोई विशेष ध्यान नहीं दिया। कुछ हद तक तो उपेक्षा भी हुई। यही वजह है कि राजस्थान के प्रति अजनबीयत के चलते विद्वान आलोचकों ने या तो मीरां पर कलम ही नहीं चलाई एवं अगर जहां कहीं कलम चलाई भी तो गलत तथ्यों को प्रस्तुत किया। इन आलोचकों में मीरां की आलोचिका पद्मावती 'शबनम' से लेकर आलोचना पुरुष आचार्य रामचन्द्र शुक्ल तक का नाम लिया जा सकता है।

पद्मावती शबनम मीरां पर कार्य करने वाले महत्त्वपूर्ण आलोचकों में से एक है। उनकी पुस्तक 'मीरां : व्यक्तित्व और कृतित्व' का उपयोग आचार्य परशुराम चतुर्वेदी ने अपनी पुस्तक 'मीरांबाई की पदावली' में भी किया था। पद्मावती शबनम ने मीरां पर गंभीर अध्ययन किया था एवं अपने अध्ययन के निष्कर्षों को 'मीरां : एक अध्ययन' में प्रस्तुत किया किंतु एक गंभीर त्रुटि उनसे यह हुई है कि उन्होंने मीरां के पदों को बतौर अंत:साक्ष्य उपयोग में ले लिया है जिनसे मीरां संबंधी उनकी आलोचना बहुत गंभीर रूप से प्रभावित हो गई है। उनकी उस पुस्तक से यहां एक उद्धरण दिया जा रहा है—

''मीरां के पदों में 'माइतणो मोसाल' की अभिव्यक्ति मिलती है। यह 'माइतणो मोसाल' क्या है? शायद ननिहाल या मौसी के घर का ही पर्यायवाची हो, शायद दो विभिन्न शब्द हों। अधिक संभव है दो ही शब्द हों, क्योंकि मारवाड़ी में 'मायत' एक शब्द है, जिसका अर्थ है मां-बाप की तरह स्नेहमय अधिकार रखने वाले, पथ-प्रदर्शक बुजुर्ग। प्रचलित प्रथानुसार यह शब्द सभी निकट बुजुर्ग संबंधियों के लिए प्रयुक्त होता है। इस शब्द का रूढ़ि वाचक अर्थ मात्र बुजुर्ग ही रह गया है। मीरां को समझाते हुए सास कहती है—

'लाजै पीहर सासरो, माइतणो मोसाल।
सबही लाजै मेड़तिया जी, थांसू बुरा कहे संसार॥'

(वही, पद 29)

स्पष्ट ही इस 'माइतणो मोसाल' का महत्त्व 'पीहर' या 'सासरो' के समकक्ष का ही है। हिंदू स्त्री के जीवन में दो ही घर विशेष महत्त्वपूर्ण होते हैं। एक पीहर दूसरा ससुराल।''[15]

हिंदी साहित्य सम्मेलन, प्रयाग द्वारा प्रकाशित आचार्य परशुराम चतुर्वेदी की पुस्तक 'मीरांबाई की पदावली' वैसे तो मूल रूप से मीरां के पदों का संग्रह है किंतु बतौर आलोचना भी विद्यार्थियों के मध्य यह पुस्तक अत्यंत लोकप्रिय रही है। चतुर्वेदीजी की इस पुस्तक में मीरां के पदों का व्यवस्थित संग्रह है किंतु उसकी एक न्यूनता पदों में शब्दों एवं भाव संबंधी अनेक दोष पाए जाते हैं जिसके परिणाम स्वरूप मीरां के नाम पर संगृहीत किए गए ये पद मीरां की मूल भावना एवं अभिव्यक्ति से बहुत हद तक दूर हो गए हैं।

वियोगी हरि द्वारा संपादित 'मीरांबाई के सुबोध पद' सस्ता साहित्य मंडल ने केवल कुछ पृष्ठों की पुस्तिका के रूप में प्रकाशित किए हैं। इस पुस्तक के आरंभ में वियोगीजी ने एक छोटी सी भूमिका भी लिखी है जिसकी विशेषता इस बात में है कि उन्होंने मीरां की कष्ट सहिष्णु छवि न प्रस्तुत करके,एक निडर स्त्री की छवि प्रस्तुत की है। वे लिखते हैं—

''कुल मर्यादा त्याग देने के कारण उनको बार-बार सताया गया और दंड

भी दिया गया, परंतु वे तो निडर थीं। अपने अनन्य व्रत को नहीं त्यागा। मेवाड़ को छोड़कर वृन्दावन चली गई और वहां श्री जीव गोस्वामी का उन्हें सत्संग लाभ मिला—

मीराबाई अंत में द्वारिका चली गई। मेवाड़ और मेड़ता दोनों राज्यों ने उनको द्वारिका से लौटा लाने का प्रयत्न किया, परंतु वे नहीं लौटीं। रणछोड़जी के मंदिर में जाकर, कहते हैं, भगवान की मूर्ति में ही वे समा गईं। उनका भगवान में तदाकार होने का समय सं. 1603 वि. माना गया है।''[16]

आचार्य परशुराम चतुर्वेदीजी की 'मीरांबाई की पदावली' पाठकों के मध्य कितनी अधिक लोकप्रिय रही है इसका उदाहरण भी वियोगीजी की इसी भूमिका से मिल जाता है।

''मीरांबाई के पदों का संकलन और संपादन विद्वानों ने किया है। उनके जीवन पर और उनकी रचनाओं पर भी अनेक विद्वानों ने खासा प्रकाश डाला है। संत साहित्य के मर्मज्ञ आचार्य परशुराम चतुर्वेदी द्वारा संपादित 'मीरांबाई की पदावली' हमारी दृष्टि में सर्वोत्तम है। शब्दार्थों में हमने उक्त पदावली से कृतज्ञतापूर्वक सहायता ली है।''[17]

अंत में इतिहासकार गोपीनाथ शर्मा द्वारा लिखित 'भक्त मीरांबाई' नामक पुस्तिका का उल्लेख करना भी महत्त्वपूर्ण है। यद्यपि कुछ पृष्ठों की इस पुस्तिका में किसी श्रेष्ठ आलोचना के दर्शन नहीं होते किंतु शर्माजी के मीरां युग के संदर्भ में एवं मेवाड़ राजघराने को लेकर दिए गए इतिहास संबंधी वक्तव्य बहुत महत्त्वपूर्ण हैं। वस्तुतः प्रस्तुत पुस्तिका की बजाय शर्माजी के ग्रंथ 'राजस्थान का इतिहास' में दिया गया मीरां संबंधी वर्णन अधिक उपयोगी माना जाएगा भले ही यह वर्णन केवल पांच पृष्ठों तक ही सीमित है। यहां एक उद्धरण प्रस्तुत किया जा रहा है—

''राजपूत परिवार में, जिनकी स्त्रियां जौहर की प्रथा में गौरव अनुभव करती हैं और जिन्होंने अपने धर्म पर आरूढ़ रहने का सिद्धांत बना रखा है, पैदा होकर मीरां ने दुनिया को यह बता दिया कि वह अपने विचारों पर डटी रहेगी और विपरीत फल होने की आशंका की कभी परवाह न करेगी। कृष्ण के प्रेम के लिए वह किसी अन्य समझौते के लिए तैयार नहीं हो सकती।''[18]

कुमकुम संघारी, परिता मुक्ता आदि कुछ ऐसे नाम हैं जिन्होंने मीरां पर अपनी कलम चलाई। इनका लेखन मूलतः अंग्रेजी भाषा में है। परिता मुक्ता ने मीरां की मृत्यु के संदर्भ में एक महत्त्वपूर्ण निष्कर्ष यह दिया है कि मीरां का विलीनीकरण मूर्ति में नहीं वरन् पश्चिम भारत की उन जातियों में हुआ है जहां स्त्रियां राजपूत समाज की तुलना में अधिक स्वतंत्र थीं। परिता मुक्ता मीरां की एक गंभीर शोधार्थी कहीं जा सकती है जिन्होंने बहुत मेहनत से मीरां संबंधी तथ्य तथा सामग्री एकत्र की है। कई दिनों पूर्व जोधपुर व उदयपुर में मीरां संबंधी संगोष्ठियां भी हो चुकी हैं किंतु उनकी

उपादेयता संदेह के घेरे में है। अंत में यह कहना चाहिए कि मीरां पर वर्तमान समय में जितने भी आलोचना ग्रंथ उपलब्ध हैं उनमें से कोई भी ग्रंथ मीरां की पूर्ण एवं विस्तृत आलोचना प्रस्तुत नहीं करता, निःसंदेह मीरां पर और अधिक व्यवस्थित अध्ययन की ज़रूरत है।

संदर्भ

1. पद्मिनी महल, चित्तौड़ दुर्ग
2. कर्नल टॉड, एनल्स एंड एंटीक्विटीज ऑफ राजस्थान, पृ. 232
3. वही, पृ. 17
4. कविराजा श्यामलदास, वीर विनोद (भाग-2), पृ. 01
5. वही, पृ. 02
6. गौरीशंकर हीराचंद ओझा, उदयपुर राज्य का इतिहास, पृ. 358
7. मुंशी देवी प्रसाद मिश्र, मीरांबाई का जीवन-चरित्र, पृ. 02
8. डॉ. सी.एल. प्रभात, मीरा : जीवन और काव्य, पृ. 89
9. ललिता प्रसाद सुकुल (सं.), मीरांबाई का जीवन-चरित्र : मुंशी देवी प्रसाद, पृ. 'ए'
10. आचार्य रामचन्द्र शुक्ल, हिंदी साहित्य का इतिहास, पृ. 101
11. 'मीरां स्मृति ग्रंथ', बंगीय हिंदी परिषद्, पृ. 'इ'
12. रामप्रसाद त्रिपाठी, 'मीरां स्मृति ग्रंथ', पृ. 4
13. 'परंपरा', पुरोहित हरिनारयाण विशेषांक, पृ. 50
14. विश्वनाथ त्रिपाठी, मीरां का काव्य, पृ. 72
15. पद्मावती शबनम, मीरां : एक अध्ययन, पृ. 36
16. वियोगी हरि, मीरांबाई के सुबोध पद, भूमिका
17. वही, भूमिका
18. डॉ. गोपीनाथ शर्मा, राजस्थान का इतिहास, पृ. 514

□□□